日本刀外伝

――誕生の背景・鐵造り・名工伝説

宮﨑政久 著

雄山閣

◎日本刀外伝─誕生の背景・鐵造り・名工伝説─◎目次

はじめに

「外伝」と題したのは、意識として「本紀」、また「正史」があるからです。「外史」とすべきかとも思います。更に言えば「正伝」に対応しての謂いであります。日本刀に関して言えば、鑑定の為の情報、見識に基づく流れが正伝であったと思うのです。それでは何のための鑑定・鑑識であるのか。それは本来武家としてどのような刀剣が武器として優れたものかを見極めるということ。更に金属製の武器であるからこそ胎蔵しているはずの霊威、その霊威を持つのはどのような刀剣であるのかを見極めることであったと思われます。

それ故に、はっきり言えば、歴史的な意味付け、美術史的位置付けといった科学的考察とは別次元の評価が感性に従ってなされてきたのではないでしょうか。それはおそらく古代から日本人にとってほとんど無意識といえる行為でした。

日本刀の評価軸というものは現在の伝統的美術品とはほとんど正反対、対極のものといえます。現在の日本美術に対する評価は室町時代以降、多くは江戸時代に形成されたものに規定されていると考えられます。例えば、村田珠光、武野紹鴎、そして侘茶の大成者である千利休の「侘び、寂び」、一期一会のこころと対比をしてみるとよく理解できます。まったく門外漢の人間が言うのは憚られますが、侘び茶とは、侘びることへの評価でしょうか。一期一会に際して「このようなおもてなししかできません。そうした中でこころを尽くしてお迎え申し上げます。」というようなこころねであると思われます。侘茶以前の王侯貴族が行ってきた茶会、唐物を良しとしてきた世界とは異なる、一般市人がそうした充分なことは出来ませんが……、という思いでありましょう。それはまた強烈な自負心の裏返しともいえましょうか。利休に至るこれら三者すべてがもとは商人あるいは市人であって、そのことも財力によって既存の価値感から脱して、自らの価値観に基づいて茶を嗜むという意気を感じさせます。

一方、日本刀の世界は全く異なっている。

「刀鍛冶が精魂込めて打ち出すのは、神のちからを借りて行うものである。小鍛冶宗近の説話はそれを示唆している。そして鍛え上げられた刀剣は、武威を持つのは当然として更に霊威を持つ存在である。姿が美しく、耀きが神々しければ神々しいほど名刀、神剣となる。」

それ以降の評価軸は、神の助けを借りて出来上がった最初の状態に近いことが望まれる。完璧が望ましいのです。この上ない武威を持ち、鏡のように、夜空に浮かぶ三日月のように美しく輝く刀身。これがどれほど保持されているか否かが評価の軸なのです。

長々と書きましたが、こうした民族的本能ともいえる日本刀への意識が残っていると思う一方で、日本刀の武器としての本質追求、他の格闘武器との比較・考察、美しさの原点、寄り道的考察なども時間の無駄ではないと思うのです。それは、八〇〇年、九〇〇年を経て残された名刀の現在形から、それが鍛えられ、砥ぎ上げられた時の過去形をイメージとして認識できるようにすることもそのひとつです。またはるか西方から伝わってきた鉄の道、鉄製武器の路、それに付随して伝わってきた神話伝説も踏まえておきたいのです。

考古学、史学についても近年科学の発展、新たな文書の発見、発掘調査によってこれまで分からなかった事実、発見がなされてきました。近年といっても、過去に当然のこと、常識として科学的評価を受けてこなかったような事柄の根本を翻すような事実や発見が一瞬、世を賑わしたけれど一般認識は変わることなく、過ぎてしまっているような状況はどの分野においても相当数存在しているでしょう。

また実際に金属器、鉄器、鉄造りについては今に至るまで解明していない謎は多いのです。

日本刀のもとになる「製鉄」について、そして鉄器にするための鍛造法、それらはどこからどのようにいつ頃伝わり、年月を経て日本独特の技術、伝統に欠くことの出来ないものになりえたのでしょうか。これまで一般に認識されていなかったルート、日本人特有の感性、嗜好なども影響があったと思えます。邪馬台国論争、大和での王権成立等についても関連ある事項であると思います。

単に日本刀好きという立場からまことに僭越なのですが、考古学や史学、民俗学等の分野にも敢えて立ち入り、いにしえの事象を知り、日本刀の泰斗、碩学が残したものを読み、先人、同行の知識に耳を傾けて感じたところを書き記しておきたいと考えています。

刀剣以外のことについても、随筆のように時にあっちへ飛び、こっちへ帰り、脈絡のないことにもなると思われますが、こころは、日本刀にありとしてご容赦をお願いします。

「日本刀外伝」と題する所以です。

外伝Ⅰ——金属器と武器、そして鐵の道《アイアンロード》

一　稲の来た道と金属器の船来

1　歴史前後

金属器（青銅器、鉄器）は、弥生時代に稲作とともに伝来したと言われています。しかし、昨今、その列島における稲作開始の時代が揺れています。近年、弥生時代を五〇〇年も遡るBC一〇〇〇年頃、縄文時代後期後葉の土器から籾の圧痕が岡山県総社市南溝手遺跡で発見され、更にその土器の胎土中から稲のプラントオパール（細胞壁を形成する植物珪酸体がガラス質に変化したもの）が発見されたことによって、約三〇〇〇年前に稲が栽培されていたことが確定的になっています。併せて、参考用に提供されていた約三五〇〇年前、縄文時代後期中葉の土器からも稲のプラントオパールが発見されたということです。

日本の稲の原産地はどこなのでしょうか。列島への伝来時期同様に、科学的分析手法の発達によって、従来の認識を改める必要に迫られているのです。

図１　江南地域地図

図２　江南・半島・列島地図

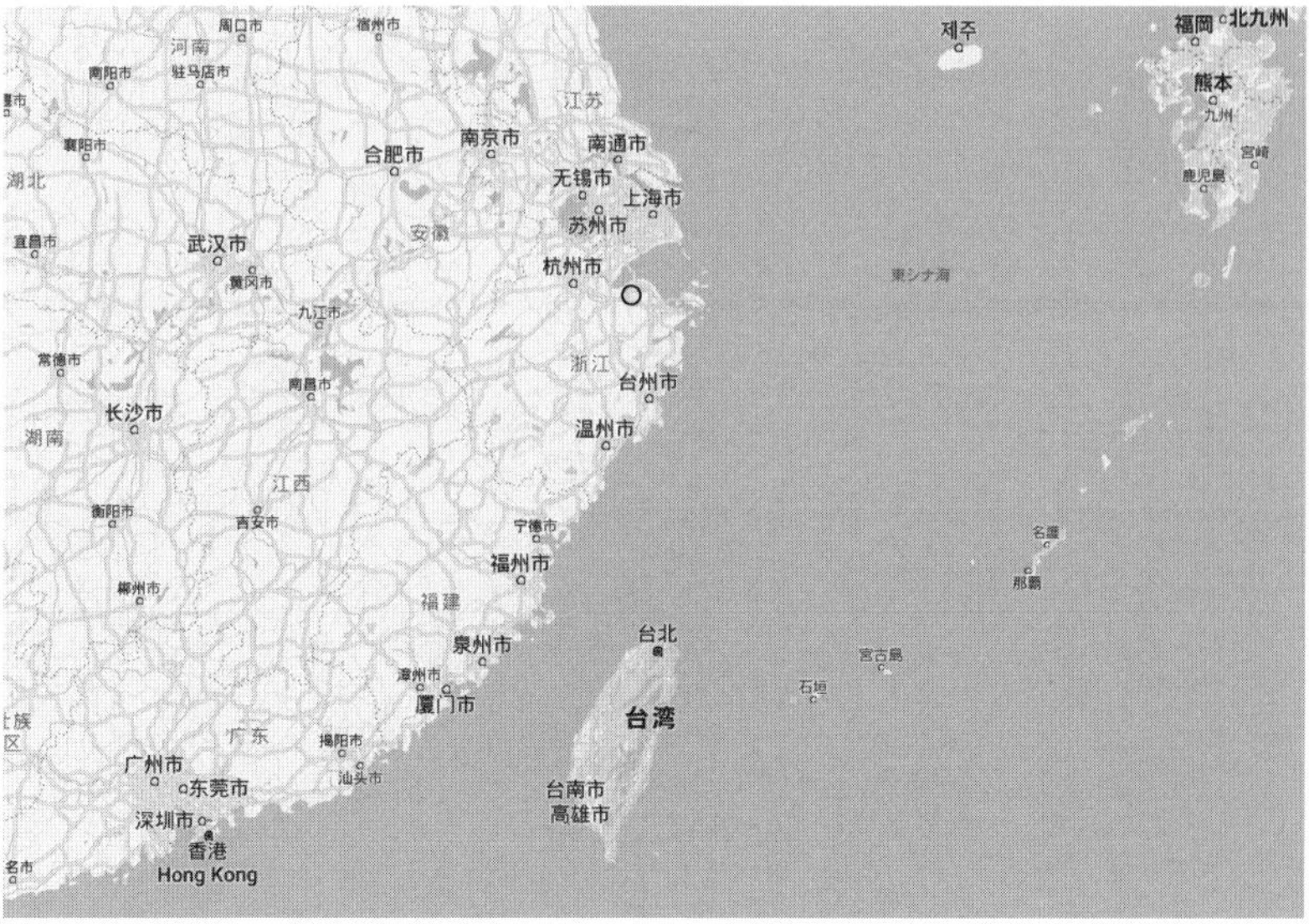

図３　大陸・台湾・沖縄・日本地図

従来は、アッサム、雲南地域が起源とされてきましたが、一九七三年に中国長江流域の浙江省河姆渡鎮から大量の籾が発見され、約七〇〇〇年前に水稲耕作が行われていたことが明らかになりました。今のところ、そこが最古の稲作遺跡です。ご承知の方も多いと思います。そして中国・朝鮮・日本の稲DNA分析調査によって分かったことは、存在する八種類あるDNAのうち日本にはａ、ｂ型があり、中国には八種類すべてが存在するが、日本でも最も多のはｂ型で、しかもそれは西日本を中心にしていること。一方朝鮮半島にはｂ型が見つかっていないことです。これらにより列島の稲は、朝鮮半島経由以前に、中国江南地域から直接来たことが濃厚であるというのです。

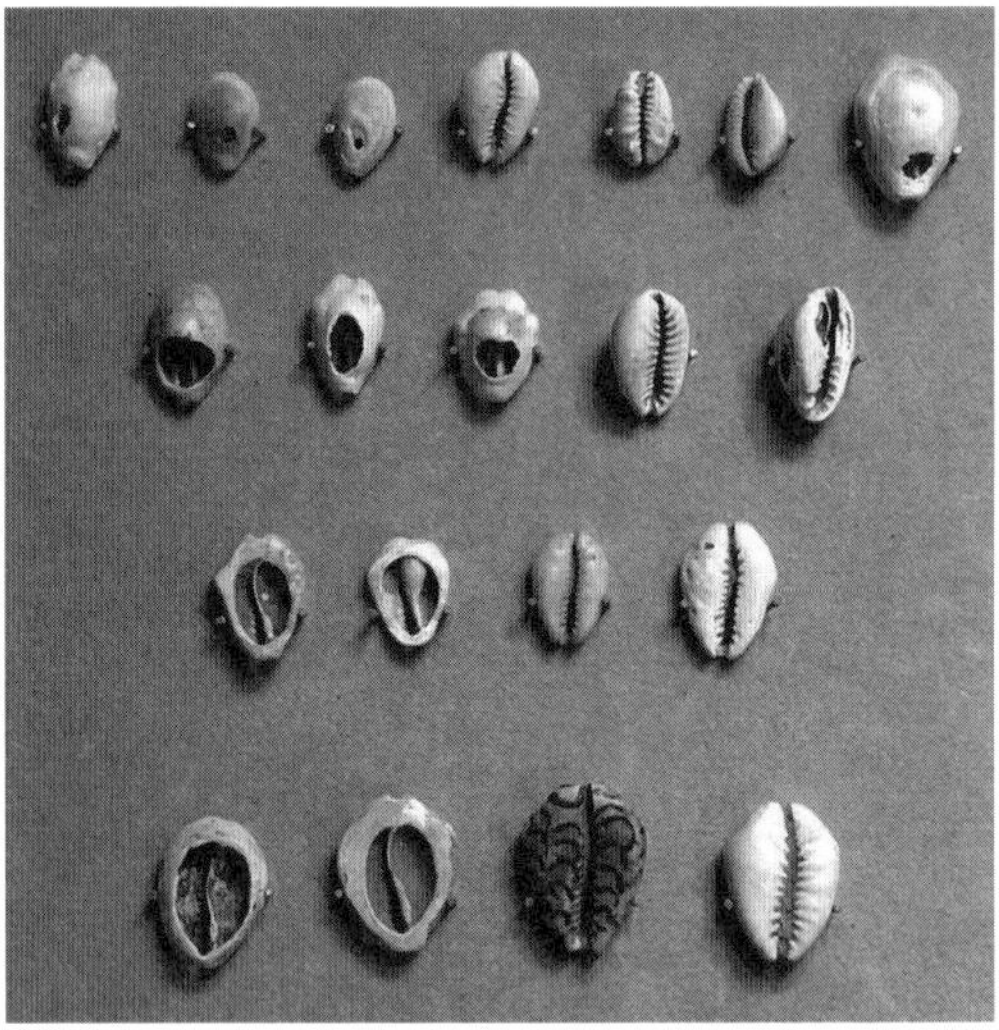

図４　貝貨　商代［中国銭币博物館蔵］

これを改めて考えてみると私には当然のことと思えます。それは古代の海上交易に思いが行き当たるからです。船は、古代の特急列車、高速トラックといえるものだからです。

中国の周代、今から三〇〇〇年程前ですが、そこで宝貝が貨幣として使われていたことが分かっています。そして宝貝は南方の海、即ち台湾、フィリピンあたりの海域で採れるものですが、これは何を意味しているのでしょうか。当然、中原にある周王朝は、間接的であるにしてもはるか南海の人々と海を通じて交易していたという証左でしょう。

縄文時代の列島においても、江南地域やもっと南、越や南越、現在の広州、福州、温州あたりと直接的交流があったと考えるのが素直です。弥生時代貝輪(貝を加工して造った腕輪)の材料となったゴホウラやイモガイなども多くは、奄美以南で採れるものです。

我が国における漢字の普及についても、これまでは五世紀頃からとされてきました。しかし弥生時代の出土品の中で、砥石とされてきた石製品も実は相当数の硯が含まれていると分かって来ています。國學院大學の柳田康雄名誉教授は、福岡県三雲・井原遺跡で二〇一六年出土の一部石製品が硯であり、同遺跡からは前漢の楽浪郡（朝鮮半島北部）の土器が多数出土している状況から漢字の流入が弥生時代中期に遡るという認識を示しているのです。また最近では二〇二〇年二月に、弥生時代中期後半の石製品とそこに印されていた文様は、それぞれ硯、漢字であると発表されています（福岡県埋文久住猛雄氏・国学院柳田氏）。

複数の伝播、流入経路があり、それらからほぼ同時期に文化・技術などが当時の列島に伝えられたということでしょう。

こうしてみると稲作ともう一方の弥生時代における主役である金属器は、どうであったのか。多くの事柄が単純に韓半島から伝わったという認識も再考する必要があると思えるのです。複数のルートがほぼ同時期に、存在したのであり、複眼的思考、かつ偏らない観方が求められます。

2　金属製武器（その1）

そもそも何故日本人はこうも鉄を鍛え、磨き上げた刀剣を一〇〇〇年、いや二〇〇〇年以上の長きにわたって、大切にしてきたのかという単純で大きな疑問について思いを巡らさざるを得ません。

初めて金属製の武器を手に取った列島人は夜に輝く月のようなその刀身になかば恍惚となるような感動を覚えたのでしょう。ただならぬ美しさ、耀きを持つものに神威を見たと思われます。しかもその刃はそれまでの石製の武器と比較にならない程驚くべき威力を示して凄まじい武威も有していた。『古事記』『日本書紀』に登場する神々も輝く刀剣の神威・武威を身に着けようとしたかに思えます。高天原に別れを告げに来るスサノオが我が国を取ろうとしていると誤解したアマテラスは、十、九、八握、三口の大刀を帯びて出迎えます（書紀巻一神代上　一書曰）。またスサノオが強大な力を持つヤマタノオロチの尾から得た天叢雲劔は、国を護る神剣として奉られることになるのです。

国譲りに大刀の鋒の先端に胡坐をかいてタケミナカタを脅したタケミカヅチは、刀剣の化身と考えて良く、武威そのものといえるでしょう。

アマテラス、スサノオをめぐる刀剣譚は、私には弥生時代に初めて金属製刀剣と出会った瑞穂国の人々の記憶が籠められていると思われますし、タケミカズチの話は、数千年前、火と水によって鉄製刀剣を生み出した黒海沿岸にいたオセット族ナルト叙事詩に基づく伝承が籠められているといわれています。

日本列島は一万数千年ほど前に最終氷期から間氷期に入り、温暖化することによって大陸と海を隔てることになってしまったから、金属器の舶来はかなり遅くなってしまったと考えられます。大方のひとが理解しているのは金属器の舶来が弥生時代ということです。少し想像の翼を拡げてみると、中国の春秋戦国時代から秦による統一によって滅ぼされたあるいは圧迫された人々のうち少なからぬ人たちが中国周辺や、海を越えて日本列島へも逃れてきたことでしょう。それ故に金属器が初めて列島に将来されたのは、紀元前五〜三世紀あたりに比定するのが適当ということになります。このことは学問的にも金属器は弥生時代前期末から中期にかけて将来されたという認識と一致しています。

中国の戦国時代は、紀元前五世紀から三世紀後半まで、つまり秦の始皇帝が中原を統一した時までですが、まだ青銅武器が主体でありました。鉄製武器は漢代に大きく発展するのです。

神話に残された「天沼矛《あめのぬぼこ》」の矛は、倭国創生にかかわる話であり、「矛」ということからして青銅器と見るのが適当かと思いますが、一方創世神話から時を経たアマテラスとスサノオの神話での剣《つるぎ》は鉄剣・鉄刀と見るのが適当と考えます。ヤマタノオロチ神話や九握、十握など、長寸とされていることから鉄製とするのが素直な考え方でしょう。長寸の刀剣であって、刺突に加えて斬撃にも耐えるようなものは、鉄製以外にはないと考えるからです。

3　金属製武器（その2）

金属製格闘武器について、私が明確に指摘しておきたいのは、前漢で生まれた長寸の鉄環首刀（環頭大刀）がそれまでの刀剣を根本的に革新したということです。これを認識しておかなければ、鉄刀の本質を理解したことにはなりません。

第一に鉄の勁さです。長寸の鉄環首刀は、鍛鉄によって造られたことが分かっています。それは鍛鉄製刀の勁さによって、史上初めて斬るために大きく振る動作、つまり上下、左右に振り、振る流れのままに斬ったりする攻撃ができるようになったということです。単純に言えば、テレビの時代劇ドラマでの立ち回りのような動作を思い浮かべていただいてもいいと思います。

それまでの銅剣ではどうであったか。銅は、鍛鉄に比べてはるかにその靭性は劣るので、硬いものに打ち当てた場合に、曲がってしまってすぐに物の役に立たなくなる場合があるのです。故に銅製格闘武器は、一尺（約三〇・三チセン）程度の短寸でしかも刺突を考慮した「剣」が中心にならざるを得なかったのです。最初期の銅製武器としての矛、戈、短剣は同じ系列と考えてよいと思っています。

ここで若干の説明が必要です。この稿で私は、「斬」を日本の時代劇のように刀を振りかぶって打撃と同時にひと、ものを断つ動作を指し、「切」は振りかぶる動作はあまり無く、ひとやものにあてがって刃を滑らせて断つ動作を指す言葉として用いることにしています。以下そのようにご理解下さい。

中国で最古の銅剣は、五〇〇〇年程遡る伝説的夏王朝時代のものとされていますが、その道具はおそらく武器でもあり、ものを削ったり、切ったりするための道具というべきものでもあったと考えています。全長十数チセンのサイズで

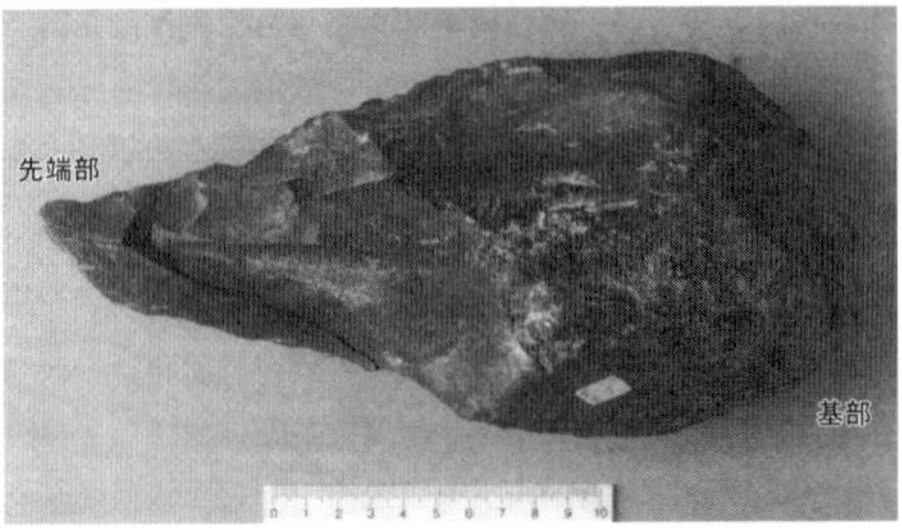

図5　ハンドアックス（中国旧石器時代）

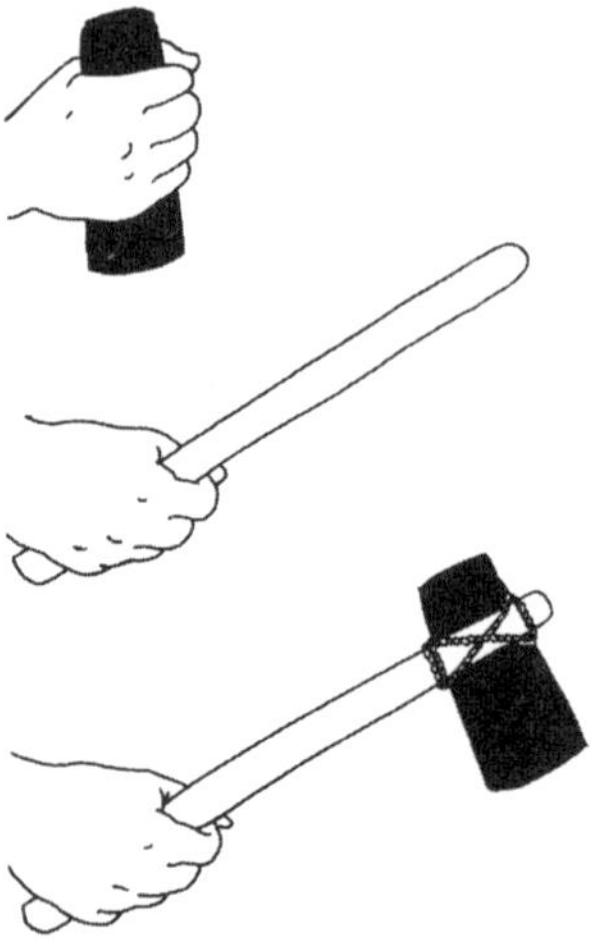

図6　石製武器の発展

図7　手形銎戈　雲南江川李家山51号墓出土
全長26.2cm　前漢代［雲南李家山青銅器博物館藏］

ありました。

それに続く銅製武器はどういうものであったか。先程述べたように「斬る」動作には向いていなかったので、刃長は長くなりえなかったといえます。それ故に銅製格闘武器は、「剣」が主流であり続けたのです。剣は刺突がその主用法です。青銅剣が長大になるのは、実用から離れて祭祀用になったことが大きな理由でしょう。

石器時代の初期格闘武器と思われるのは、手にした打製石器です（図5）。それは刺突の為に順手で持つものではなく、逆手で持って上方から敵に打撃を与える用法です。突き刺すというような攻撃ができる道具ではなかったのです。その手で握って敵を撃つというところから、それを木の棒に結わえて敵との距離を稼ぎかつ打撃力も増大させる段階に移行します（図6）。

このごく初期の石製武器の用法は、以降の銅製武器に受け継がれます。図7をご覧ください。今述べた流れをよく表しています。

長寸の鉄製武器の本質として第二番目は、「刀」の姿をとることが必然であったことです。鍛鉄製であるがゆえに両刃の剣ではなく、片刃で棟を有する刀の形式を採るのです。

鍛鉄製であることによって大きく振る動作で敵を「斬る」ことができるようになった。そのことは敵からも同様の攻撃がなされることを意味しています。この時、両刃の剣で敵の攻撃を受けたとしましょう。刃先は鋭く、薄くなっているのですから、敵の攻撃を受け止めた場合、その部分の刃は、相当な損傷を免れません。時には受け止めた部分から折れ飛んでしまうこともあるでしょう。しかし棟を持つ刀であれば、敵の刃を受け止める、あるいは受け流すことも剣より容易になります。日本刀の中に棟に受け疵を持つものがあるのは敵の刃を受け止めてなお、格闘戦に使用することが出来たという証左、誉れであるといえましょう。

これ以外に、抜刀した状態で行軍、進撃する時に棟を持つ刀であれば、肩に担いで臨戦即応の体勢をとりつつ身の安全を確保できるのです。このように鍛鉄製であることと、長寸の刀であることは長い年月に及ぶ実戦経験から得られた不可分の関係であるといえるのです。

銅製格闘武器は、銅という靭性に難点がある金属を使用していたために出現以来、長期に亘って短寸であり続けました。刃長では三〇センチ程度、柄も含めた全長でも四〇センチ程度です。そこから刃長が伸びてくるのは、中国の春秋時代に入ってからです。有名な越王勾践の剣（図8）が知られています。今から二五〇〇年程前のものですが、全長五五・七センチ、柄は八・四センチであり、柄部分は片手使いとしても短すぎると言わざるを得ない仕様です。剣体部分の青銅は錫が一九％程度、刃の部分は同じく三〇％程度になっており、刃の強度を高めていることがわかります。但しそれでもこの勾践の剣は、王に相応しい武器、王権の象徴とし

図8　越王勾践の剣
湖北省望山1号墓出土
全長55.7㎝、柄長8.4㎝
［湖北省博物館蔵］

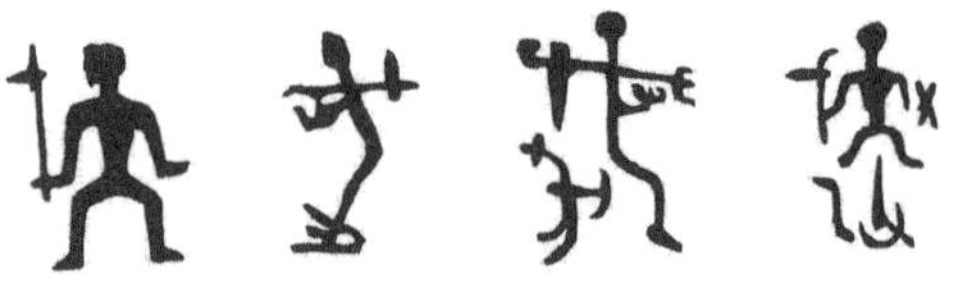

図9　戈を持つ人物図（金文）商代

図10　四川省出土銅戈　周代

て、実戦用というより見せるものであったと考えてよいでしょう。

さて先に述べたように銅剣の主用法は、刺突ですが、種々の銅製武器の姿からその用法に関わるところを考えてみましょう。先に述べたように、銅製の段階では剣・戈・矛は同類といえるものです。

剣の誕生段階は、手にした先の尖った石製武器を模したところから始まっています。そこからそこに柄を付けていくのですが、第一には石製武器と取り換えるかたちの青銅剣が登場します。それは剣を逆手にもって上方から下方へ向かって敵を刺す用法となります。

第二に、これに人の腕の延長といえる柄を付けた場合に「戈」と呼ばれるものになるでしょう（図9）。それにより長寸の柄を取り付けると戦車戦に対応する戈になります。周代でも一部の戈では、まだ引っ掛ける「勾（こう＝かぎ）」の形にはなっていない姿のものも残っていました（図10）。

第三に水平方向に突き出す用法には長い柄を取り付けると「矛」また「鑓」となります。

この逆手で上方から刺突攻撃するかたちは、相当後まで、特に我が国出土の青銅剣で見受けることができます。紀元前一世紀頃の吉野ケ里遺跡出土の有柄形銅剣（図11）を観るとよく理解できるのですが、柄の頭に近い部分に刃と並行する棒状の長い突起が特徴的です。この銅剣が祭祀用か実戦用であるかの議論はさて置きますが、それは祭祀用

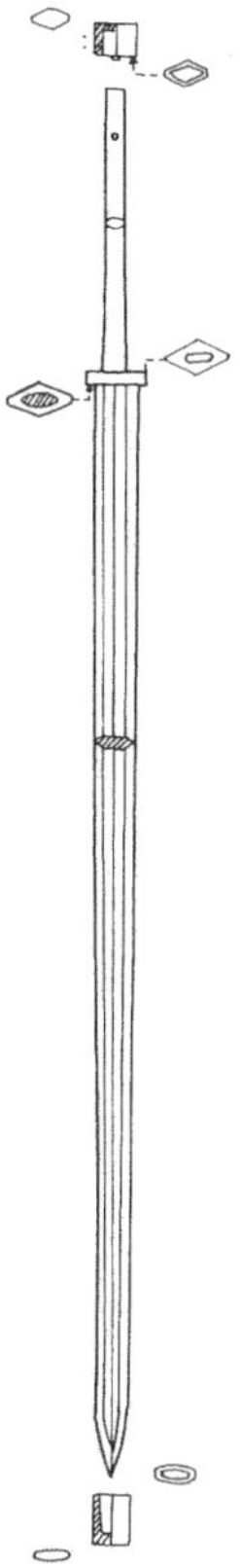

図 12　**秦代銅剣**　全長 94.4cm
1974 年　陝西省西安市臨潼区出土

図 11　**重文　有柄銅剣**　全長 44.5cm
BC1 世紀　吉野ケ里遺跡出土
［国（文化庁保管）］

であっても実戦からかけ離れた姿を与えられることは考えられないからです。この棒状の長い突起は何のためにあるのか。剣の持ち方を想像してみるに、順手で柄を持った場合は、その長い突起は刃の角度と並行していて、柄の首に近い部分に備わっているために刺突の攻撃の有効性と持ち易さを阻害すると考えられます。一方、柄を逆手に持って上方から刺突する用法では、棒状突起の重量を攻撃力に加えることができるので有効性が認められます。さらに想像を働かせれば、敵の攻撃を防ぐ働きをする可能性があります。

このように銅剣の主たる用法は、刺突にあることがよく理解できます。

それでも中国の戦国末期から秦代

には、剣も相当に斬撃対応できるような進化をとげていたと思われます。秦代には銅剣（図12）は長大になってきて順手で使用するものになります。全長九〇㌢程にもなり柄部分も全長に対して二割、二〇㌢に近い長さになってきて両手使いの造りであった可能性があります。表面は酸化クロム処理で錆にくく、また勾践の剣同様に刃の部分は錫の含有を多くして硬度を高めています。しかしこのような長寸の銅剣でも結局は鉄刀には及ばなかったのです。付け加えれば、青銅と鉄の比重からして、青銅は鉄の十数パーセント重いので、鉄製の武器を知った後では銅製武器はけっして使い勝手の良いものとはいえなくなります。

　青銅器と鉄器はそれぞれの時代性からして倭国には多少前後して流入したと考えられますが、銅と比して鉄の製錬、精錬にはより高温が必要となるためにその普及には青銅器よりも多少時間がかかったと思われます。我が国に到来した初期銅器のうちで実戦用銅剣と思われるものが存在しているのはその証左でしょう。しかし相前後して鉄製武器が舶来してきたために銅製武器は、実戦用としては間もなくその地位を譲らざるを得なくなり、祭祀用として用いられるようになっていったと考えられます。

　一九三七年に発掘された奈良県の唐古遺跡の出土品では、弥生前期の石製工具とともに鉄製刀子の把《つか》が目を引きます。ものを削ったりする工具と考えられます。弥生前期の農耕遺跡とされる山口県の綾羅木郷遺跡から鉇《やりがんな》、板状鉄斧などと鉄素材の貯蔵穴が発見されています。もっと古い可能性のある福岡県糸島市の石崎曲り田遺跡では縄文晩期土器、稲作用土器に加えて板状鉄斧が発掘されています。この他、多くの弥生前期から中期の遺跡では農具と考えるべき鉄斧などの鉄器が発見されています。そしてこれらとともに、まだまだ当時現役であった磨製石器が出土しています。

　武器では、どうかといえば興味深いことに鉄製や青銅製の剣を模したと思われる石剣の出土も少なくありません。福岡県の下稗田遺跡から、弥生前期末から中期と考えられる板状鉄斧四点、鋳造鉄斧三点など一〇点の鉄器と併せて石鏃、石剣、石戈も発見されています。このことは銅剣や鉄剣はもたらされていなかったのではなく、圧倒的に不足していたことを物語っていると私は推定しています。

鉄器は、当初道具として、特に稲作用の鋤などの刃先、ものを削ったりする工具の需要が大きかったと思われます。同時に入ってきた鉄製武器は実用として使用され、損傷を受けた場合は、希少であればあるほど、形は残らず再利用されることになります。農工具では、砥がれ、補修されつつ相当摩耗した状態まで使用されるのが普通です。今我々が目にすることが出来る料理人の包丁、大工道具、鋤、鍬などの農具もしかりです。

鉄器類はその有用性からして需要は大きく、その増大に供給が追い付かないことからくる貴重性も伴っていたでしょう。原材料である鉄鉱石の採掘、採集は当時の列島でその需要に応じることは容易ではなかったと考えられます。このことは、鉄をめぐる半島との関係が重要な意味をもっていたということを示しています。

また当時の列島での地理的位置関係が鉄器利用に影響を与えたと思われます。つまり、九州、中国（山陽・山陰）、畿内、近畿以東の農業や種々物品の生産や地域を繋ぐ交易関係に影響を与えたということです。

二　金属器の来た道

弥生時代の年代について、近年の研究により新たな説が提示され、また鉄器の普及、利用についても新たな事実が分かって来ています。

その年代観は、二〇〇〇年代に入って国立歴史民俗学博物館の研究グループによって提示されました。夜臼式や山の寺式といった弥生時代早期の土器に付着した炭素から測定したものです。それは加速器質量分析法（ＡＭＳ法）による放射性炭素（^{14}C）年代測定に基づいたもので、それによると驚くべきことに弥生時代の始まりはＢＣ一〇世紀にまで遡るというのです。紀元前一〇〇〇年といえば、中国の周代に並びます。周の武王が牧野の戦いで商（殷）を破って新たな王朝を開いたのがＢＣ一〇四六年ですから、約八〇〇年続いた周王朝のまだ前期に当たります。

中国において鉄を使用した武器で最古のものは、商代中期の「鉄刃銅鉞」（図13）と言われていますから、日本列島における弥生時代の始まりの指標を金属器の舶来と稲作に求めれば、今のところ単純に言って時代の齟齬が大きく、混乱してしまいます。

この齟齬をどう考えるか、まだ定説はないと思われます。そこを考えてみます。

図13　鉄刃銅鉞　商代
［河北省文物研究所蔵］

1　稲作については、先に述べたように列島におけるその始まりは縄文時代（新編年では弥生時代早期）に遡り、その淵源は中国の江南地域にあり、それは半島経由ではなく直接列島に入ってきたこと。列島における従来の農耕、採集と並行して行われていたことが分かって来ています。

2　我が国で出土した青銅器で最も古いもののひとつに一九五四年山形県三崎山遺跡出土の青銅刀子があります。中国の商代（ＢＣ一三〜一二世紀）から周代頃のものと見られていて、これも科学分析によってどこ産の鉛かが判明したものです。縄文時代に舶来したものということになりますが、先に述べた弥生時代の開始年代の混乱と重なります。この青銅刀子は、全長約二六センチ、刃長約一七センチで内反りの姿から武器というよりものを削ったりする工具（削刀）であったと思われます。柄先がなくなっており元は環首刀子であったという説もあります。

　こうした縄文時代あるいは弥生時代早期以前を正しいとして、その時代に舶来した金属器は非常に貴重なものであり、弥生時代に至ってもそれらの姿を模した石器が多く制作されています。

3　日本列島にもたらされた鉄器の最も古いとされているのは、福岡県曲り田遺跡出土の鉄片や熊本県斎藤山遺跡の鉄斧です。弥生時代早期から前期のＢＣ四〜三世紀（新しい編年では弥生中期）ということです。ただこれらの時代比定には問題も多いとの指摘もあります。

　更に付け加えると縄文時代の石器棒などが錬鉄を敲いて加工するのに使用されたとの見解もあります。

　これらを眺めると弥生時代開始の指標としていた「水稲耕作」との関係がまだ判然としていませんし、金属器との関係も分かりません。金属器特に鉄器の普及は、最初期の出土物の時期より相当年代を経てからになっているので、水稲と金属器の両方揃うことを弥生時代の指標とするのは無理な状況になって来ていると言えるでしょう。

　しかし、弥生時代開始の指標とすることに無理はあっても、1から3まで等々を考慮すれば、これまでの一般認識よりかなり古くから日本列島に金属器が海外からもたらされていたと考える事は自然に思えます。それは、遼東、朝鮮半島経由に限るべきではなく、中原あたりや、長江流域、江南地域を発して列島にまで来ていたということです。さらに付け加えれば、中国の古代国家（都市国家）は中原における夏、商（殷）、周のみではないことが近年の発掘調査で明らかになって来ているので、列島との関係もこれまでのように中原―遼西・遼東―半島（燕領―楽浪）―九州や山東半島（中国）－朝鮮半島西岸－北九州というルートにこだわり続けるのは、無理があるように思えます。

図14　貨泉

貨泉（図14）というものがあります。前漢を滅ぼした王莽が、建国した「新（AD八～二三年）」で発行された銅貨です。半島においても中国との海上交通の拠点と思われる西海岸から出土しているものですが、我が国でも一〇〇枚ほど発見されています。興味深いのはその出土地です。九州がやはり一番多くて四分の一を占めています。しかし九州北部を除いた出土地をみると、沖縄－鹿児島－宮崎－愛媛－広島－岡山－兵庫－大阪－京都という道筋が見えてきます。新の首都は常安（長安）で、当然楽浪経由のルートがあったのですが、それと並行して当時の閩中郡（後代の福州あたり）から台湾、沖縄、薩摩から瀬戸内を通って畿内へ通じるルートがあったと思えます。琉球諸島からは、貨泉より古い銅貨である戦国時代の明刀銭が出土していることからも不思議なはなしではありません。

もっと時代を遡って夏、商等の中原国家以外の古代国家の一部を挙げてみます。

・三星堆遺跡：これは長江文明に属しており、一九八六年に四川省徳陽市で発見されたものです。新石器時代晩期（BC二八〇〇年頃）から青銅器時代（BC八〇〇年頃）までのおよそ二〇〇〇年に及ぶ長期にわたる遺跡です。中原とはまた異なるデザインの玉器、青銅器などが出土しています。目の飛び出た《青銅縦目仮面》などが有名です。

・龍馬古城宝墩遺跡：四川省成都市郊外で長江上流域になります。四五〇〇年程前の遺跡で、一九九六年に日中共同調査によって発見されたということです。長辺一一〇〇《メートル》、短辺六〇〇《メートル》に及ぶ長方形の城壁に囲まれていました。

・金沙遺跡：四川省成都市で二〇〇一年に発見されました。三星堆に続くBC一二〇〇～五〇〇年頃の、中原でいえば、商代後期から春秋に至る時代のものということです。出土物では、時代的に青銅器、玉器は当然として、径十数《センチ》の《太陽神鳥金飾》（図15）が目を惹くものです。漆器に貼り付ける金箔だったという説が有力とのことです。一二の火炎渦巻く太陽の周りを上下、左右にそれぞれ合計四羽の鳥が配置されています。古蜀で太陽は、信仰の対象として重要な意味を持っていたらしく、興味深いことです。実際、金沙では太陽を祀る廟も発見されているとのことです。

図15　太陽神鳥金飾
［金沙遺跡博物館蔵］

・良渚古城遺跡：浙江省杭州市にあり長江下流域です。二〇一九年に世界遺産にも認定されています。新石器後期（BC三三〇〇～二三〇〇年）から青銅器時代早期に亘る都市遺跡が含まれています。二〇〇七年に発掘された都市遺跡は、BC二三〇〇年頃のもので都城の広さは約三平方《キロ》で北京の紫禁城より広いということです。

・河姆渡遺跡：これも浙江省にあり、杭州湾あたりから舟山群島にまたがると言われています。寧波市余姚市河姆渡鎮で一九七三年から発掘された新石器時代（BC五〇〇〇～四五〇〇年頃）に属する遺跡群です。先に触れたように大規模に稲作が営まれていたことが判明して、稲作の源流と言われています。高床式建造物址が多数発見され、石器は比較的少なく工具として使用されたと考えられています。木器、骨器が多数発見されています。

・石峁（シーマオ）遺跡：二〇一九年に発見されました。陝西省神木市高家堡鎮にあり、BC二二〇〇～一九〇〇年頃の要塞のような都城であるといいます。「石峁」とは黄土地帯の丘という意味らしいですが、その名前の通り現在では荒涼たる丘に周囲一〇キロを超える防壁を構えていました。陝西省最北部で内蒙古自治区、オルドス砂漠に近いところです。そうした位置にありながら、近辺では産出しない翡翠を加工した円盤や刀剣、笏が出土しているのが興味深いことです。

こうした新石器時代から青銅器時代に至る古代城市が滅び、あるいは移動した時にその部族の人々はどうなったでしょうか。他の部族に吸収されたり、新たな地で城市を打ち立てたりしたことでしょう。特に長江流域やそこから更に南の地域は、稲作伝来の例からも列島との関係があったと思われます。それは細く、長く長く続いていたでしょう。韓半島を観るとBC一〇〇〇年頃から以前は特に大規模な集落遺跡や墳墓は見当たらないのです。半島への青銅器伝来はBC一〇〇〇年頃なのです。

熱帯ジャポニカ種の稲は半島での栽培に向いていなかったかもしれず、そこに根付くことはなく、列島の方に旧編年による縄文時代に中国江南地方から直接入ってきたと考えられるのは先に述べた通りです。

このような確証がなかなか得られない状況は、中国関係の情報

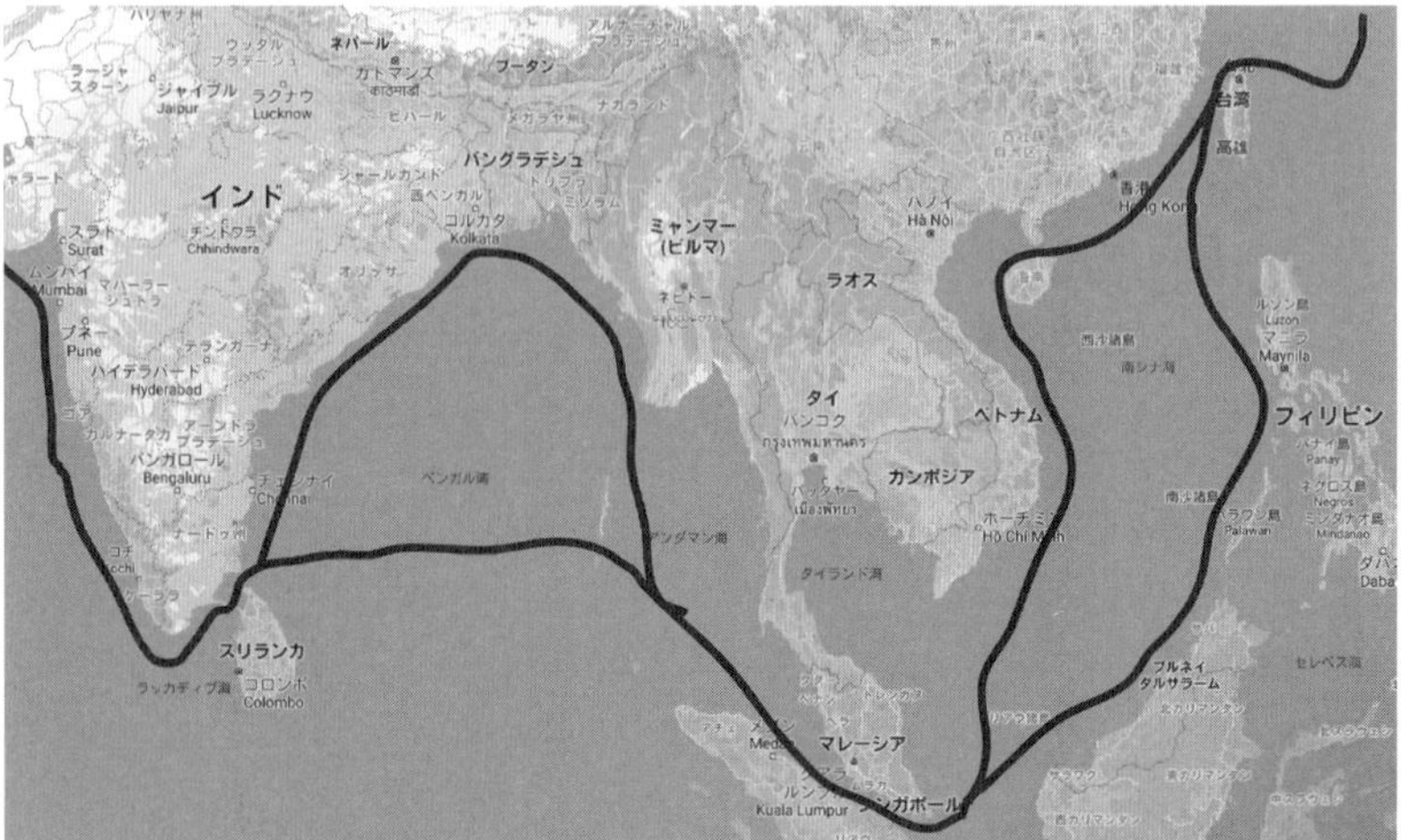

図16　海上ルート（インドから台湾、琉球諸島）

がその存在の巨大さに比して少な過ぎるという事に起因しているでしょう。中国の方でも調査すべき遺跡、史料が天文学的（といっていい）な数にのぼり、地道にひとつづつ掘り起こし、ひもといていくしか方法がなかったのです。漢字文化圏を形成した商・周以降漢に至る国家の流れが正当な中国であるという認識も長江流域や長江以南の沿海地域における調査を妨げていたという面もあるように思います。

成都付近から長江を遡行して、大理付近から古代ビルマの滇《てん》国に入り、インドのアッサム州に至るルートは、「西南のシルクロード」と呼ばれています。その交通手段は主として馬と船よるものでした。

また日本列島へのルートを想起すれば、インドから南への海上ルート（図16）も無視できないと思えます。人類東遷のルートをみれば、当然有得べきものです。インド亜大陸東岸のチェンナイ、西岸からであればスリランカ経由でマラッカ海峡を通り、インドネシア、フィリピン、台湾、琉球諸島を経て南九州に至るものです。

考古学的には、年代の明確な出土資料が不可欠ですが、定説が必ずしも事実とは限らないのは言うまでもありません。将来の発掘調査によって新たな事実が出てくるのを愉しみに待ちたいと考えます。

三　金属器―戈、銅鐸、そして銅鏡について

金属器も種々ありますが、ここでは弥生時代中期以降によく用いられて、古墳時代に入るとにわかに用いられなくなった戈、銅鐸そしてその後、三種の神器として重要な位置を占めるようになる銅鏡を採り上げます。

様々な文物が入ってくるのは、当然ながらひとに伴ってくるので列島となる以前に大陸と繋がっていた一万数千年より前の時代から様々なものが見つかっています。千葉県成田市では、成田空港建設に先立って調査[1]された「三里塚№55遺跡」から約三万年前のものと考えられる局部磨製石斧が発見されています。旧石器時代、既にひとが日本列島に棲みついていたのが明らかになった訳です。

また国立遺伝学研究所のチームが北海道礼文島から出土した約三八〇〇年前の縄文人の大臼歯から採取したＤＮＡを解析[2]した結果、縄文人はアメリカ先住民を含む東ユーラシア集団の中で最も古い時代に分岐したこと、また縄文人はウルチ、韓国人、台湾先住民、オーストロネシア系フィリピン人と遺伝的に近かったことが分かってきました。

ここでのポイントは、「三八〇〇年前」、「北海道」そして「オーストロネシア系」です。つまり一万数千年以上前から列島に居住していた縄文人、その北辺にいたものの遺伝子が、南方系の人々と遺伝的に近かったということです。相当古い時代に人類は中央アジア（現在のタジキスタンあたりか）で北ルートと南ルートへ分岐したと言われています。その南方面に移動したものたちの中から、次には北上して列島に到達した人々が縄文人の主流であることを意味しているのではないかと思います。

二〇二〇年の新聞紙上[3]にも次のような縄文人に関する記事が出ています。

DNAを調べたのは、伊川津貝塚遺跡（愛知県田原市）から出た人骨（約二五〇〇年前）。東京大学・金沢大学等のグループは、伊川津人骨のさまざまな人類集団や古人類と比較し、その関係を示す系統を描いた。すると、現代の東アジア人などよりも、ヒマラヤの南側を通った集団の指標となるラオスの遺跡の人骨（約八〇〇〇年前）に近く、ホモサピエンスがアジア東部や日本列島に到達した時期に近い四万～二万六〇〇〇年まえに分岐したと考えられた。国立科学博物館などが昨年DNA配列を公表した、北海道礼文島の縄文人骨（約三八〇〇百年前）とも近い関係にあった。

更に付け加えれば、発掘された日本最古級の人骨の多くが琉球諸島で見つかっていることが理解できるように思います。山下洞人（三万二〇〇〇年前）、石垣島人（二万年前）、港川人（一万八〇〇〇年～一万二〇〇〇年前）、サキタリ洞人（一万二〇〇〇年前）です。一万数千年以前の先日本列島は現列島以前のすがたであり、洪積世後期のウルム氷期間の極寒冷期（約二万年前）には、海面が現在よりも一四〇～一五〇メートルも低かった[4]ということです。列島は台湾も含め大陸と繋がっていて、日本海は大陸中の内海のかたちをとっていたこともありました。今のところは単に憶測なのですが、韓半島南部の倭系人は、日本列島が大陸から離れる時に取り残された人々あるいは残ることにした人々であったかもしれません。

はるか昔の旧石器時代に列島まで到達した集団のルート、つまり南方や西南からの人の流れは弥生時代に至っても絶えることなく列島へ様々な文物、技術をもたらせていたことでしょう。

そうでなければこれまで疑問、謎とされてきた金属器の伝来、たたらに拘った製鉄の技術、さらには古代における日本列島と韓半島との関係などは読み解けないように思います。

1　戈について

「戈」というものは、石器を手で握って尖った部分で敵を撃つという初歩的武器から木の枝などを柄として鋒の方向と垂直に結び付けたものから発展した武器です（図17）。柄を鋒方向と水平に付けたものは刀剣、矛、鑓として発展していきます。

故に戈には歩兵用もあるのですが、その後の発展形として戦車戦に重用された長柄の武器が主流になります。いわゆる中国の中原を中心とした地域から周辺へ拡散したものです。

二ないし四頭立ての戦車に二名、三名が乗車して、御者、長柄武器を持つもの、矢を射るものの組合せです。左側で矢を射るのが上位者で、その右側で戈などを振るうのが「右腕」ということです。敵の戦車とすれ違う時に戈の「援」と呼ばれる先の尖った部分で刺す、さらにそこから湾曲した部分「胡」と云われるところに引っ掛けて擦切る用法です（図18）。

韓半島では、BC二世紀頃の現地で制作されたもの、BC一世紀頃からAD一世紀ころに副葬されたものが出土しています。それらは、主に前漢から後漢の楽浪郡設置に伴うものと考えてよいでしょう。

戦車による戦いの文化が無かった韓半島では、基本的に戈の出土は多くはありません。北西部は、遊牧民族の支配地との接点であり、春秋戦国時代の燕に近く、

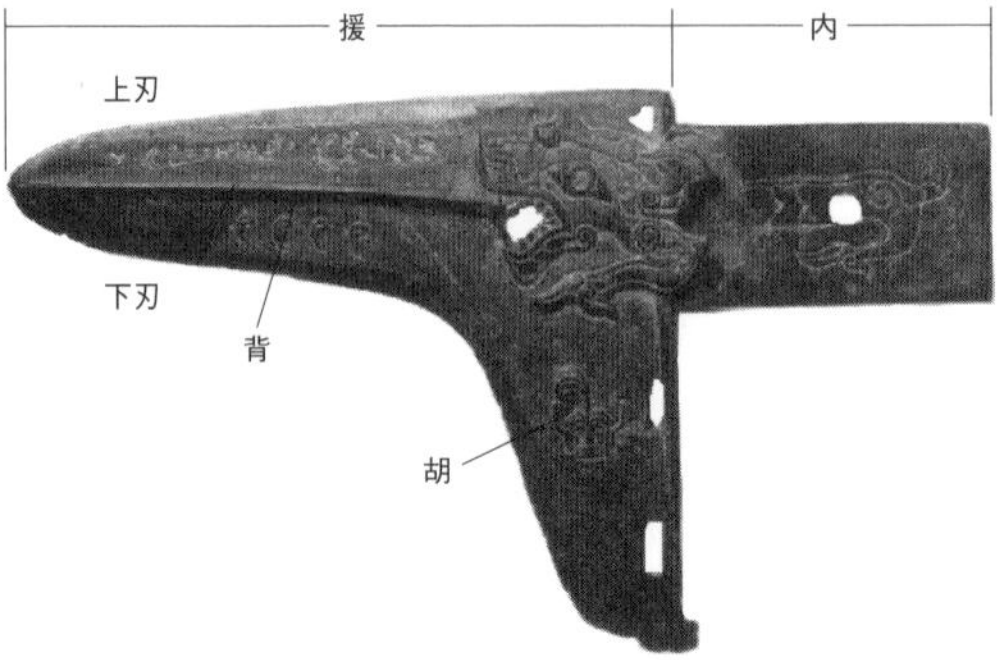

図17　戈の部位名称　戦国時代（中国）　四川省出土

図 18　戦車復元図　戦国時代

続く秦漢が治めていた地域です。中国の車馬、戦車利用が身近であった地域といえるでしょう。中国の燕から前漢の時代に半島北部で漢人系の貴族、役人たちは馬車に乗るという風習を維持しており、戦車を保持して、それに伴う武器である戈を所持していたと考えられます。

　具体的には半島で青銅戈の出土する地域は、主に半島北部と南西から南東に至る沿岸部。現在の平壌地域の貞柏里遺跡（大同江）、平壌北東・日本海側の咸興市梨花洞、西では沿岸京城（漢江）。西岸の群山市辺（錦江）、南西の木浦市（栄山江）、南東の釜山（洛東江）、慶州九政里などです。韓半島西部沿岸地域は北西部からの浸透及び山東半島からの舶来と考えられます。現在の忠清南道、全羅北道あたりです。百済が治めていた地域です。

　一方半島東南部は倭との関係が深い地域といえるでしょう。倭人がいたと言われている伽耶そして新羅の南部です。つまり北西部及び西部出土の戈と東南部出土の戈は、その主たる出自が異なる可能性があるように思えます。戈出土品形式をみると北西部、西部沿岸ではほとんどが細形ですが、東南部のそれは、細形、中細形、中広形、鉄戈形と様々です。時代的には、平壌近辺のものや西岸地域より時代が少し後になるようで、九州北部の倭人あるいは半島在住の倭系有力者の副葬品も多くあったと思えます（図19）。

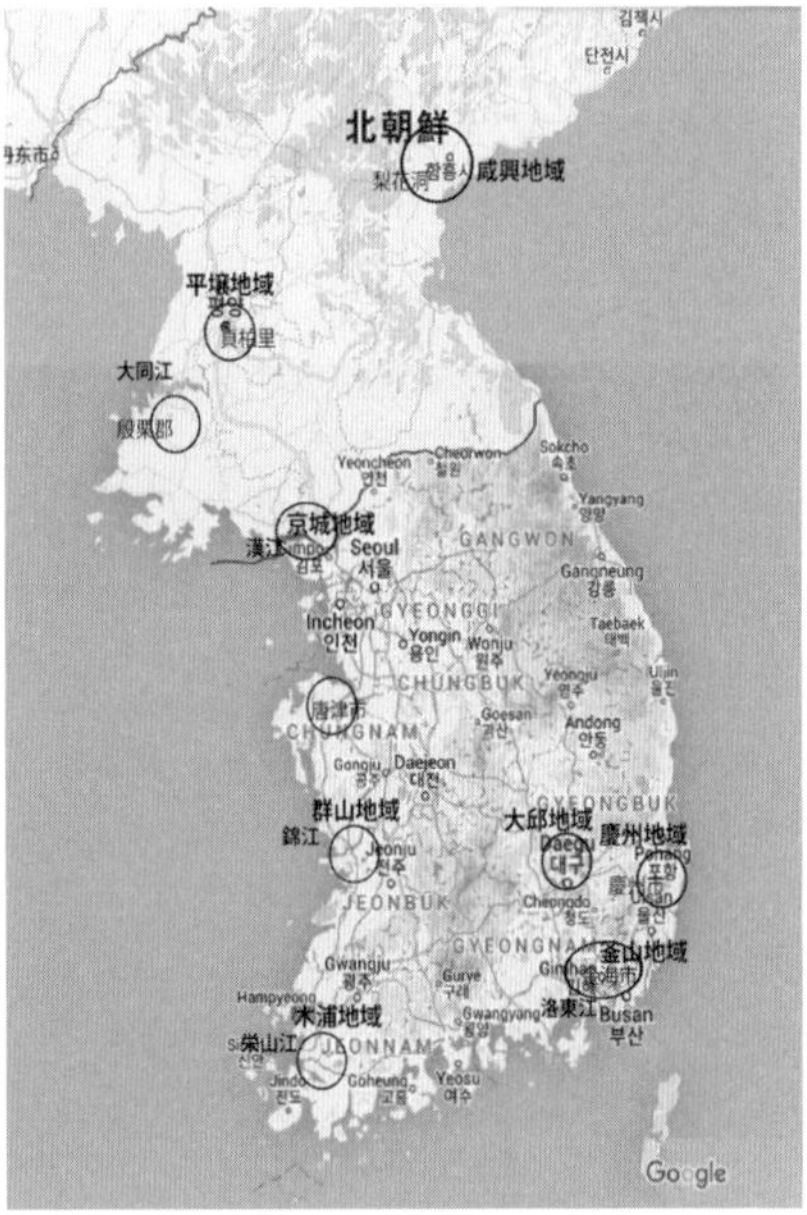

図19　半島での戈出土地域

日本列島はどうであったのか。BC三世紀以前の戦国時代から、中国と交渉を持っていた北九州地域の倭人が入手したのは、燕、秦漢からの青銅器が主流であったのは間違いないでしょう。主には半島西部の沿岸を経由して九州北部に伝わったと考えられます。しかし、戦車、馬車の習慣の無かった列島、さらにいえば馬の存在しなかった列島では、実用としての戈ではなく、当初から祭器として用いられたと考えられます。その形態は実用から離れて幅広で「内」と呼ばれる茎に相当する部分が短い形式となり、九州北部有力者の副葬品や大阪湾岸から埋納品として出土してきます。

九州北部では、実用のかたちを残したと思われる細形、中細形、中広形、広形とBC三世紀頃から二世紀頃まで出土しています。そして旧摂津国である現在の神戸から大阪湾沿いを中心に長野県まで中細形で戈の脊（鎬）の両側に施される二つの樋の先が分離した「大阪湾形」と称されるものが出土してきます。興味深い事に大阪湾形の戈は、九州の副葬でなく埋納であることで、同じ戈であっても九州北部と摂津以東ではその受容性に違いのあったことが分かります。大阪湾形が一度に七口出土した神戸市の桜ヶ丘遺跡では、同時に大小一四個の銅鐸が出土しています。この桜ヶ丘遺跡はBC三世紀から一世紀頃ということですから九州北部と時代的に大きな差はありません。そして樋中文様も九州の綾杉文に対して大阪湾形では主に鋸歯文が鋳出されています。単に憶測ですが、九州は中原系、それから派生した燕からの流れであり、大阪湾形は長江流域あるいは、華南地域からの流れかもしれません（戈の鋸歯文と綾杉文）。

証左とも言えませんが、列島の中広形戈に似た姿をしているものが雲南省から出しており、中国のものには珍しく樋（櫃）中に文様が描かれていることも含め、祭祀用戈の源流かもしれません（図20）。

これら銅戈に続いて鉄製の戈がおそらく紀元前後から登場してきますが、九州ではやはり副葬品で、銅剣、把頭飾、銅矛などと共伴していた福岡県岸田遺跡の甕棺墓（BC一世紀頃）からのものがあります。九州北部などで弥生時代には剣、矛、などとともに副葬されていますが、弥生末期から突然姿を消してしまいます。これは、銅鐸の状況と軌を一にしています。剣は、首長層個人の威信具、身分の表象であったのに対して戈、銅鐸は地域の集団、部族、集落の祭祀、呪具であったことに関係していると思えます。そして銅鐸、戈、矛の埋納が弥生末期以降突然なくなるのは、その時期に日本列島の社会体制が大きく転換したことを意味しているのでしょう。古墳時代に入って王権のシンボルとして鏡、剣、勾玉が機能するようになり、各地に大規模な前方後円墳が出現してきます。同時にヤマトが日本列島の統一的政権として三輪山のある大和の纏向あたりにこれも突如、表舞台に登場してきます。

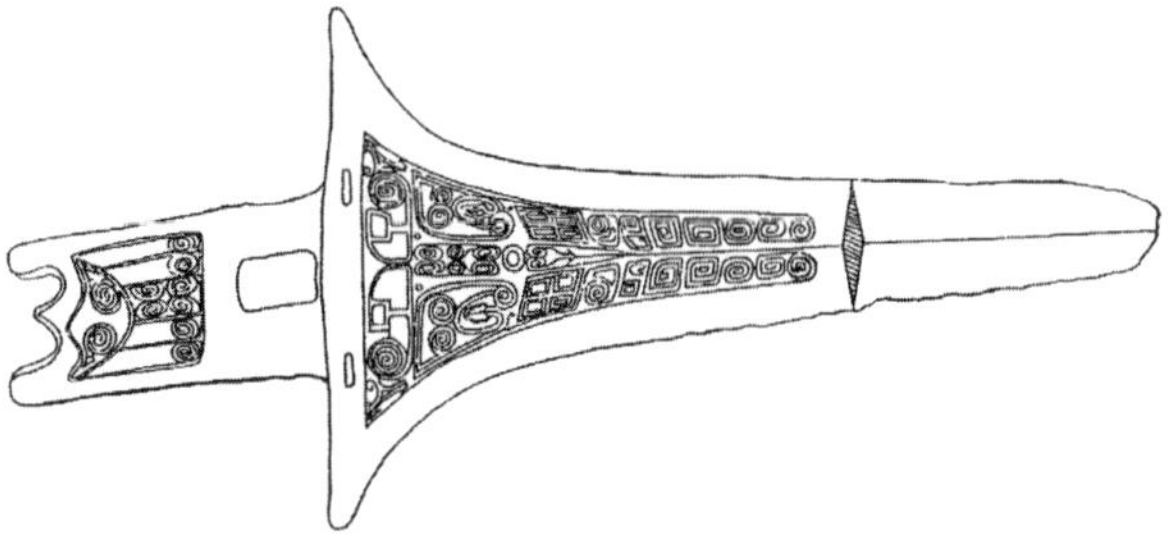

図20　雲南省戈図　雲南江川李家山古墳群出土

2　銅鐸について

興味深いことに岡内三真氏（早稲田大学名誉教授）は、鉛同位体対比分析の結果をもとに、弥生時代に倭へ持ち込まれた青銅器の産地について次のように述べています。「かつて銅鐸は朝鮮製の青銅武器を鋳つぶして鋳造したと考えてきたが、その可能性はうすくなりつつある。むしろ朝鮮製の青銅器は、畿内には九州北部ほど多くは持ち込まれていなかった可能性がある。[5]」

中国の金属器は、漢代に入ると青銅から鉄へ急速に転換したことが分かっていますので、廃品となった青銅器が大量に日本列島に流入して、日本列島ではそれらを利用した鋳造が行われていたと私は考えています。

私には、畿内を中心とした銅鐸埋納という事象が、文明及びその利器のルート、ルーツを探る上でのヒントになっていると思えます。九州であまり出土例のなかった銅鐸も近年の発見で弥生時代中期前半には朝鮮半島製の小銅鐸が伝わっていたことが分かって来ていますが、畿内の銅鐸鋳造も、弥生中期前半にすでに行われていたことが分かっているので、近畿への青銅器流入について、長江流域以南からの直接ルートの可能性は否定できないと思います。それを裏付けるように二〇〇六年、次のようなニュースが流れました。「中国江蘇省無錫市で紀元前四七〇年頃の越の貴族墓から、日本の銅鐸の形に似た原始的な磁器の鐸が発掘された。調査を担当した南京博物院考古研究所の張敏所長は「鐸が中国南部の越から日本に直接伝わった可能性がある。」と指摘した。[6]」

銅鐸についてその到来ルートとともにその用途・埋納についても考えておきます。

近畿から中国、四国地域で見られる銅鐸の埋納は、九州地域ではあまり見られないこと、またそれはどういう目的で使われたのかについて意見が種々分かれて、結論は出ていません。九州と近畿の不思議なほどの違いは、青銅器の将来ルートと受け入れる地域の受容性に基づくものでありましょう。ものが将来されるということは人の往来もあり、それに伴ってその文化、思想も流入するのですから銅鐸の用途についても当然ながら原産地での文化、風俗から一定の影響があったのは疑いないでしょう。古墳時代を経て大和朝廷が成立し、それ以降『日本書紀』や『古事記』に記された神々を祀る神社が各地に建立されました。その神道について、中国の老荘思想や陰陽五行思想がかなりの影響を与えたと言われています。

五行説の相生では、宇宙・自然を構成する要素として木、火、土、金、水（もく、か、ど、こん、すい）それぞれは、次の気を生んで連関するというものです。つまり「木は火を生じ」、「火は土を生じ」、「土は金を生じ」、「金は水を生じ」、「水は木を生じ」て循環するとの考えです。

何が銅鐸埋納に関係するのかといいますと、もうお分かりと思いますが、銅鐸は「金（こん）」、それをどこに戻すかといえば「金」を生んだ「土（ど）」になる訳です。金である銅鐸を土中に埋納するのは、陰陽五行説の影響があると思えます。しかしそれは青銅製武器の場合と何が違うのか疑問が出てきます。先に述べたように銅鐸の場合は、単独での埋納が主であること、それもあたりを見晴らす丘の斜面や集落から少し離れたあたりも少なくないのです。副葬の事例はないといってよいでしょう。

武器型の場合、ごく貴重な道具として首長たち個人の陵墓に副葬されました。そしてやがて普及が進むと権威、武威を示すものとして銅鏡、銅矛、玉などと共伴埋納されるようにもなりました。良く知られているのは「鏡、玉、剣」の三点セットです。首長など個人の陵墓に副葬され、その後埋納されるようになります。

銅鐸の場合は、武器のような個人型ではなく、当初から集団のなんらかの目的のために使用されたということです。先に「銅鐸の場合は単独での埋納が主」であると記しましたが、割合は低くとも鏡との共伴（奈良県長柄）、矛との共伴（島根県荒神谷遺跡）、銅戈との共伴（兵庫県桜が丘遺跡）などがあり、一定ではないので様々な解釈がなされているのです。

曰く、農耕儀礼用である、航海民祭祀用である、目的や契機は一つではないなどです。それぞれの埋納形態の違いによって分類しようとするので、多様な解釈が出てきます。

私は埋納について、大きく考えればひとつに集約できると推定しています。それは「鎮め」ということです。現代においても家を建てる時に「地鎮祭」という神事を執り行うことが多いのですが、その地鎮祭の考え方は倭の時代から延々と続いていると考えられます。列島の倭人が、自然に対する畏れ、恵みへの感謝などの感情を何かの契機に表してきたのが古代祭祀であったといえるでしょう。その契機とは、多様なものです。豊穣を願う時、新たに田畑を拓いた時、自然災害によって集落を移さざるを得なかった時に大地を慰め鎮める、さらに倭人の考えとしてものにも霊魂が宿っていると考えていたので、ものを捨てる時にもその霊を鎮める必要があると考えたのではないかということです。銅鐸を用いなくなって廃さざるを得ない時、銅鐸が毀損して大地に戻す時、一部を破損させたりすることも含めて、銅鐸自身がひとを祟らないように、鎮めるために大地へ納めたのではないでしょうか。

陰陽五行説は、中国の春秋時代から発展して、戦国時代には相当盛んになっていたことが分かっています。中国から直接将来された銅鐸は、その陰陽五行説と自然に対する倭人の畏怖畏敬の念が組み合わさって、「金（銅鐸等）」を生んだ「土」に埋めることで大地、地域、道具類など様々なものを鎮め奉ったのではないでしょうか。この鎮めの思いは、単独埋納、共伴埋納、器物埋納すべてに行われるべきものでした。故に銅鐸に副葬はあり得なかったし、様々な鎮めに用いられたので様々な埋納形態が生まれたのでしょう。そして埋納された箇所ではなんらかの建物を支えるための柱を立てる穴であるピットも発見されています。興味深いことに中国華南地域（広東・海南・福建省地域）に地祇・地霊を鎮めるために器物を使用したとの情報もあり、銅鐸将来源を示唆しています。こうして主に近畿を中心に、BC二世紀以降中国地方、三河・遠江まで盛んに用いられた銅鐸は、何故か三世紀の古墳時代に入ると突然使用されなくなります。これは銅鐸にまつわる大きな謎であり、大和政権誕生や邪馬台国の話とも深いかかわりがあるのかもしれません。

では埋納前にはどのように使用されたのでしょうか。銅鐸は、それを揺らして音を立てるための「舌《ぜつ》」を持つ小型のものから大型化して約一三五チセンの高さに達するもの（滋賀県大岩山古墳群出土）まで制作されるようになります。音を響かせる道具から見せる・観るものに変化していくのです。

古い形式の中小銅鐸には鐸内に当てて音を立てるための「舌」が同時に発見されている例があり、また長年使用された、あるいは激しく舌を打ち当てたことによる痕が残っているものもあります。列島の銅鐸は、鐸表面に絵画が鋳出されていることも特徴として挙げられます。

初期のものは音を立てる構造、構成であるので、多くの人たちが集まった折に（あるいは集まる時に）聞かせる、聞くものでありました。銅鐸の表面に、人物、鹿、高床建物、鳥などが鋳出されています。人物では、弓矢を持つ人、脱穀する人、争っているような人があります。鹿は春に角が生え、秋には落ちるということから米が最重要穀物であった弥生時代の倭人には稲の生育に重なる豊穣を祈るシンボルであったという解釈が有力であり、脱穀している人の絵柄と合せてよく理解できます。豊穣への祈りを済ませた後は、大地を使用させていただくための鎮めとして埋納したと考えます（図21）。

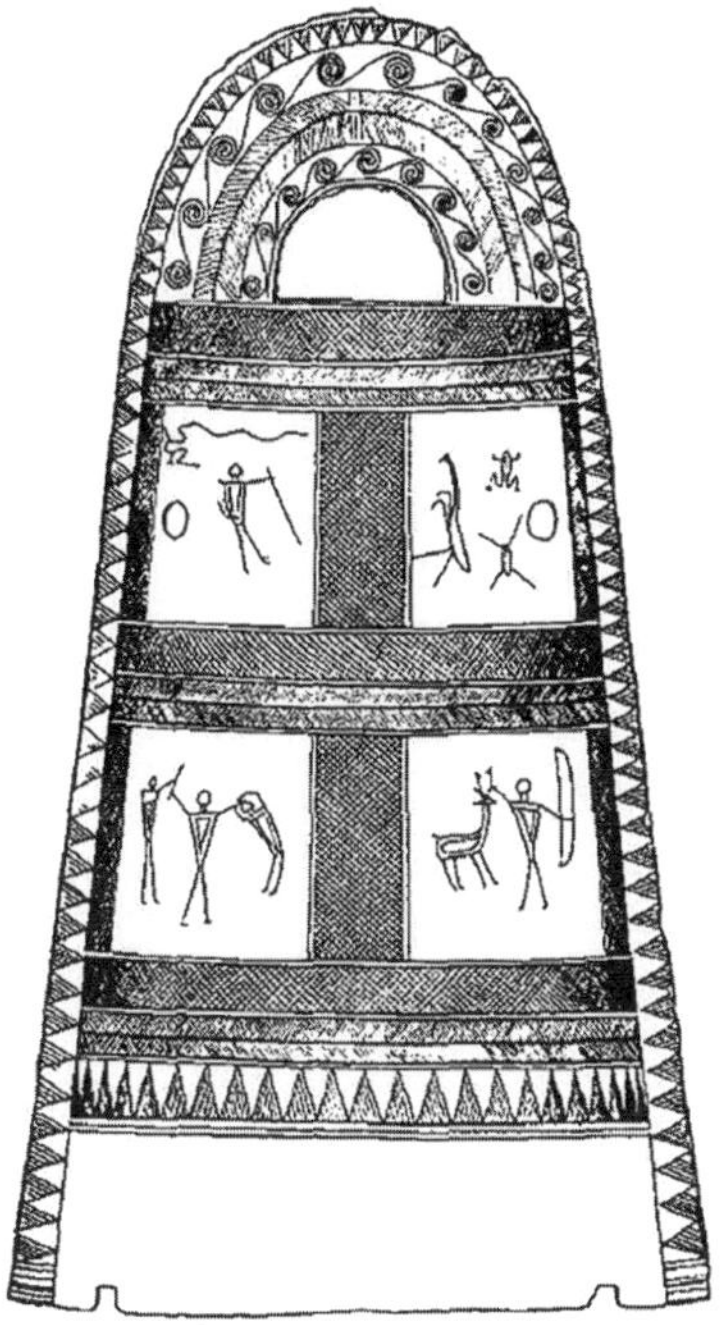

図 21　**銅鐸**　BC2～1世紀
神戸市桜ケ丘遺跡出土

銅鐸表面の絵画で、争っている（と見える）人の絵柄解釈は定まっていませんが、○の顔の人を男性。▽の顔の人を女性として男性優位を示している、女の争いを男が収めているとの解釈等ありますが、私にはそう理解できません。○が男の、▽が女の表現としても弥生時代の祭器であることを考えれば、むしろ共同体の中の争い、共同体間の争い、その争いを鎮める意味を感じます。土地を巡り、水を争う水田耕作を感じます。

が広がってきた弥生時代に近畿地方では、戦いによって相手を屈服させ土地、収穫を奪うより話し合いによって協調、共栄していく途を採ろうとしたのではないかと思えます。現にBC一世紀頃、田井中遺跡（大阪府八尾市）周辺では九州あたりから東遷してきたであろう環濠集落と縄文時代から続く集落とがほぼ隣り合ったかたちで共生・共存していました。[7] 弥生時代の水を引くとき、田植えの時、秋の収穫の時は争っている場合ではありません。争いを治め、力を合わせて収穫を祈り、感謝するための図と考えます。それが弥生時代のヤマト的有り様と思えます。

3　銅鏡について

鏡についても少し触れておきます。鏡は、ものを映すもの、照らすものとして、古くから霊力あるものと考えられてきました。ものを映すことは鏡の中にもうひとつの世界を映し出して、鏡の所有者と神の世界を結びつけるものと捉えたのでしょう。また光を反射することは、日の象徴であり、光を導き光の無かったところを照らし、暗を明に変える働きをするものであったので、善悪を明らかにして途を示すものと考えられたのでしょう。縄文人は天神地祇に対する素朴な信仰をもっていました。その後初めて舶来した金属器に接した列島人は、人が造った金属器の耀きに霊性を見たということでしょう。

日本列島での銅鏡は、弥生時代中期から認められて、それは前漢からの舶来品でした。漢鏡は弥生時代中期から二世紀頃まで流入してそれ以降、三国時代には、魏の景初三年（二三九年）卑弥呼が使節を送って銅鏡百枚を下賜されています。弥生時代末期以降、倭では中国からの銅鏡を模した仿製鏡が多くなってくるようです。この間我が方では、鏡等の分配システム[1]が弥生時代の北部九州中心から古墳時代には畿内中心に変革されたことが分かってきています。

但し鏡等の分配システムといっても単純ではなく、古墳成立期に北部九州では副葬品として後漢鏡は見られなくなり小銅鏡の副葬になりますが、畿内及びその周辺では墳墓への副葬ではなく、集落からの埋納が多くなるということです。ここでも銅鐸の場合と近似した状況をみることができます。

また分配システムの中心も北部九州から畿内への移行期に瀬戸内海沿岸地域が優位性を持っていたことも指摘されているところです。時期的には弥生時代末期の二世紀頃に相当して、中国では後漢から三国時代への移行混乱期でありました。それは漢の楽浪郡から列島への舶来文物の流入に大きな影響を与えたという想定も出来るものでした。

弥生時代中期から後期にかけて北部九州では、副葬品として大量の銅鏡が使用されていました。福岡県春日市の須玖岡本遺跡で、銅剣二、銅矛四、銅戈一、ガラス製璧玉とともに三十数点の前漢鏡が出土しています。一三面の内行

図 22　内行花文（長宜子孫連弧文）**鏡**　径 21.6㎝
後漢　洛陽市景陽崗南 2 号出土
［中国社会科学院考古研究所蔵］

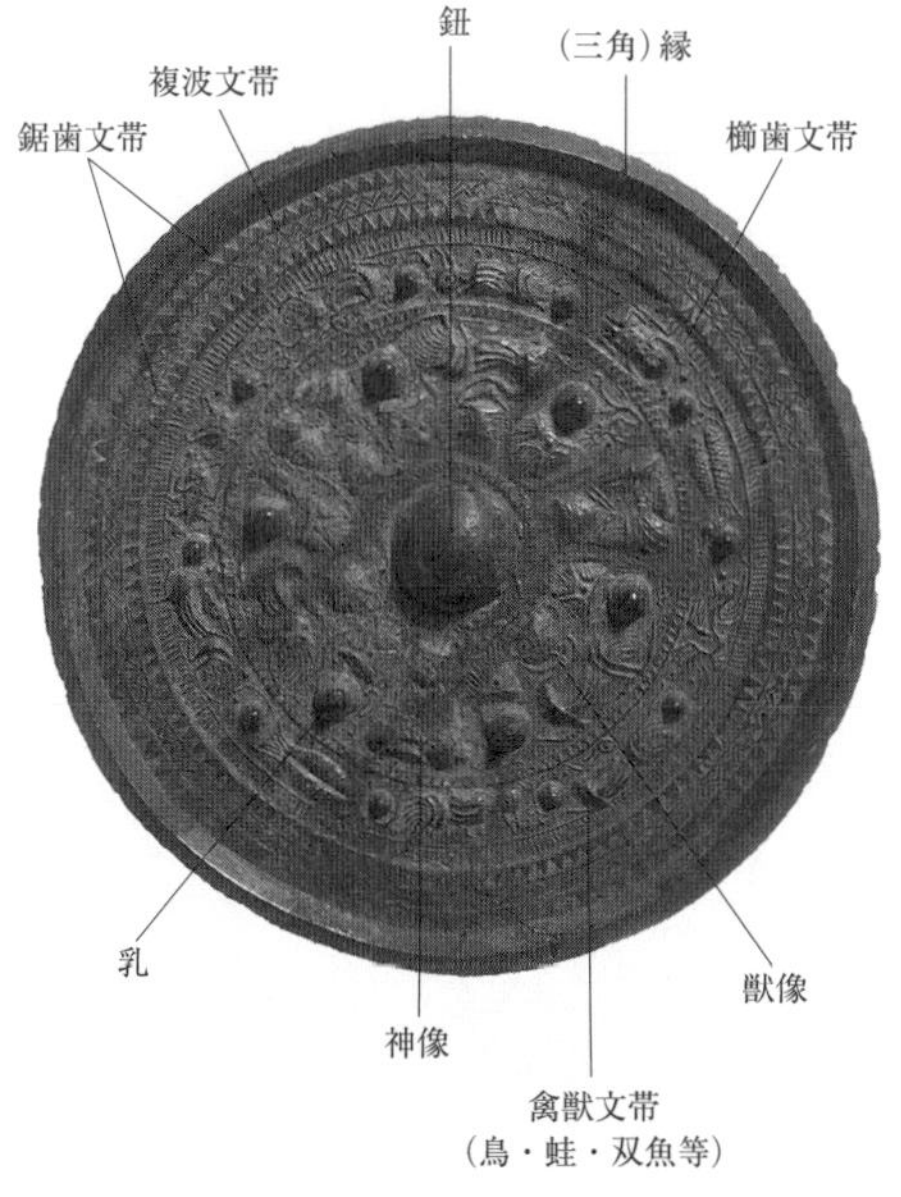

図 23　三角縁神獣鏡と各部名称　径 21.2㎝
奈良県佐味田宝塚古墳出土（4 ～ 5 世紀）
［奈良国立博物館蔵］

花文銘帯鏡を主に多様な鏡が見られます。ここは「漢倭奴国印」で知られる奴国の中心的地帯で、近隣の須玖タカウタ遺跡からBC二世紀頃の銅剣の把頭飾鋳型（土製）等とともに多鈕鏡[2]の石製鋳型が出土しています。この種の多鈕鏡は、かなり早期に中国東北部遼寧、楽浪地方から直接舶来してそれを倣製したということでしょう。多くは北部九州からの出土です。

古墳時代に入るや、畿内、特に大和を中心にそれまでの埋納から大量の銅鏡が副葬されるようになります。奈良県天理市の黒塚古墳は、一九九七年から一九九九年にかけて発掘された全長約一三〇メートルの前方後円墳ですが、後円部石室内から二七口以上の刀剣類、一七〇本以上の鉄鏃と共に三四面の銅鏡が出土しました。木棺北部を取り囲むように多数の刀剣類と三角縁神獣鏡が三三面も置かれていて、木棺内にも北枕の被葬者の両側に刀剣、頭の上には画文帯神獣鏡一面が配置されていました。この三角縁神獣鏡の数量は大和地域の優位性を示すものと考えられますし、被葬者の木棺内に置かれた一面が画文帯神獣鏡であったことは、それが三角縁鏡より上位の呪具であったという事を示していると考えられます。

このように多数の銅鏡が埋葬者の周辺、棺内に規則的に配置されるのは中国の陰陽五行説、道教の影響を受けていると考えられます。鏡に対して覚える霊力・霊性から更に鏡を通じて神が見える、また真人・仙人となる願望などが表れているのでしょう。道教の開祖とされる老子は孔子と同時代のBC六世紀頃の人といわれていますが確証はありません。但し、BC二世紀末からBC一世紀初に書かれた司馬遷『史記』「老子韓非列伝」に明確に「老子」と記されているので、弥生時代の倭に道教的思想が入っていて不自然ではありません。時代が下った魏晋南北朝時代の葛洪が著した『抱朴子』[3]には神仙術における鏡の効用が縷々示されています。

『抱朴子　内篇』巻十五　雑応　さまざまの術の効能[8]

また七夕の晩に直径九寸以上の鏡に見入ると、神仙が鏡の中に現れるから将来の事を尋ねればよい。鏡は一面でもよいが、二面、四面と用いることがある。それぞれ、日月鏡・四規とよぶ。四規は前後左右に一面ずつ置く。四規を用いると現れる神はひどく多数になる。

『抱朴子　内篇』巻十七　登渉　山に登るには[8]

なんでも年古りたものは人に化けて胆試しをしかける。ただ鏡に照らせば正体を現わす。それで山に入る時は、径九寸以上の鏡を背中にかければよい。近づく物があれば、鏡の中を見よ。人間の姿なら仙人か良き神、邪神なら鳥獣の本体が映る。老いた魅は踵がない。

画文帯神獣鏡は、三世紀築造と考えられている古墳から出土していて、黒塚古墳以外に奈良県桜井市のホケノ山古墳（三世紀中期前方後円）、上牧町の久度三号墳（三世紀後半前方後方墳）、京都府京丹後市の太田南二号墳（三世紀中期）からも出土している。三国時代の呉国鏡という説が有力であり、ここでも従来考えられてきた魏－楽浪－韓半島－日本列島というルート以外に長江流域からのルートもあったことが認識されてきています。

卑弥呼が魏から下賜されたと言われてきた三角縁神獣鏡については、先に指摘したように当時の列島において上位の呪具ではなかったと思われること、列島での仿製鏡が相当数存在していること、出土の古墳は主に四～五世紀のものであることから卑弥呼の鏡とは考えられないという説が説得力を増しています。

時代時代の主要舶来ルートは、変化するのですが稲作の伝来は長江下流域からの直接ルートであったこと、韓半島南部には倭人が存在していて中国の戦国時代から燕国、遼寧からのルート、山東半島ルートとの仲立ちをしていたであろうこと、漢時代には楽浪郡を通じたルート、三国時代には魏のみならず呉等からのルートも存在していたことが想定されます。魏晋から南北朝時代に入ると、もともとの漢人系国家は、長江流域以南を版図にして次々と王朝が変わっていきます。魏の後を承けた晋は洛陽から南の建康（現在の南京市）へ遷ります（東晋）、東晋の後、（劉）宋も建康に都をおきますが、日本史にとって重要な五世紀の倭五王（讃、珍、済、興、武）が朝貢したことで知られています（『宋書倭国伝』）。

金属器がどこから来たかというテーマを大きい視野でとらえると、BC三世紀に秦漢によって統一国家が樹立されたこと、そして統一された故に北の匈奴からの圧迫もあって周辺諸国に朝貢を促し、懐柔し、多くの先進的文物を下賜するようになったことが大きいと考えられます。そうであるが故に倭国の王たちは、主に楽浪郡を経由して、あるいは直接前漢の長安、後漢の洛陽へ朝貢の使者を派遣したのでしょう。

中国の王朝から先進の文物を朝貢によって倭国に導入して、それらを倭国内での集団の祭祀具として、威信財として、また自らを護る呪具として利用してきた訳です。その流れは、漢が滅んで三国から魏晋南北朝時代、隋唐時代まで持続しました。更に考えれば、倭の諸国は漢や魏の王朝と突然に朝貢出来たのではなく、朝貢以前に草の根的に、中国沿岸の有力港津の人々と交易していたからこそ朝貢する機会を作ることができたのです。

北京大学の王鏗氏によれば、[9] 中国の航海術、造船技術は、漢代から三国時代にかけて大いに発展していたようです。船は多帆となり多様な方向から吹く風に対応でき、隔壁によって船倉を分けて事故などによる浸水被害を最小にできたとのことです（図24）。前漢の時代には既に海上天文航法を会得して、既に知られていた季節風の利用とも併せて日本列島への航海はさほど困難ではなかったであろうということです。中国長江下流域、特に会稽郡（漢代の呉郡、現在の紹興市あたり）は近くに有力な銅山を有して造鏡産業の盛んなところでありました。倭人は、銅鏡を求めて、さらに想像すれば原材料としての廃銅器なども求めて交易したと考えられます。

おそらく草の根レベルでは中国の長江下流域から南の人々は、先秦漢時代に季節風を利用して倭国に到達して、倭

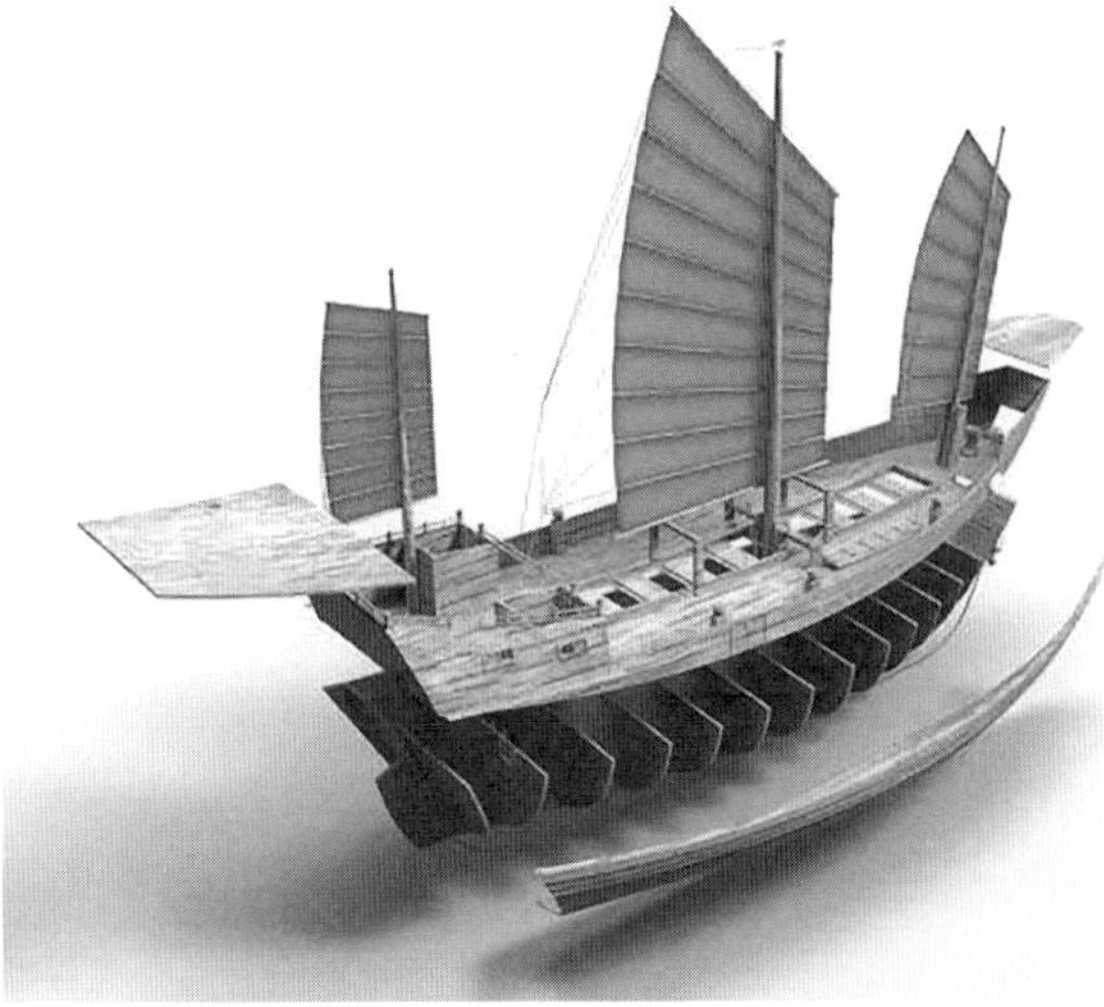

図 24　古代福船構造模型　中国　国家海洋博物館

の人々と交易していたことでしょう。大陸の人々が日本列島に住む人々を先に「発見」していたということです。灌漑稲作、金属器の舶来等内陸にあった中原系王朝への朝貢以前に、史書に記されていない交流があったと考えるのが自然です。そして倭人は、親しくなった大陸沿岸の人々が乗ってきた大船で彼の地へ渡ることもあり得たでしょう。

見過ごせないのは、先漢から隋唐まで、もっと言えば一六〇〇年代の清王朝まで、中華的思考から評価すれば、中国は絶えず北からの脅威に対応せざるを得ない歴史でありました。漢代の匈奴、魏晋南北朝時代には鮮卑族の圧迫、中国内での王朝樹立がありました。更には隋の楊氏、唐の李氏も鮮卑族の出自であったことが定説となっています。大和王権の成立も韓半島の北方で勢力を増大しつつあった高句麗の南下と関係なしとは言い切れないと思えます。

中国は、北狄・南蛮・東夷・西戎の呼び名が示すように、夏商以来の中原的国家と取り巻く異民族が存亡をかけて争う巨大な舞台でありました。中国はひとつの国であるというのは幻想であって、敢えて言えば大きな漢字文化圏であるというのが正しいような気がしています。

「金属器の来た道」というテーマで長くなりましたが、これまでの認識は、中国という中華的、中原的という幻想に捉われて、そこから外れたものの存在が疎かにされてきた結果であると感じています。日本刀という武器はどのようにして生まれ、発展してきたのか。それに用いられる鉄は、いわゆるたたら製鉄によって造り出されて来たと説明されていますが、鉄生産が飛躍的に発展した中国の漢代以降は鋳鉄が主流となり、韓半島においても鋳鉄が主流となっているにもかかわらず、何故日本列島では鉄に関して、江戸時代に至るまで生産効率の良くない鍛鉄が主流であり続けたのかは一向に解けない謎のままです。中国南部、インド・スリランカ経由の南岸ルート、東南アジアからの海上ルート等広い視野での調査、研究が不可欠であると思います。近年そうした活動が多様な分野で見られるのは、有難いことと感じています。

註

（1）分配システム：ここでの分配システムとは、日本列島の広範な地域（九州から中部日本）にある多様な権力集団に紐帯と、集団間の連帯・序列を確認するために、最も有力な権力集団から主に舶来文物を配布する仕組みと理解しています。

（2）多鈕鏡：中国東北地方、朝鮮半島、日本、沿海州などで出土する銅鏡。鈕とは摘みのことであるが孔が開けられており、紐を通したと考えられる。通常「鈕」は中央にひとつであるが、多鈕鏡では中央からやや周辺部に寄った位置に二ないし三個付けられている。それは、鏡の用法によるものと考えられていて、多鈕鏡では服につけたという説もある。遼寧地方あたりの風俗であろう。それが韓半島経由で日本列島に入ったものと考えられていた。

（3）抱朴子：著者、葛洪の号。二八四～三六三年。呉の人だが父の代に呉は滅びて苦学したという。最も仙道を好み、『抱朴子』の書は、彼が二〇歳を超えたころから書き始めて、東晋の建武（三一七年）に完成した。内篇は二〇篇、神仙の道を説く。外篇は五〇篇、世の風俗のよしあしなどを論じる儒家的思想を説く。

文献出典

1　千葉県教育委員会（https://www.pref.chiba.lg.jp/kyouiku/bunkazai/bunkazai/p181-023.html）

2　国立遺伝学研究所（https://www.kahaku.go.jp/procedure/press/pdf/150678.pdf）

3　『朝日新聞』二〇二〇年一二月一〇日付
4　郷原保真『氷河時代の日本列島』URBAN KUBOTA NO.11
5　岡内三真博士論文概要『ユーラシアの牧畜文化と農耕文化』）
6　『四国新聞』二〇〇六年二月九日（『朝日新聞』三月七日付でも記事化）
7　NHK「英雄たちの選択―追跡！土偶を愛した弥生人たち～縄文と弥生をつなぐミステリー～」二〇一九年四月二四日放送　弥生文化博物館　副館長　秋山浩三氏談
8　本田済・沢田瑞穂・高馬三良 訳『抱朴子・列仙伝・神仙伝・山海経』中国古典文学大系8　平凡社　一九六九年
9　王　鏗「3～6世紀における中国江南地域の対外貿易：会稽郡の対日貿易を中心に」『金沢大学歴史言語文化学系論集史学・考古学篇』五号、二〇一三年

四 「鐵」について

地球は鉄の星だそうです。地球重量の約三〇％を占めて、採掘可能な金属の中で最も多量で、二三二〇億トンもあるそうです。ここまでの数量になると良く分かりません。付け加えれば宇宙が誕生したビッグバンと同時に始まった核融合反応の最終の姿で構造的に最も安定した元素なのだそうです。

主題である日本刀のことを調べて、どんどん遡上していくとどうしても鉄自体の事に行き当たらざるを得なくなります。人類が利用した金属中もっとも有用で、広汎、多量に用いられてきたにもかかわらず、日本でのその伝来、発展に於いて分からないことが多いのです。

弥生時代に稲作と共に銅器、鉄器が舶来したとされていましたが、稲作は三〇〇〇年程前に日本列島に、長江流域から直接流入したことが分かってきて、弥生時代の開始年代が五〇〇年程遡ることになりました。そして鉄器に関しては、九州北部から出土した鉄塊などから縄文時代には到来していたという説もありますが、今のところBC五〇〇年頃、二五〇〇年程前にこの列島にもたらされたというのが一般的な認識であり、これまで弥生時代の始まりとされていた灌漑稲作と金属器の到来が分離したのは先に記したとおりです。

また製鉄の歴史で我が国の場合は、謎に満ちています。二五〇〇年前には列島に金属器が到来していたのにもかかわらず、何故製鉄は、五～六世紀にまで遅れてしまうのか。さらに海外とは異なって鉄鉱石あるいは砂鉄を使った直接（的）製鉄法が古代から近世まで一〇〇〇年以上も続いたのか等不思議なことです。中国という巨大な先進国が隣に位置していたにかかわらず、武器にとっては質の高い、しかし手間のかかる効率の悪い、遅れた製法ともいえる方法が何故長期にわたって続いたのでしょうか。答えは出ないのですが、鉄という素材のことから始めて、製鉄、鉄製武器の歴史を辿ってみたいと思います。

1　鐵[1]

銅と違って自然界に「純鉄[2]」というものは、存在していません。すべてが酸化鉄であり、そこに他の成分が地域差によって混在しています。純鉄の融点[3]は一五三九℃でかなりの高温です。なじみのある金属でこれ以上高い融点のものは、チタンで一六七五℃、白金は一七七三℃等々。鉄より融点の低いものは、銅一〇八三℃、金一〇六三℃、銀九六〇℃等々（表1参照）です。

日本刀などに関連が深い鋼（ハガネ）は、鉄の炭素量〇・〇二～二・〇％程度のものを指していて、硬度を持ちつつ展性もあって鍛造による加工が可能です。鉄は、純度一〇〇％の時、九一一℃以上に熱することで鉄の粗い組織の隙間に炭素を固溶することのできるオーステナイト状態に

表1　各種金属・合金の溶融点

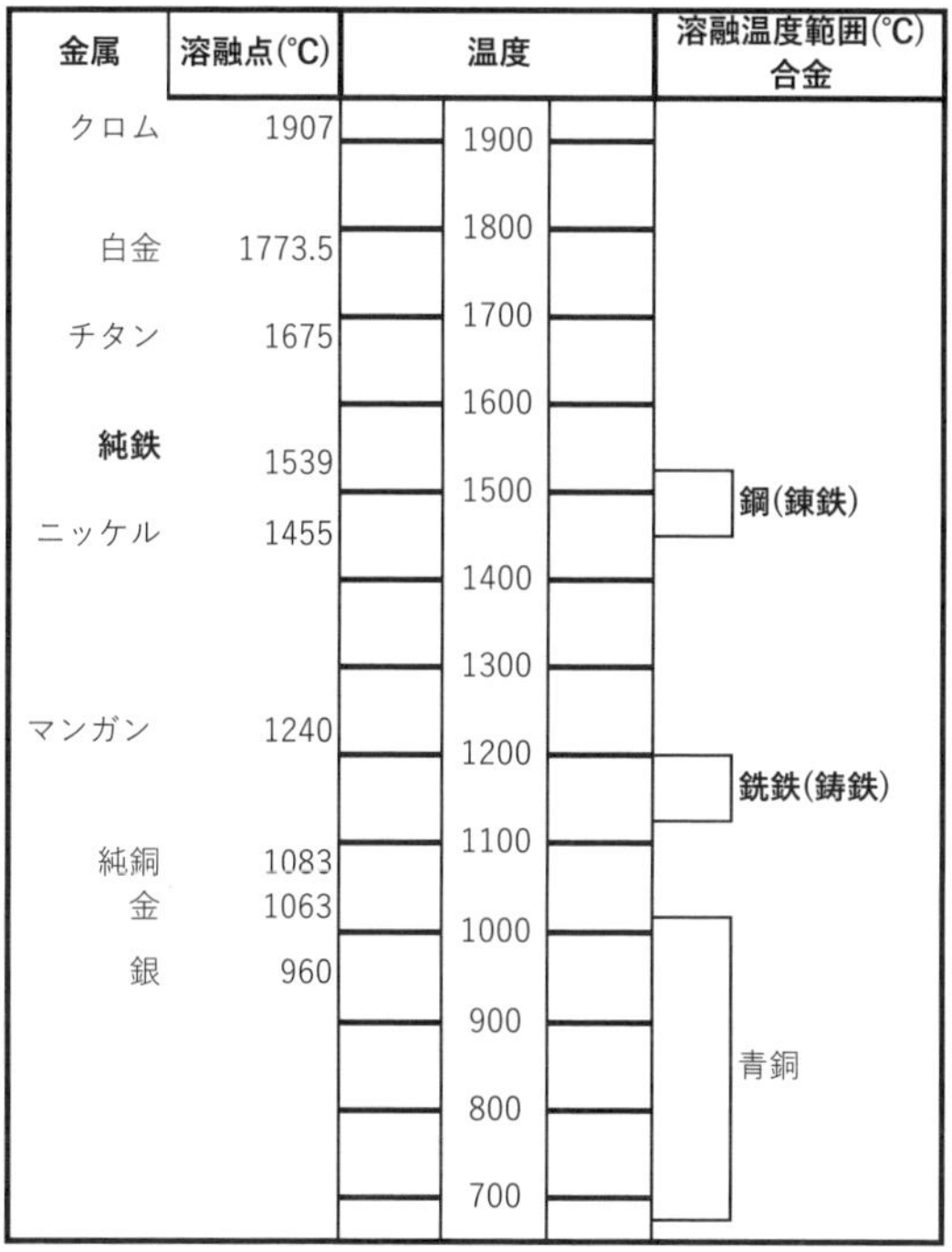

金属	溶融点(℃)	温度	溶融温度範囲(℃) 合金
クロム	1907	1900	
白金	1773.5	1800	
チタン	1675	1700	
		1600	
純鉄	1539	1500	鋼(錬鉄)
ニッケル	1455	1400	
		1300	
マンガン	1240	1200	銑鉄(鋳鉄)
		1100	
純銅	1083	1000	
金	1063		
銀	960	900	青銅
		800	
		700	

入り、一一四七℃で最大二・一四%の炭素を取り込むことが出来ます。ここが鋼と銑鉄の分かれ目です。そして焼入れと呼ばれる急冷によって逃げ場を失った炭素が鉄原子の間にギュウギュウ詰めとなってマルテンサイトと呼ばれる非常に硬い組織に変わります。このマルテンサイトが刃の主な組織です。鉄と炭素のすし詰め状態となることで容積が増して日本刀の場合で言えば、刃の部分が延びて反りが生まれます。

自然界に純鉄は存在しないと言いましたが、鉄自体は地球に存在する元素中、最も多量に存在するもので全体の三分の一に達するそうです。三八億年前に酸性雨によって海中に溶け込んだ鉄が、二七〜二二億年前に発生したバクテリア等の光合成生物によって生み出された酸素と結合して、酸化鉄となり固体化して海底へと堆積したのが今日の鉄鉱石のもとです。自然界に存在していて製鉄に使用する鉄鉱石は赤鉄鉱（Fe_2O_3）が主で、他に磁鉄鉱（Fe_3O_4）、褐鉄鉱（$Fe_2O_3 \cdot nH_2O$）、砂鉄などがあります。

日本で使用する製鉄用鉄鉱石の鉄含有量は約六三〜六五%ということですが、そこから酸素とシリカやアルミナといった他の酸化物を除去しないと使用できるものにはならないのです。

自然界には、地球で生み出された酸化鉄以外に、宇宙から飛来降下した隕鉄が存在しています。隕鉄は、鉄とニッケルとの合金で、ニッケルの含有量が約五%以上二五%程度あり、人が作り出した人工鉄のニッケル含有量が五%に満たないことからそれらの区分ができるとのことです。

人類が初めて利用した鉄は、隕鉄であるといわれており、ギボン隕鉄から加熱鍛造実験をした田口勇氏によれば、「隕鉄は不純物が少ない場合、低温度（一一〇〇℃以下）でも加熱鍛造性がよいが、不純物が多い場合、加熱鍛造性はわるい。なお、隕鉄の加熱鍛造性を支配している主な元素としては、硫黄とリンが挙げられる。[2]」と述べています。

2　製鉄について

製鉄というのは、先に少し触れたように鉄が酸化されている状態から還元（酸素を除去）することを指しています。鋼を得る方法として大きく分けて「直接製鋼法」と「間接製鋼法」があり、直接製鋼法は、比較的低温での、炭素が入り込まない状態で鉄鋼塊（塊錬鉄）を造ります。エネルギー効率は高いのですが、還元された鉄は硫黄やリンなどの不純物が多く、良質な鋼を得るために鍛冶精錬によって不純物を除く必要があります。一方間接製鋼法は、高温で鉄鉱石を液状化して炭素を多く含んだ銑鉄を造ります。鋼を得るためにはその銑鉄を熱処理によって酸素を送り込み炭素を除去する（脱炭）必要があります。現在では高温によって鉄を液状化すれば鉄鉱石中の不純物が遊離排出されるので鍛造による不純物除去過程が不要となり、効率の点で高炉使用による製鉄が普及しています。

日本のいわゆるたたら製鉄は前者の直接製鋼法と後者の間接製鋼法の両方を含んでいるといえます。たたら製鉄には、銑《ヅク》押しと鉧《ケラ》押しの二通りがあります。銑押し法（四日押し法）は主に赤目《あこめ》と呼ばれた粒が細かく、還元が速く行われる砂鉄を使用してまず銑鉄を造ります。その後大鍛冶場で加熱し送り込まれた酸素を銑鉄の炭素と化合させ、脱炭することによって鋼（下げ鉄）や錬鉄（割鉄＝包丁鉄）を得る方法です。鋼を得るのに二段階の過程を経るので間接製鋼法という訳です。この製鋼法は、主に山陽道側、備前や備中で行われました。

これに対して鉧押し法は、約七〇時間要する過程で大鍛冶の過程を経ることなく鋼を得ることから三日押し法と呼ばれます。砂鉄は主に中国山地の北側で採れる真砂《まさ》砂鉄を用います。真砂砂鉄は鉄の純度は高いが粒が大きく還元が遅いということです。良質な玉鋼とともにそれに数倍する銑鉄等を同時に生成するので直接製鋼法と間接製鋼法を合わせた形です。

明治維新によって西洋諸国の製鉄法が導入された結果たたら製鉄は廃れて、現在では鉧押し法が戦前の靖国たたらから受け継いだ日立金属と日本美術刀剣保存協会によってその技術が保存されています。一方、銑押し法は鎌倉時代以来製鉄の主流でしたが、江戸時代以降伝承がなく、その具体的な手順は分からなくなっています。

次に鉧押し法の概略を窪田蔵郎の『鉄の考古学』[3]から要約、編集して記してみます。炉の大きさは凡そ横幅〇・九メートル、縦三メートル、高一メートル強が石見国（島根県）や伯耆国（鳥取県）のもので江戸期の高殿に据えられた永代たたらであるということです。

鉧押し法一代《ひとよ》

籠《こも》り―籠り次ぎ―上り―下りまで凡そ七〇時間を要して、このことから三日押しと通称されていました。この一代では『日野郡史』の近藤家資料ではこの一代、玉鋼（折地）三二〇貫（一二〇〇キログラム）、上鉧七〇貫（二六〇キログラム強）、銑鉄六二〇貫（二三二五キログラム）、歩鉧一六〇貫（六〇〇キログラム）等が作り出されたということです。これを推測すると玉鋼を含む鉧系の鉄と銑鉄がほぼ一対一の割合です。多くは銑鉄の割合の方が三〜四割多かったようです。

籠りでは、まず木炭のみ燃焼（一〜一・五時間）させて、炉内温度が安定したところで溶け易い籠り小鉄を木炭と交互に装入していきます。凡そ四時間程度経過すると砂鉄は「湯」になり、その間炉底壁を侵食して出来た鉄滓はノロ出し孔から流しだします。さらに三時間半ほど籠り砂鉄が装入され、通算七時間半で合計約一二六〇キログラムの砂鉄と一六〇〇キログラムの木炭を要した勘定です。

籠り次ぎでは、溶け易い籠り次ぎ小鉄が木炭と共に装入されます。このあたりで炉内の鉧塊あたりで一二五〇℃の高温に近づいているといいます。十分な還元には未だしの状態で炉底に溜まった鉄滓は折々にノロ出し孔から排出されます。この間、砂鉄一三五〇キログラム、木炭一五〇〇キログラムが消費されます。

上り期では、炉内温度も上がりかつ安定していて溶け難い「真砂」を装入することになります。この時には鉧とともに銑鉄も順調に形成されているようです。炉壁は侵食が激しくなっています。一六〜一七時間を要して鉄滓と銑鉄が湯口から取り出されます。羽口孔が炉壁侵食の為に大きくなり、風が拡散するので送風を強くして調節します。これによって酸素が多く送り込まれて脱炭され、鉧の形成が促進されてくるようです。砂鉄三三七八《キログラム》、木炭三六〇〇《キログラム》が消費されます。

下り期は、炉の燃焼状態が最も良い状態となり、送風も上り期より強化されます。鉧も急速に成長し、同時に鉄滓や銑鉄も急速に出来てくるので湯地孔（ノロ・銑鉄出しの孔）は開封状態として排出されます。この間炉壁は侵食されて一二《センチ》程度まで薄くなるといいます。元々の炉壁はおそらく八寸（二四《センチ》）〜九寸（二七《センチ》）程度でしょう。最終期約一時間は木炭のみの装入としています。砂鉄八九二三《キログラム》、木炭八二〇〇《キログラム》が装入されています。

この三夜四日の操業期間以外に準備三時間、鉧出し三時間、築炉四時間、炉乾燥一七時間、合計二七時間が必要とされています。

銑押し法（四日押し）

先に述べたように詳細は不明になっていますが、原料に溶け易い酸化度の強い「赤目」が使用され、鞴も鉧押しの天秤鞴ではなく、古来の足踏み鞴、差し鞴が使用されていたといいます。

作業中に鉧塊が生成されてくる事があり、その際は、その塊が小さなうちに羽口付近に移動させて高温で炭素を吸収させ、銑鉄にしたということです。

塊錬鉄法（直接製鉄法）

以上はたたら製鉄つまり「直接」、「間接」の両方を含んだ製鋼法について述べたものですが、古代の鉄造りは「直接製鉄法」から始まっています。何故この塊錬鉄法から始まったかといえば、それは三千数百年前に遡れば、当時まだ鞴という道具はなく自然風の力で火力を上げるほかはなかったということです。例えば我が国では颪《おろし》風のような季節的、地域的に強く山から吹きおろしてくるような風を利用して製鉄を行っていたのです。

鉄造りで驚くのは、塊錬鉄法であれば非常に低い温度で鉄が形成されるということです。およそ四〇〇℃以上であればなんとか還元された純鉄に近いものが生み出されてくるのです。何故四〇〇℃という常識からすれば驚くような低温で鉄が還元されるのかを見てみましょう。

鉄鉱石から低温で鉄を得るには、

1 鉄鉱石を熱して粉砕する。細かくすることで大きな雑成分は取り除かれる。

2 粉砕した鉄素材を、木炭を燃やしている上において比較的低温（四〇〇℃～九〇〇℃程度）を維持して熱する。

3 鉄鉱石は、先に述べた比較的低温の状態では、固体のまま還元されてガスが抜け出る時に開いた孔だらけの海綿状態となります。この固体には鉄以外の不純物が多く含まれているので、鍛錬することによって不純物を除去すれば純度の高い鉄になります。

まとめ）

1200	1250	1300	1350	1400	概要
					400℃～900℃：加熱された鉄鉱石(FeO)は一酸化炭素(CO)と反応して固体のまま還元され海綿鉄(Fe)となる。
					900℃～1000℃：低炭素鉄(Fe) は、木炭(C)と酸素(O_2)により発生した2COがCO_2＋Cとなって浸炭(Fe＋C)される。
					1100℃～1200℃：1100℃を超えたあたりの比較的低酸素の状態で浸炭して銑(ズク) を形成する。
					内壁温度800℃～1200℃：溶融、滴下した銑鉄が羽口からの風(酸素)により脱炭される。800℃程度の予熱意向急速な温度上昇により溶融されると流鉄となり脱炭されにくい為、温度管理に熟練を要する。
					1100℃～1350℃：1100℃辺からノロ形成が始まり、その上に還元された鉄が落ちて、羽口前1300℃超で供給された酸素とノロとの反応により脱炭され鉧(ケラ)を形成し、酸素が十分でなかった箇所では銑(ズク)が形成される。

この化学反応を簡略化して述べれば次のようになります。

鉄鉱石を褐鉄鉱として「Fe_2O_3」は、①木炭の燃焼によって、二酸化炭素が発生して（C + O_2 =>CO_2）、②燃焼が進むと二酸化炭素（CO_2）は木炭（C）とさらに結合してCOが出来ます。（CO_2 + C=>2CO）。③こうして発生した一酸化炭素（CO）によって鉄鉱石が還元されます。即ちFeOの「O」が一酸化炭素COに取られてFeとCO_2となり、還元されるわけです。

九五〇℃以上の高温では、鉄鉱石は燃焼する炭素（C）自体によって還元されるということですが、さらに高温になると酸素の存在する環境下で鉄（Fe）は容易に炭素（C）を吸収して銑鉄の状態となりますので、均一な鋼を作るには脱炭する作業（大鍛冶）が必要となります。

塊錬鉄法（直接製鉄法）の時代は、温度を九五〇℃以上に上げて維持することが困難であったか、脱炭の技術がまだ会得されておらず鋳造品としては青銅

表2　製鉄法による温度・管理法比

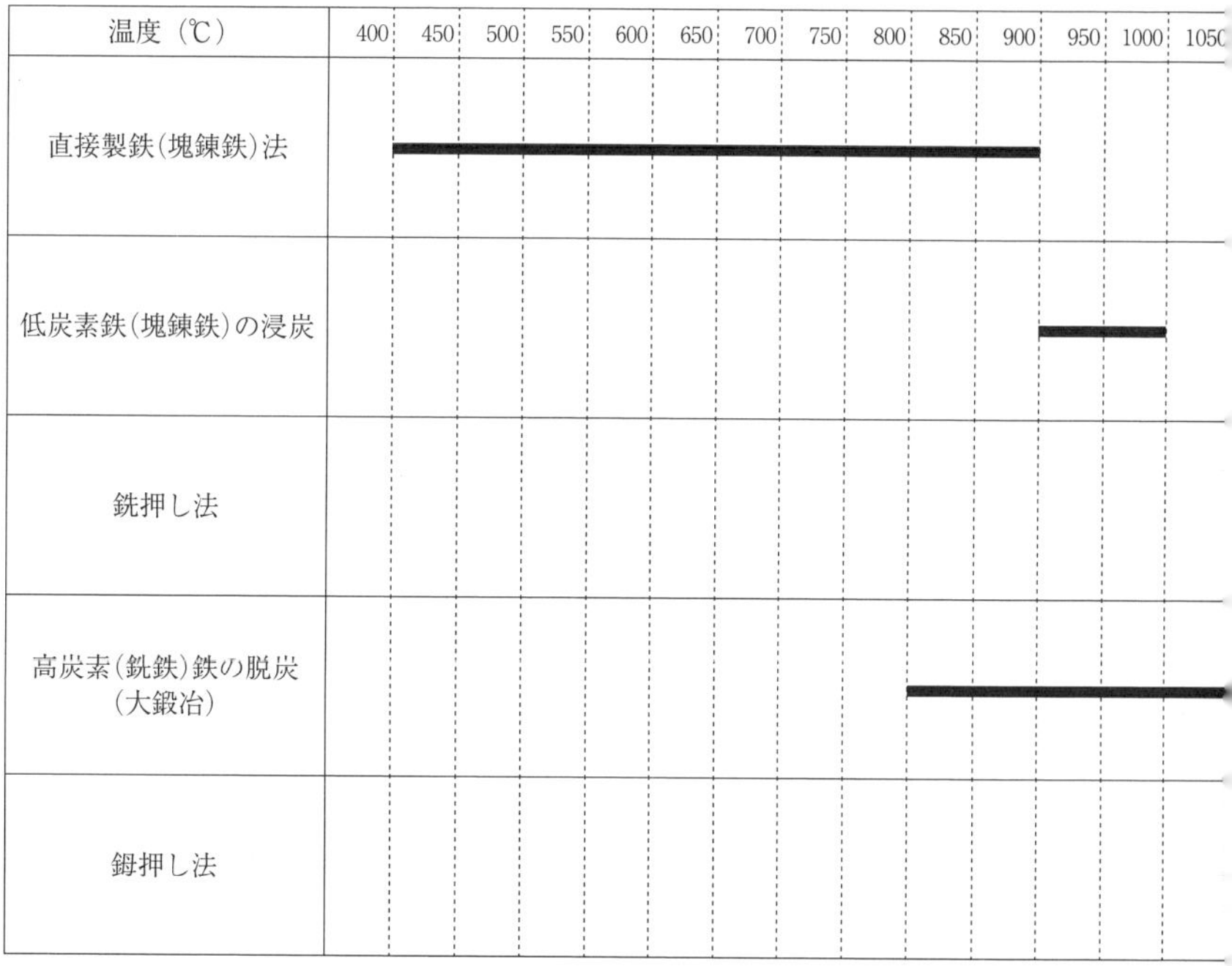

の方が優位にあった、あるいは製鉄に関して自前での必要性が低く、鍛冶加工で事が済んだ時代ということでしょう。

稿の締め括りに各製鉄法の温度・管理比較表（表2）を付しておきます。参照下さい。

註

（1）鐵：「鐵」という漢字は、金属としての「金」、戈を持って城を護る「或」、任務としての「任」を合わせたものという解釈が、中国では一般的なようです。簡単には武器のための金属という訳です。なるほどと思えるのは、古代中国で鉄器は武器に用いられるところから始まったと思われるからです。草原地帯では、装飾品など小物から始まっています。日本の白川静博士は、鐵をくろがねと呼ぶように、鐵の旁《つくり》に黒色を指す音を当てたという解釈を記しています。「戜（テツ）声に黒の意があるらしく、馬においても赤黒の馬を驖（テツ）という」[1]

（2）純鉄：炭素量〇・〇〇二％以下の鉄をいう。それでもまだマンガン、リン、イオウその他が含まれています。これらをさらに除去して純度を上げると延性や耐食性が増すのです。

（3）融点：気温二〇℃の時を記しています。その他も同様です。鉄等の金属類、合金類の融点を表1に示しているので参照ください。

文献出典

1　白川静『字統』普及版　平凡社　一九九七年
2　田口勇『隕鉄鉄器の自然科学的研究』国立歴史民俗博物館研究報告　第三五集　一九九一年
3　窪田蔵郎『鉄の考古学』雄山閣　一九七三年

五　鐵造りの歴史

製鉄というのは、今のトルコ共和国、黒海の南あたりにいたヒッタイト人が三千数百年前に発明したとされていました。しかしこれも同じトルコ共和国中部（アナトリア高原）から、これまで述べられていた時期より更に一〇〇〇年程古い時代の鉄塊が二〇一七年に発見されています。ヒッタイトよりはるか以前ということになります。その技術をヒッタイトが受け継いだのか、強勢を誇りますが、「たけき者も遂にはほろびぬ」で滅亡後、製鉄技術は拡散したということになっています。

思うに初期に行われた直接製鉄法（塊錬鉄法）では、比較的低温で鉄が還元されていました。また最初期は送風に十分な機能を持つ鞴が存在しなかったと思われるので、山から吹き下ろす風や谷風などの強い自然風を得ることのできる地域が製鉄に適しており、その条件に適ったのがアナトリア高原であったということでしょう。実際に強風が常態的に吹いている岩山といってよい地域で製鉄が行われていたということです。[1]そこで得られた塊錬鉄を加熱鍛錬することによって炭素量の低い鋼を作っていたと思われます。他の地域では、自然風の条件が整っていなかったこと、温度管理がうまく出来ない時代で、炉が高温になると銑鉄ができてそれを脱炭できないために脆い鉄となり、青銅器の方が有用であったことも挙げられるでしょう。

興味深い話として、こうした低温による塊錬鉄法によって製鉄の方が青銅時代の始まりよりも古いというレーデブーアのような学者もおられたようです。[2]

最古の鉄製武器は、トルコのアンカラ郊外王墓出土の黄金装飾鉄剣（図25）でおよそ四二〇〇年前のものといわれています。それは刀身部にニッケルを七％程度含んでいることから隕鉄製である可能性が高いということです。

　製鉄技術はアナトリアから東へ西へと伝わっていくのですが、黒海沿岸の鉄にまつわる神話・伝説が日本列島にまで及んでいることは、大林太良がナルト神話などで指摘[3]しているところです。武神であるタケミカヅチは、剣そのものといってよい神ですが、ナルト神話につながるものと考えられています。

　ここからは、東アジアを中心に製鉄の歴史、鉄器の発展を見ていきます。

　製鉄のふるさとであるアナトリアから東西へ伝播していった製鉄技術は、東アジアへはおそらく鉄鉱石を採掘しやすく遊牧民族が東西を往き来する草原地域やシルクロードと重なるルートから伝わるのが早かったでしょう。具体的には、ユーラシア北方草原地帯から東へ伸びて遼寧地域に達する北方ルートです。

　次いで現在のアフガニスタン北部、サマルカンド（ウズベキスタン）、タジキスタンあたりに達して、そこから中国のいわゆる中原地域へ延びるルート、第三に南東方へ中国の四川省成都や貴州省、雲南省、広西チワン族自治区辺へと伝わったルート。第四にパキスタンやインドへの南方へのルートが考えられます。

　更に加えれば海のアイアンロードとして紅海やペルシャ湾を経由してパキスタン、インドへと伝播したルートもあったでしょう。さらにパキスタンのカラチ、インドのムンバイあたりから広東、福建、台湾、琉球へのルートや、スリランカ経由でマレーシア、フィリピン、台湾へのルートも否定できないでしょう。それらは、伝播の速度・時間軸が異なっ

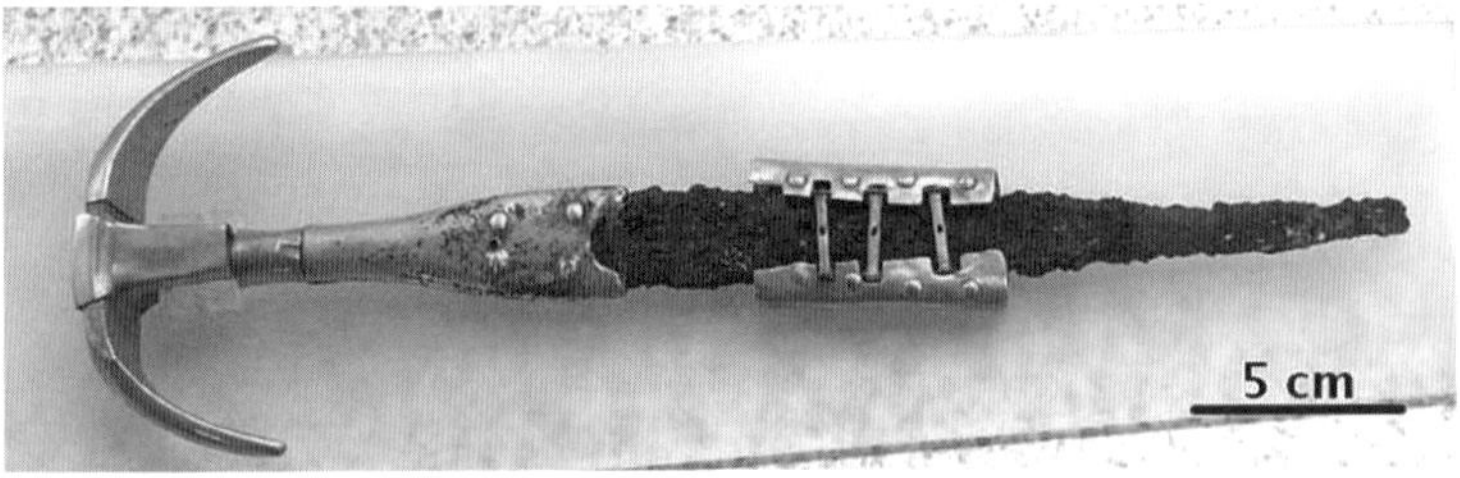

図 25　黄金装飾鉄剣［アナトリア文明博物館蔵］

ていたのです。

インド、パキスタン、南洋諸国の製鉄関連資料が不足しているために、この稿では、東アジアの中国、韓半島、日本列島での鐵造り、鉄器の流れを見ることにしますが、南方ルートも忘れてはならないということからあえて記しておきます。

また湖沼地帯で泥状に溜まった褐鉄鉱を彩色原料（ベンガラ）として使用することを覚えた民族も、ある段階から鉄器制作に応用することを発見したかもしれません。

1　中国の鐵造り

アナトリアからはるか東の中国における最古の鉄器は、近年の発掘資料、分析によって鉄銅複合器であることが分かってきています。

それは商（殷）代中期の鉄刃銅鉞であり、青銅の身に鍛造成形した鉄刃をはめ込んで、それを更に鋳造して全体を形づくっているものです。そしてそこで使用された鉄は人工鉄ではなく、ニッケルを多量に含有していることから隕鉄であるということです。

その鉄刃銅鉞は、現在の北京市北東部の平谷県の劉家河墓出土[4]であり、位置的にユーラシア草原地帯からの流れと思われます。中原地域とは離

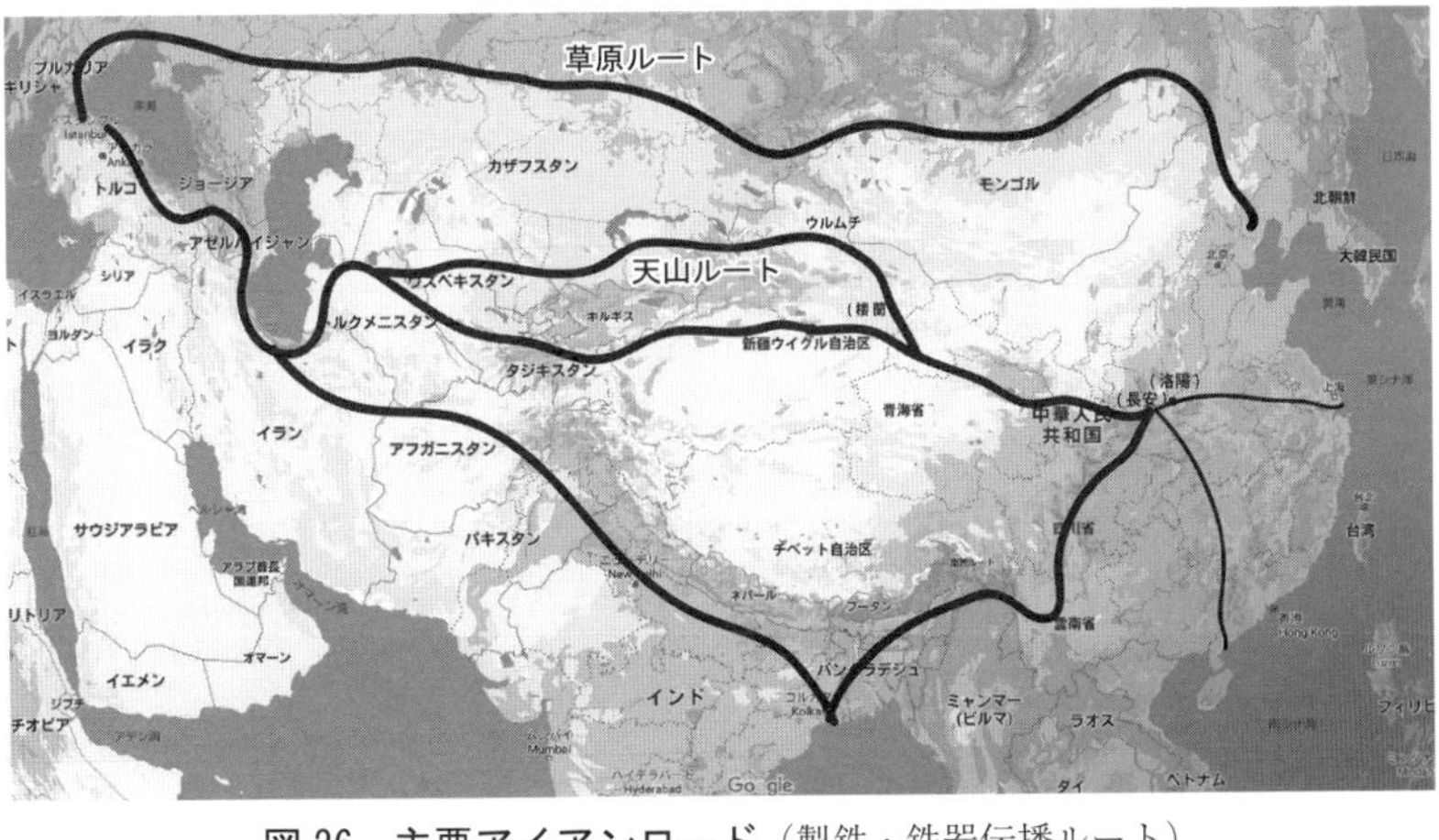

図 26　主要アイアンロード（製鉄・鉄器伝播ルート）

れた北東部に最古の鉄器が出土しているわけです。

次いでというかほぼ同時期の商代中～後期の中原に位置する河北省藁城県台西村墓からも鉄刃銅鉞が出土していて、先の北京市の隕鉄が冷間鍛造であったのに対し、ここのものは熱間鍛造[4]であり技術的な進歩が見られます。中原の範囲内といえましょうが北京から南西約三〇〇キロ弱、洛陽から北東へ約五〇〇キロの距離にあって北の草原地帯からの流れと見えなくもありません。

図27　玉柄鉄剣
西周後期　剣長22㎝、柄長12.2㎝
［河南博物院蔵］

それらは中国での見解によるとBC一四世紀～一三世紀頃になるということですが、同じく商代末期のBC一一世紀頃には中原の中心地といえる河南省浚県から同じく隕鉄製の鉄刃銅鉞が出土しています。

アナトリア出土の鉄剣同様に隕鉄であり、千年以上の年月をかけて小アジアから中原にまで隕鉄を使用する技術が到達したということでしょうか。

その中国で人工的に鉄が造られた証しを見出すことができるのは、約二八〇〇年前の黄河中流域の河南省三門峡市上村鎮の西周時代後期の二〇〇一号墓（虢季墓）から出土した玉柄鉄剣（図27）まで待たなければなりません。さらに二五〇〇年前の春秋末から戦国時代前期とされる江蘇省南京市郊外の程橋鎮東周墓から出土した銑鉄塊と海綿鉄鍛造の棒が確認できます。ここでは銑鉄[(1)]と錬鉄[(2)]二種類を作り出していたのです。[5]

江蘇省南京市は、長江流域にあり、ここの東周墓というのは、春秋末の呉国王族の陵墓であったことを意味しています。この時代の呉越は優秀な武器の産地であったことで有名です。

白雲翔氏[5]によれば中国の製鉄起源は新疆地域と中原地域の二系統の製鉄起源があって新疆は西からの流れであり、中原は青銅器や陶器制作の流れから生み出された別系統、つまり中国起源であるということです。新疆地域では、BC一三世紀頃から鉄器が登場してくるのですが、工具としての小刀、装身具が中心で、剣などの兵器は少数であるということです。そして製鉄遺跡は未発見の状況です。一方中原地域もBC一三世紀頃、商代中後期の隕鉄よる鉄刃銅鉞が出土して、BC八世紀頃の鉄援銅戈、玉柄鉄剣などと併せ威信財の武器が中心であり、その鉄援銅戈は人工鉄よるものであることがその論拠となっています。

戦国時代に呉の国では、八〇〇℃以下の温度で海綿鉄を造る塊錬鉄製鉄法（直接法）と一二〇〇℃を超える高熱による溶融銑鉄法（間接法）の二通りの製鉄法が用いられていましたが、漢代以降の中国は、華北で主流となっていた溶融銑鉄法が、その量産性・効率性によって、中国での製鉄法の主流となっていきます。それは、紀元前三一六年に蜀国が秦国に征服されたことにより、鉄の生産体制も蜀伝統の錬鉄法から移行していったことによると考えられています。

ここで塊錬鉄法と溶融銑鉄法について京都大学大学院材料工学教授の辻伸泰氏が分かりやすく説明していますので、その文章[6]をご紹介しておきます。

上記（酸化鉄の還元）化学反応に必要な温度は四〇〇～八〇〇℃程度で、鉄鉱石は溶けなくても鉄に変わる。温度が低ければ、個体のまま還元されて酸素を失った孔だらけの海綿状の鉄になり、温度が高ければ粘いあめ状の塊（錬鉄）になる。錬鉄は不純物を含んでいるので、赤熱状態でたたいて不純物を絞り出す（鍛える）。

高炉法の発明　一四～一五世紀ごろドイツで高炉法が始まる。水車の利用により炉内に大量の空気を送り込み、炉内の温度を上げることが可能に。還元された鉄が炭素を吸収し、三～四wt％の炭素を含むと融点は一二〇〇℃

程度となり、鉄は溶融して液体となり、炉底に溜まる（銑鉄）。

中国では、三五〇〇年以上前にすでに高度な青銅器鋳造技術や陶器の焼成技術を持っていたことから、早期に鉄の鋳造が可能になったと思われます。それは中原を中心とした華北であり、さらにBC五世紀には焼き鈍しによる可鍛鋳鉄が作られ、BC一世紀には酸素を送り込んで脱炭する炒鋼法[3]も芽生えていました。塩鉄の専売制が布かれた前漢代にはおそらく炉の規模も四《メートル》を超える大型のものが使われていたということです。

もう少し言葉を加えて製鉄技術の発展を時系列で明確にすると次のようになるでしょう。

中国では、三二〇〇～三三〇〇年程前（商時代）に隕鉄が鉞や戈などの武器の刃などに用いられました。次に西周時代、二八〇〇年程前には人工の錬鉄による鉄剣が作られるようになりました。次の飛躍は、約二五〇〇年前（春秋時代後期）に登場した溶融銑鉄法によるもので、大量生産への道を開くものでした。一二〇〇℃以上の高温は、製鉄以前に行われていた鋳銅や製陶の技術が元になったと考えられます。戦国時代の燕の都であった燕下都では7点の鍛造による剣が出土[5]していますが、使用された鋼は、塊錬鉄を浸炭させた鋼あるいは銑鉄脱炭鋼の両方の可能性がありましょう。

前漢の時代に入ると国家経営上重要な産品となった鉄は、武帝により塩と共に専売制（前一一九年）が布かれ、鉄官管理のもと国家による量産体制が確立されたことによって財政の基盤となりました。華北では、主に鋳鉄が中心となって銑鉄の再溶融による脱炭技術（炒鋼）もあり、古来の塊錬鉄法も併せて優秀な武器が大量に製造されるようになります。そして江南地方でも古蜀伝統の海綿鉄からの直接法が発展して、錬鉄が武器主体に用いられますが、秦漢から導入された鋳鉄による間接法も農工具に用いられて、両立することになります。この江南・長江流域は、日本列島への稲の道の始発点でもありました。漢の時代は史書に日本列島の有力国の事が記される時代です。漢の製鉄産業は高度（当時として）に工業化されていました。王侯貴族の陵墓のみならず官吏や平民の墓からも副葬された鉄器それも環首刀などが出土している時代です。河南省鄭州市古滎鎮では漢代の製鉄工場跡が発見されて、その規模は広さ一二万平方メートルにもなるものでした。その製鉄炉は高炉といえるもので高さ六メートルにも及ぶものでした。興味深いのは鋳造の原材料として鉄廃材も利用されていたということです。間違いなく鉄・鉄器の大量生産は、大量の鉄廃材を生み、それらはリサイクルされていたということです。このことは日本の製鉄、鉄器製造との関わりを想像させるものであります。

こうした鉄の歴史で留意すべきは、製鉄遺跡のことです。初期の塊錬鉄法は、四〇〇℃を超える温度であれば、海綿鉄を得ることが出来るので、製鉄炉などが確認しがたいということです。最も早期の鉄器が出土した新疆地域でも製鉄遺跡は発見されていません。中国でも人工鉄使用が確認された西周時代以降、秦漢代まで製鉄炉は確認されていないようです。

はるか昔にアナトリアを発した製鉄法が新疆にまで達して中原へと伝播したのか、それとも時間差はあるものの中国独自に製鉄法を発見、展開したのかを結論づけるのは難しい事です。鉄装飾品が多く見られる新疆の展開と中原における威信財と思える大型兵器への鉄使用という違いも地域による受容性の違い、社会の発展度合い、文化の違いによるとも考えられます。

こうした鉄使用の歴史も金属器登場以前に、褐鉄鉱から得られたベンガラが赤色の着色剤として利用されていたという事実を考慮すれば、中原独自発展説も否定できません。新たな発見を待ちましょう。

2　韓半島の鐵

鉄造りの歴史、中国に続いて韓半島における製鉄の歴史を見ましょう。通説では列島への鉄生産技術の窓口といわ

図 28　韓半島北部初期鉄器出土地

れています。

鉄器伝来については、実質的に戦国時代後期の燕国から、BC三世紀頃と考えられています。遼西、遼東、そして半島基部（朝鮮西北部）へと波及してきたということです。興味深いことに良質の鉄製武器の生産地であった長江流域の国々と同様に燕国も優秀な鉄製武器の生産国として知られていました。おそらく草原の道、蒙古地域、中国東北地域を経て流入していた製鉄技術が燕国の中で中原の製鉄技術と相俟って当時の鉄器製造の先進国となっていたのでしょう。

韓半島における最古の鉄器は、鋳造鉄斧であり、時期はBC三世紀です。位置的には半島というより大陸に位置する北部地域（図28）に集中しています。白頭山（長白山）から流れが発する図們江（東へ）と鴨緑江（西へ）沿いにあります。鴨緑江中流に龍淵洞遺跡、図們江では虎谷洞遺跡があり、共に戦国時代（中国）後期に属するもので、燕国、中原の鉄器と共通しています。それらから南へ下りた清川江中流北岸の細竹里でも燕国系の鉄器、明刀銭などが出土しており、いづれも戦国時代後期とみなされるものです。代表的な鉄器として空首鉄斧があります。これらは全て鋳造品であります。

秦に続いて漢時代に入ると武帝によってＢＣ一〇八年に楽浪、真番、臨屯、玄菟郡が設置され、半島の三分の二以上を治めるに至って、漢の製鉄技術が入ってきます。それ以降従来の青銅武器は鉄製武器に置き換わっていきます。後漢の版図を受け継いだ三国の魏時代になると、その領有は半島の西北部のみとなり、漢代の領域からかなり小さくなります。漢代の帯方郡の南に原三国が形成されました。それらはよく知られているように馬韓、弁韓、辰韓とされていて、それらの中からそれぞれ百済、加羅（伽耶）・任那・金官、新羅が国家としてあるいは、領域として形成されていきます。

『魏志』弁辰伝[7]に鉄に関して次のような記述があります。

国出鉄韓濊倭皆従取之諸市買皆用鉄如中国用銭又以供給二郡

これを拙訳すると次のようになります。

「国（辰韓）には鉄が産出する。従って韓・濊・倭は皆これを採掘する。諸市では（我）国で銭を用いるように鉄を用いる。また二郡（楽浪及び帯方郡）にも供給する。」

この三世紀頃の韓半島ではおそらく国の領域もまだ明確になっていない状況であり、半島中東部では鉄が豊富にあったのでしょう。地元の韓人、それから濊人、倭人が同様に鉄を採掘していたということです。「濊」というのは、良く分からないのが実情ですが、紀元前には中国東北、いわゆる満州あたりに居住していて、言語などは夫余に近いとされています（夫余についてもよく分かっていないのですが）。それが三世紀頃には半島の北東部にいて、南下してきた高句麗の支配下に入っていたような状況と言われています。

半島の製鉄遺跡では、三世紀頃の京畿道華城市で発見された旗安里遺跡（初期百済時代）や忠清北道石帳里遺跡から製鉄炉、鉄鉱石焙焼施設、鋳鉄溶解炉などが発見されているのが最古のものといわれています[8]。ともに原材料は磁鉄鉱で、鋳造のための施設で燕から漢以来の技術の流れであると考えられます。海に接することのない山地の多い地域であり、地下資源が豊富です。

一方日本列島と関係の深い韓半島南東部、加羅・金官地域をみると六世紀前半から七世紀前半の慶尚南道沙村遺跡から製鉄炉が発見されています。しかしこれらの製鉄遺跡では鉄鉱石が使われていたと考えられていて、今のところ砂鉄製錬の初見は一六〜一七世紀の光州広域市金谷洞遺跡であるということです[9]。

さて日本列島に金属器をもたらせたのは韓半島であるという固定観念が根強くあると思えます。勿論、韓半島経由も大きなルートであることに異論はありませんが「金属器の来た道」でも記したように歴史以前の日本列島へのひとの移動、文化、文明の伝播において南西方面ルートは否定できないものであって、かつ稲作も長江流域から直接伝来したこと等を考慮すれば、韓半島経由に限定できるものではなく多様なルートがあり、さらにそれぞれのルートから伝えられる技術も異なっていて、列島の弥生人、倭人、ヤマト人は独自に鉄器、製鉄法について取捨選択したと考えるべきでしょう。

3　日本列島の鐵

「鐵」という文字は、やや赤みを帯びた黒色を示している金属をいうそうですが、その字義通りというか、製鉄、鉄器以前に顔料として用いられてきた長い歴史があるので、列島人も鉄を知らなかったということはありません。

よく知られているように縄文土器は、何千年を経た結果、現在我々が目にする色合いではなく、もともとは赤、黒、白などで美しく彩色されていました。中でも赤色は、水銀系の朱（辰砂）、鉄鉱系のベンガラ、鉛丹が列島の南北を問わず用いられてきました。

ベンガラは赤鉄鉱のおそらく表層にある鉱石を採掘して、粉砕、水簸して粒子の細かなものを作っていました。沼地で採集される水酸化鉄（褐鉄鉱系材料）では、加熱粉砕、水簸で簡単に作ることが出来たということです。ともに四〇〇℃以上で加熱、九〇〇℃程度で最も美しい赤色を呈したという実験結果[10]があります。

酸化鉄の鉱石から還元という酸素を除去する過程を経て、鉄塊を得るところには達していなくとも日本列島においても九五〇〇年前の縄文早期以前[11]から鉄は知られていたのです。

日本列島においていつの時代から鉄器が使用され、いつから製鉄が始まったのかを断定するのは、なかなか容易ではありません。

金属製錬の先進国であった中国で人工鉄の始まりは約二八〇〇年前、西周時代の鉄援銅戈や玉柄鉄剣で、ともに塊錬鉄浸炭鋼と考えられています。また液体冶鋳銑鉄、そしてその鋳鉄脱炭技術も春秋時代前期後葉（二七〇〇～二六〇〇年前）には始まっていたということです。それにもかかわらず肝心の製鉄炉は四〇〇～五〇〇年を経た漢代まで発見されていないのが実情です。製鉄遺跡が出土していないことはイコール製鉄自体がなかったとはいえないのです。

現在、我が国の鉧押しによる製鋼法は、一四世紀に始まり、高殿による永代たたらが始まるのは一七世紀から一八世紀初とされています。そして永代たたらに付き物といえる天秤鞴は享保年間（一七一六～一七三六年）とされています。鉧押し法はそれまで四日を要した製鋼を三日に短縮する合理化であり、永代たたらは、それまで屋外で雨風の影響を直接受ける野だたらから屋内に移して天候の影響を受けにくくする合理化といえるでしょう。そう考えるとやはり単純な疑問が頭に浮かんできます。

鉧押し法は人口の増加、技術の発展によって一四世紀に登場したというのは、ある程度はうなづけるのですが、高殿（永代）が何故一八世紀まで待たなければならないのかということです。製鉄炉を覆う家屋は火災の危険を避けるために相当大きく作る必要があり、幅三メートルの炉に対して左右一六〜一八メートル程度に作られていました。これが一八世紀までその登場が遅れた原因ともされていますが、藤原京時代、奈良時代から室町時代まで大規模な寺院や城郭が作られたのであり、生産力向上、戦闘に最も重要な製鉄の為に高殿が作られなかったというのは解せないことです。小規模なたたら製鉄炉は地下構造も簡素であり、一代《ひとよ》毎に壊して場・位置を変えていたので恒久的な屋根を設置することを考えなかったという理屈は思い浮かびます。しかし（本格的という）製鉄開始から一〇〇〇年以上も経ていまだに野たたらの域を脱していないというのはどうにも理解しにくいものです。

　私は、高殿は遅くとも室町時代、一五世紀には設けられていたのではないかとの憶測も捨てきれないでいます。江戸時代に奥出雲の田儀（出雲市多伎町奥田儀）で製鉄業を営んだ櫻井家の屋敷谷たたら遺跡から櫻井家の江戸時代初期の製鉄炉跡より二世紀ほど遡る一四世紀後半から一五世紀前半の製鉄炉跡が見つかっています。炉のサイズは幅一・五メートル、長さ四・八メートル、深さ〇・五五メートルの規模でかなりのものです。近世の鉧押しではなく、銑押しであったと推定されますが、この規模で露天であったとは、想像しにくいものです。建屋などに関する記述がないので判断、断定はできません。

　鉄生産の効率を上げる天秤鞴の発明は享保年間とも元禄年間ともいわれますが、これも鉄需要の急速な拡大が生産の効率化を促して戦国末期に登場したと推定する洞富雄氏のような研究者もあります。備前刀を観ると室町時代後半になるとそれまで匂い出来であったものが小沸出来となり、映りも出ないようになりますが、こうした変化は生産法の変化により、鉄質も変わり、それに従って作刀法を適応させたと考えてよいと思えます。おそらく天文年間前半あたりが画期となるように思えます。鉄砲の伝来とも重なる時代です。

(1) 鉄器と鉄素材

さて冒頭で述べたように列島に鉄が流入してくるルートは、複数有ると観るのが当然であると考えます。それは、中原から山東半島－韓半島西北部経由のルート、長江流域・江南からの直接ルート、閩南・台湾から琉球諸島からの直接ルート、中国北方からのルート（東北地方、遼寧地方、韓半島を経由）が大きな流れといえるでしょう。それらのルートは、年代、鉄を受け入れる地域によって様々な様相を呈したことでしょう

二〇〇三年に国立歴史民俗博物館（歴博）の年代研究グループが列島での水田耕作開始年代がBC一〇世紀に遡る可能性があると発表して、考古学界をはじめとした古代を研究する人々に衝撃を与えました。

この水田耕作開始年代は、それまで考えられていたBC五世紀あたりから五〇〇年も遡るものでありました。これまで弥生時代は水田耕作と金属器が同時に出現したとされていたので、ここでのBC一〇世紀を正しいとすれば、鉄器は日本列島において中国の西周時代と並行する時代に登場したことになります。

歴博の新しい弥生時代の設定は、放射性炭素（^{14}C）測定によるもので、出土した土器に付着した煮焦げや吹きこぼれの炭化物を測定しています。この時の出土土器は、山の寺式や夜臼Ⅰ式などであり、それぞれ佐賀県の菜畑遺跡や福岡市の板付遺跡などが代表的なものです。

歴博グループは水田耕作開始としてBC一〇世紀を挙げていますが、総合地球環境学研究所名誉教授である農学者佐藤洋一郎氏によれば、稲は長江下流域から直接列島へ、縄文時代に到来していたといいます。この時の稲は陸稲であるとのことです。その証左として、岡山県古代吉備文化財センターの報告があります。一九九一年に発掘された総社市南溝手遺跡から出土した土器に籾痕が発見されました。そこから発見されたプラントオパールによって約三〇〇〇年前のものであることが判明しました。さらに参考として提供されていた約三五〇〇年前の縄文時代後期中

葉の土器片からも稲のプラントオパールが発見されたということを付記しておきます。[12]

　ここに従来の弥生式土器・農業・金属器という弥生時代の組合せ設定が崩れてしまったのですが、それでは列島への鉄はどのように伝来して、発展したのかです。

　列島で発見された最古の鉄器は、石崎曲り田遺跡（福岡県糸島市）の鉄片（三×一・五センチ）、熊本県斎藤山遺跡の鉄斧等であり、次いで兵庫県神戸市での板状鉄製品、吉野ケ里（佐賀県）の鉄斧、綾羅木郷（山口県）の鉄滓・鉄塊などです。[13]

　これらが新弥生編年の早期から前期前半のものとすれば、ＢＣ一〇世紀から八世紀頃には列島に鉄製品が到来していたことになりますが、中国の人工鉄の確認された最古の年代は、今のところ先に述べたようにＢＣ九世紀頃ですからかなり無理があるということになります。そうしてそれらの鉄製品（片）は、当初スペクトル分析で「鍛造品」と鑑定されて、中国の楚国（首都は郢、現在は湖北省長江流域）からもたらされたという見解も出されていましたが、一九九〇年代以降、弥生中期の鉄器に炭素量四～五％含まれているものが存在していることから舶来の鋳造品を再加工したものであるという説が有力になってきています。[14]弥生中期初（新編年）は、ＢＣ四世紀前半ということになり、前漢の楽浪郡等設置以前に鉄器が到来したことを意味しています。

　これらの鉄器は、中国北方からの可鍛鋳造品と主張されています。それは、戦国時代後期に中国東北地方で定型的に見られた二条突帯斧などの鋳造鉄器の鉄片を再加工したものであるとの主張です。大澤正己氏によれば、「脱炭焼き鈍し処理の可鍛鋳鉄製品[8]」ということです。つまり鋳鉄に熱を加え脱炭徐冷することによってして軟化、鍛造できるようにしたものです。

　列島での鉄製品波及の地域性をみると、弥生前期末から中期初あたりは九州北部を中心としていて、その後、中期中葉頃には日本海地域を東へと拡がっていきます。現在の鳥取県、兵庫県、京都府の日本海沿岸です。

　弥生時代におけるこれまでの認識では、鉄製農工具の出現が水田耕作を飛躍的に発展させていくというものですが、一九九〇年代から二〇〇〇年代に及ぶ近年の発掘調査成果によれば、当初は石器製作技術の延長的な研磨加工による小鉄器で木製農工具を制作していた、次いで中期中葉になると日本海沿岸地域では、玉造りや特殊な木製器制作用に鍛冶炉を利用して穿孔用など特殊な鉄工具が生産されるようになっていたことが分かって来ているとのことです。[13・14]

本格的に鉄製農具が普及するのも弥生時代後期後葉の九州北部に限定されていて、瀬戸内から畿内での普及はそれより遅れているのは確実視されています。

それが後期後葉以降古墳時代になると状況は一変します。巨大古墳が大和地域中心に出現して、それに歩調を合せて鉄剣・鉄刀が大和地域の前期古墳から大量に出土してくるのです。大和と関係の深い摂津に対してもおよそ六倍、北九州の筑前、近畿の日本海沿岸の丹後地域に対しても一〇倍以上の出土数になっています。[14]

(2) 日本列島での鍛冶加工

先に述べたように弥生時代の鉄器は、出土状況から前期末頃（BC五～四世紀）から舶来の鋳造品を再加工して木製器を製作するための小工具が登場し、次いで中期（BC三世紀）に入り、鍛造による消耗品的小武器である鉄鏃、鉇《やりがんな》等の木工用鉄器、後期になって鉄刃（鍬先、鋤先）・鎌などの農耕具が普及したと考えられています。

鉄剣・鉄刀などの大型武器では、東大寺山古墳（奈良県天理市）から出土した後漢の中平年号（一八四～一八九年）を金象嵌した環頭大刀があり、魏志倭人伝には卑弥呼に五尺刀二口を下賜したとの記述もあるので、弥生時代中期には、首長個人の威信財として刀剣は九州に拡がり、後期からは北陸、関東に至る地域で集団内での所有層が出来てきたと考えられます。それらの刀剣は、どのルートからにせよまだ舶来品と考えられているようです。弥生時代中期前葉ではまだ比較的高温の「沸かし」などの技術が確立されておらず、徐々に鍛冶技術を習得して、弥生後期に至って普及してくるという認識です。紀元一世紀あたりに相当して、石器はほとんど鉄器に置き換わっていくことになります。

鍛冶遺跡について、発掘された遺跡の中で、弥生時代前期末から中期にかけての古いものは、奥野正男によれば、長崎県の北岡金毘羅遺跡の径約八〇センチ、福岡県赤井手遺跡の一辺七〇センチ、岡山県門前池遺跡の長径二・七メートルのもの等です。[15] 勿論異論も多々あるでしょうが、私は、鍛冶に関しては、出土した鏃が鍛冶の存在を示していると思えます。それは剣や刀など長寸の鉄製武器と違って、かなり小さな鉄製武器であり、弓一張に対して矢を十数筋から二十筋（後世の胡簶）を備えるので数多く必要とするからです。

それでは、鉄鏃がいつ頃、どこで出土しているかということですが、弥生中期前半（旧ＢＣ一世紀頃か）の出土は九州から近畿に至るまでごく少数ですが、中期中葉になると九州北部で増加してきます。福岡県の吉ケ浦遺跡出土の鉄鏃は「全長三～四センチで、扁平な鉄板を長三角形に切断し、鍛造加工で刃部をつけたもの（無茎三角形式）」で「朝鮮半島ではこの種の鉄鏃の出土例がない[15]」というのが興味深いところです。それらを総合すると、列島における鍛冶加工は、弥生時代前期（旧、戦国末期、ＢＣ三世紀頃）以前には始まっていたと考えてよいでしょう。但し鍛冶加工[4]の技術レベルをどう考えるかで考古学の世界ではその認識が異なってくるようですが……。

(3) 古代製鉄と鍛冶の実態を考察する

さて以上は、出土資料やその科学的分析によって得られた情報と過去の学説とのすり合わせによってまとめた説でしたが、以下では考古資料としては存在していない考察、推定も取り入れて日本列島の製鉄・鍛冶について述べてみます。

アジアにおける歴史的な流れから見ると日本列島への鉄器の伝来は、先に述べたように秦漢による中国統一、その影響力によって周辺諸国への文明、技術伝播が顕著に見られたということですが、そのことは秦漢時代以前に製鉄自体が行われなかった、あるいは鉄器の流入は無かったということにはなりません。

赤色顔料として酸化鉄を使用することは歴史的に見れば、南アフリカのブロンボス洞窟からは、約一〇万年前のベンガラの製作工房と推定される遺構が出土しているということですし、一万七〇〇〇年程前の旧石器時代に欧州のラスコー洞窟（フランス）やアルタミラ洞窟壁画に使用されているのはよく知られているところです。

先に述べたように列島では九五〇〇年前の早期縄文時代に使用されていたことは鹿児島県上野原遺跡で理解でき、五五〇〇年前の青森県三内丸山遺跡からもその使用が確認できています。[10]

鉄素材と人類の付き合いは永いのです。そうした状況もあって製鉄の歴史は、青銅器に先んずるとしている学者もいる程です。鉄器先行説は、一八七〇年にドイツの冶金学者ルードヴィヒ・ベックが主張し、そこからアドルフ・レーデブーアが一八八四年に出版した『鉄冶金学ハンドブック』に記されています。[2]

筆者も低温で還元できる直接製鉄法（塊錬鉄法）のことを思い浮かべれば、鉄器先行説それ自体は否定しきれないのです。その上で日本列島での鉄器、製鉄状況を観ますと、まず鉄の先進国で発見されている隕鉄製の鉄器は出土していません。当たり前の結論ですが、列島の鉄器は海外から将来されたということです。では、縄文晩期から弥生初期と目される中原系鉄斧断片などが出土して、鉄器の列島到来はＢＣ五世紀頃と韓半島に先駆けているのに何故製鉄自体が六世紀頃から始まるということになるのか、中国中原系の鋳鉄ではなく日本独特のいわゆるたたら製鉄が採用されたのかなど、なかなか解くのが難しい問題が横たわっています。

鉄器の到来ルートについては、戦国時代の燕国、韓半島経由以外に長江流域からの直接ルート、さらに華南地域からのルート、さらにはインド、インドネシアから台湾、琉球諸島経由の海上ルートの可能性も指摘したのは先に述べた通りです。鉄器が多量に流入してくるのは、秦漢による中国統一、製鉄の大発展によるものであることは間違いないと言えるでしょう。しかしそれ以前の戦国時代の混乱、国家の存亡により中国の多様な地方から断続的に日本列島へ難民というような人々が流れ込んでいたのも否定できません。そのような人々は地方地方に根差した製鉄法をもたらせたことでしょう。それは日本列島にまだ炉を高温に維持できる鞴や脱炭処理が出来ない状況では、世界的に古来用いられた塊錬鉄法（直接製鉄法）が用いられた可能性が大です。こうした小規模、低温の製鉄が遺跡として発見されないのは、中国においても人工鉄使用の鉄器が発見されたにかかわらず、その後四〇〇～五〇〇年後まで製鉄遺跡は発見されていないということからも明らかであると思えます。

かつて青銅器中の鉛は「韓半島産」であることが定説となっていたのを「三星堆の鉛が一部混入した中国大陸産」[16]と指摘した新井宏氏によれば、日本で「鍛冶」滓と判定されているものが、欧州基準ではかなりの割合で「製錬」滓と分類される可能性があるということです。そして日本の復元たたら炉製鉄からの製錬滓すべてが日本基準の鍛冶滓の領域にあるということです。

この直接法で得られた鉄は、小さな工具に加工されたり、装身具などにも形を変えたかもしれません。つまり、戦いの質を変えるとか生産力を大幅に増大させるといった文明を大転換させるものにはならなかったという事です。

次に漢代、ＢＣ三世紀に入ってそれまでの時代より多くの鉄器が流入してくるのですが、なぜ文明史的に意味のある規模での製鉄が五、六世紀にまで始まらなかったのかを考えてみます。

①中国で漢代に入るとよく知られているように製鉄が飛躍的な発展を遂げていました。前漢時代を通じて財政を支えていましたが、後漢時代に入ると儒教的思想の影響もあって民間にゆだねられることになります。大量の鉄生産は、大量の鉄廃材を生み、鋳鉄の再生産に回すことになります。青銅器においても弥生時代の列島生産の原材料の多くは中国大陸からの青銅器、廃材であったことは以前に述べた通りで、鉄器においても中国大陸からの輸入廃鉄器、廃材が使用されたでしょう。

②「韓半島の鐵」のところで『三国志魏志』弁辰伝に「国（辰韓）には鉄が産出する。従って韓・濊・倭は皆これを採掘する。」とあることを紹介しました。また烏丸鮮卑東夷伝に「韓在帯方之南、東西以海爲限、南與倭接、方可四千里。有三種、一曰馬韓、二曰辰韓、三曰弁韓」とあります。これらを私なりに素直に読み解けば、東西は海と隔てられていると書かれていますが、南はそう書かれてはおらず、「倭と接」しているとなっています。つまり韓半島南岸地域は倭であるという認識で、当然倭人が居住していた、その倭人たちは、辰韓の鉄を採掘していたとなります。採掘された鉄鉱石はそこで還元され、鉄鋌などに加工され、海を渡って北部九州を中心とした倭国に輸入されたということでしょう。倭の諸国では、鉄鋌などを鍛冶加工する流れが出来ていたと考えられます。

約一万年以上前の亜氷期に北上して韓半島南部にまで到達していた原列島人は、そのまま韓半島にとどまっていたと思われるので当然の物流であったと考えます。

一方日本列島では、三世紀後半とされる福岡県の博多遺跡群の鍛冶工房跡（とされる）や奈良県桜井市の纒向勝山遺跡等から羽口（送風管）が出土しています。また弥生時代中期には銅鐸など精巧な青銅器が鋳造されていて、九〇〇℃を超える温度を得ていたのですから、ＢＣ五世紀頃に鉄器が伝わった後、遠からず列島内で製鉄が始まっていても不思議ではありません。しかし出土品から見るに五世紀ごろまで本格的な製鉄は始まらなかったということは、当時の倭人たちは、先に述べたように中国からの廃鉄器・古鉄、韓半島からの鉄素材を列島内で加工する生産、加工、物流ルートを確立していたと思えます。

それが五、六世紀からヤマトを中心とする勢力が本格的に製鉄を始めるのはどういう事情があったのでしょう。弥生時代末期、三世紀以降の東アジア国際情勢は、現在我々が頭で描いているよりもはるかに身近で緊迫した状況

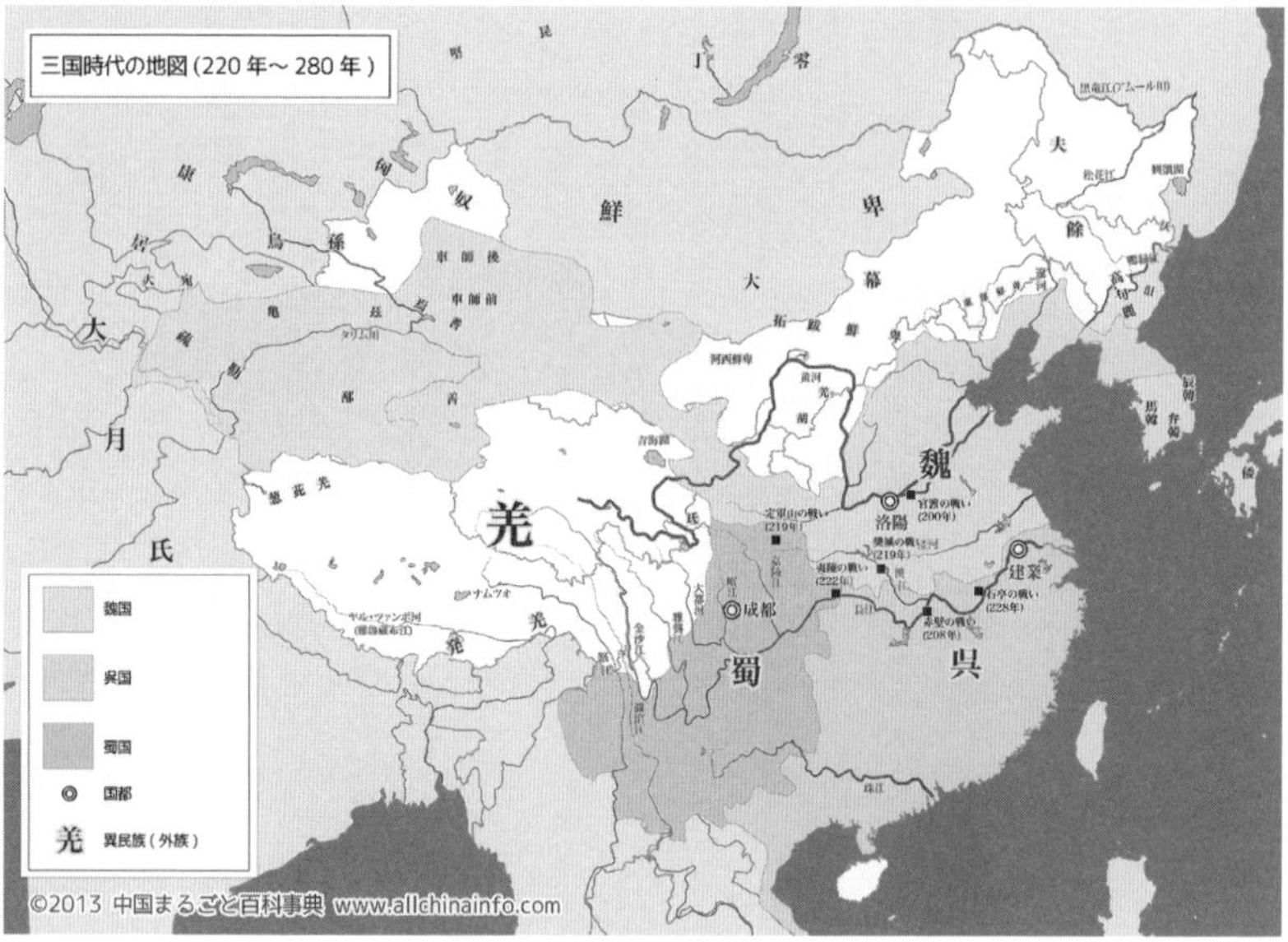

図 29　3 世紀東アジア勢力図

であったと思われます。それは当時の一般人の感覚ではなく、列島内の地域をまたいで、海を越えた交易を行っていた権力者たちの目で見た時の感覚です。

三世紀の中国は、魏・(西)晋・呉・蜀の三国の時代であり、倭の女王卑弥呼は、魏へ使いを送り、先進の文物を得ていましたが、勿論日本列島全体で見れば、魏と共に呉、蜀とも直接・間接の差はあれ、交渉を持っていたと考えるべきでしょう。

三国時代以降、魏晋南北朝時代・五胡十六国時代は言い換えれば群雄割拠、大混乱の時代です。

韓半島の北西は、漢の版図を受け継いだ魏が治め、その北方には、高句麗があり、力を付けつつありました。南半には原三韓の国々があり、西南に馬韓、東南に辰韓、南に弁韓・加羅が位置していました。先に述べたように加羅（伽耶）は倭人が占めていた地域であると考えます。

高句麗は、現在の中国東北地方を基盤としていた扶余、言い切ってしまえば、満州族に連なる氏族で、遊牧民族であったと思われます。その高句麗が南下してきます。付け加えると遊牧民族の南下は韓半島だけではなく、戦国時代、秦漢の時代から起きていて、北方草原地帯から中国への圧力が高まってきていたことを指摘しておきます。それが三世紀以降更に強い圧力となって南へ向かってくるのです。

特に三世紀以降東アジアは、寒冷期に入ったと言われておりそれが遊牧民族の南下につながり、南側に位置する農耕民族との軋轢を生み、混乱と王朝の乱立につながります。

華北では、匈奴（前趙等）に続き、鮮卑族の宇文氏、慕蓉氏（燕）が建てた王朝が乱立して、四三九年に拓跋氏の北魏によってようやく統一されます。華南では中華系である司馬氏西晋の後を承けた東晋が三一八年に建康（現南京）に都を遷して南北朝の形ができました。そして北魏と対峙する形で宋（四二〇～四七九年）、斉（四七九～五〇二年）、梁（五〇二～五五七年）、陳（五五七―五八九年）と王朝が入れ替わりました。

そして五八九年に隋（楊氏）によって中国全土が統一されますが、その後を承けた唐（李氏）ともに鮮卑族の系譜であるといわれています。

さて話を倭に近い韓半島に戻しますと、高句麗の南下によって韓半島の南部諸地域は動揺します。特に四世紀末の高句麗は、広開土王（好太王）から五世紀の長寿王の時代に勢力を拡大させます。広開土王碑に従えば、四世紀末に百済を攻めて臣従させ、五世紀初に救援を求めた新羅を助けて倭と戦い、加羅まで侵攻したと言います。そして四七五年には事実上百済を滅ぼしました。

六世紀に入ると高句麗の勢力拡大に対して再興した百済と新羅が連合して対抗するようになり、六世紀末から七世紀初には中国を統一した隋との軋轢も高まっていきます。六一八年に隋の後を承けて建国した唐も高句麗に対して圧力を高めます。韓半島では、高句麗と再興百済が和睦したものの、唐と新羅の連合軍によって六六〇年に再興百済も滅亡、六六八年には高句麗も滅亡してしまいます。

倭国は既に関東以西を統一した大和朝廷の時代となっており、百済救援に派兵した結果、六六三年に唐・新羅の連合軍に白村江で大敗してしまいます。従来、この戦いは友好国であった百済を再興するために兵を派遣したということになっていますが、私には合点がいきません。強大な唐に対して既に滅亡した百済の為に国を亡ぼすような派兵を行うとは到底考えられないと思うからです。あるとすれば、それは韓半島の三韓時代よりはるか以前から倭人の国であった加羅（伽耶）を復興させるという王権の威信を掛けたものであると思っています。記録に残っていないものの、新羅を退けた後は、加羅を元通りの大和領土として認めさせることになっていたのではないかと想像しています。

東アジアの三世紀から七世紀頃までの混乱を少し長く記しましたが、韓半島での戦乱、中国華北の五胡十六国そして南北朝時代に至る戦乱が、韓半島での鉄生産を困難にし、中国からの廃鉄器の安定的輸入を難しくさせて、結局のところ日本列島内製鉄を始めさせる結果につながったのではないかということを述べたかったが故のことです。遊牧民族の南下は、東アジア各王朝、各民族に大きな影響を与えたのです。

日本列島で実質上の製鉄が始まるきっかけまで話が進んでくると次にはどうしても手間ひまかかる方式であるいわゆる「たたら製鉄」が何故日本列島で採用されたかについて考えざるをえません。

先に述べたように銑押し法、そして鉧押し法という製鉄法が用いられるようになったのかについては、ほとんど何も分かっていないのが実情です。そうであるが故にこれまで人、モノ・技術の伝播ルートについて多様な道があると記してきたのです。鉄に関しては、北方草原地帯からのルート、中原・遼東・韓半島ルート、長江流域からのルート、更に南からの華南そして南洋・琉球諸島経由ルート等の可能性を指摘してきました。

世界に先駆けて液体製鉄法により鋳鉄を作り出すようになった中原系の製鉄技術は、韓半島に受け入れられますが日本列島に根付くことはありませんでした。中国の秦漢時代から三国時代の魏に至るまで中原系王朝と交渉を持ち、韓半島経由でも多くの鉄器を受け入れてきたにもかかわらずです。

憶測でしか語ることは出来ないのですが、製鉄法に関して手間ひまのかかる方法を倭人・日本人は敢えて選び取ったとしか考えられません。いわゆるたたら製鉄で作られた鉄素材が優秀であった、そしてたくみの国として永く馴染んで技術を高めてきた方法を墨守した、したかったという他ありません。その技術伝播ルートは、北方ルートではなく、長江流域から華南地域等のルートに求めざるを得ないのです。具体的には西からの技術をいち早く取り入れた巴蜀地域から長江や閩南を経由したルート、トルコから沿岸を伝ってインド南岸を経由したルートなどがあり得ます。

三世紀以降の東アジアの動乱によって、自身による本格的製鉄に取り組む必要があった倭人、大和朝廷は、中華系の王朝が続いた南朝、華南地域から戦乱を逃れて流入してきた人々の技術を取り入れたと想定します。

註

（1）銑鉄とは、炭素含有率三〜四％と高く、硬くて脆い性質の鉄のこと。炭素以外に燐、硫黄、マンガンなど不純物を含む。

（2）錬鉄とは、炭素含有率〇・二〜〇・〇二％と少なく柔らかい鉄のこと。古代中国でも八〇〇℃以下の比較的低温で還元された海綿鉄が用いられたと思われる。溶融によらない方式で鉄の純度が高い。

（3）炒鋼及び百錬鋼法：まず炒鋼とは、白氏によれば「銑鉄を炒製して錬鉄ないし鋼にする製鋼工芸である。」これでは分かりにくいですが、銑鉄をるつぼのような炉にいれて加熱、溶融する際に鞴で大量の空気を送り込み、さらに櫂のような道具で溶けた銑鉄を攪拌することによって、酸素と銑鉄中の炭素と反応させて脱炭する技術で

図 30　炒鋼炉生産過程復元図（南陽瓦房荘 19 号炉）

す（図30）。これによって鉄中の炭素量をコントロールしたということです。これによって得られた鋼は組織が均質であり、次に鉄器を製造するときの工程を大きく合理化できることになりました。大量に生産することができるようになった銑鉄を用途によって、大量かつ効率的に様々な鋼に仕上げる技術でした。それは鉄器量産に道を拓いた革新的技術であったということでしょう。

百錬鋼とは炒鋼材を加熱、繰り返して鍛錬したものとされます。炭素量が一定しておれば、鍛打によって鉄滓を除くことで質の高い製品が安定して得られるといいます。

（4）鍛冶加工は現在の一般論では、比較的高温を必要とする鍛接の「沸かし」、炭素量を下げる「下げ」などの工程を指す。

文献出典

1　NHKスペシャル『アイアンロード～知られざる古代文明の道』二〇二〇年一月一三日放送
2　飯田賢一「古代日本製鉄技術考：1．レーデブーアと鉄器時代先行説」『鉄と鋼』一九八〇年六六巻第五号
3　大林太良・吉田敦彦『剣の神・剣の英雄―タケミカヅチ神話の比較研究』法政大学出版　一九八一年
4　田中裕子『中央ユーラシア東部における初期鉄器文化の交流』早稲田大学博士論文　二〇一三年
5　白雲翔著・佐々木正治訳『中国古代の鉄器研究』同成社　二〇〇九年
6　二〇一八年度京都大学大学院「先進構造材料論」講義　鉄鋼材料論第四回　鉄鋼材料の製造
7　藤堂明保・竹田晃・影山輝國全訳注『倭国伝』講談社学術文庫　講談社　二〇一一年
8　大澤正己「金属組織学からみた日本列島と朝鮮半島の鉄」『国立歴史民俗博物館研究報告第一一〇集』二〇〇四年
9　関　清「東アジアにおける日本列島の鉄生産」『古代東アジア交流の総合的研究　国際日本文化研究センター共同研究報告』国際日本文化研究センター　二〇〇八年
10　辻　広美『古代遺跡出土ベンガラの材料科学的研究』岡山大学大学院自然科学研究科　博士論文　二〇一三年
11　鹿児島県上野原遺跡

12　高田　潤「ベンガラの歴史と材料科学的研究」『チルチンびと』冬季号　風土社　二〇〇三年
13　『グラフ岡山』一九九七年八月号
14　藤尾慎一郎「弥生鉄史観の見直し」『国立歴史民俗博物館研究報告第一八五集』二〇一四年
15　野島　永「研究史からみた弥生時代の鉄器文化」『国立歴史民俗博物館研究報告第一八五集』二〇一四年
16　奥野正男『鉄の古代史 弥生時代』白水社　一九九一年
新井　宏「金属を通して歴史を観る（24）　鉄生産の開始時期（1）」『バウンダリー：材料開発ジャーナル』17（2）二〇〇一年

六　騎兵と環首（頭）刀

「環首刀」、我が国では「環頭刀」ですが、大刀と限定すれば、倭・日本を超えて世界史上初めての鉄製長刀《ちょうとう》であると規定できます。それは長刀（大刀）という東アジアの近接格闘兵器の母体となったのです。環首長刀は、中国の前漢中期、武帝の時代に騎兵用の格闘兵器として生み出されたと思われます。

前漢の時代、南進してきた北方遊牧民族の匈奴への対策は何にもまして重要な政策課題でした。今から一万二〇〇〇年以前の亜氷期の時代から温暖な時代（間氷期）に入っていた中で、紀元数世紀前から若干寒冷な時代に入り、遊牧民族は厳しい状況に置かれたとみえて南下してきます。その騎兵による機動力は、すでに中国戦国時代に趙国の武霊王が「胡服騎射」を唱えて、中原における戦車の伝統から変革しようとしたことからもよく理解できます。紀元前四世紀頃から匈奴は、度々南にある中国領域を侵し、紀元前三世紀末には北方地域の諸族を糾合して英雄的存在となった父、頭曼を倒して冒頓単于は、さらにその領域を拡大していきます。

紀元前二〇六年の秦滅亡後の混乱の中、楚を制して中華を統一した高祖劉邦も匈奴対策には、苦汁を舐めて、紀元前二〇〇年の冒頓率いる匈奴戦では、敵を誘い込み兵站を延ばさせた挙句に反転攻勢して敵を撃ち破るという遊牧民族得意の偽装退却戦法に嵌って、戦線が伸び切り、白登山に孤立して、命からがら長安に逃げ帰ることにもなりました。それ以降、漢は匈奴の属国あるいは朝貢国として公主（皇室の娘）、貢納品を贈らざるを得なくなりました。

1　騎兵について

実のところ戦国時代から騎兵の機動力に着目して各国は、騎兵を充実させてきました。燕、趙、楚、秦などは、戦車千乗に対して騎萬匹（『史記』張儀列伝）とあり、かなり騎兵を充実させていたことが理解できます。また戦国時代の秦では一定年齢に達して徴発された農民兵が軍功による爵位と賞賜を与えられるなど商鞅変法制度によって軍事力が大いに強化されていました。

それは中国を統一した始皇帝時代、秦の兵馬俑坑の軍編成から具体的に知ることが出来ます。これまでの調査によれば、兵馬俑全体で戦車一〇〇余台に対して陶馬が六〇〇体[1]となっており、実際に騎兵力を充実させていたことが分かります。

秦始皇帝に重用された蒙恬《もうてん》は、匈奴征伐を行い、匈奴を北方へ追いやって「長城」を築いたのでした。『史記』蒙恬列伝第二十八によれば、「蒙恬は元々法を司るものであったが、（軍事に才能があるとみえて父蒙武の武勲等家柄のお蔭で）将軍に任じられ、斉を破った。また三〇万の兵を率いて北方の戎狄を追い払わせた。黄河北方域（現在の内蒙古自治区）を収めて、長城を築いた。」とあります。今に残されている「万里の長城」の原形です（括弧内筆者補足）。

漢代に入ると高祖劉邦の陵墓である「長陵」（陝西省西安近郊）から一九六五年に三〇〇〇体を超える兵馬俑が発見されましたが、そこに戦車は無く、五八〇体以上の騎兵俑と歩兵俑一九〇〇余体が出土しています。[2]騎兵一に対して歩兵三の割合であり、まさに戦車の時代から騎兵の時代に移行したことが見て取れます。

遊牧騎馬民族との戦いにおいて中国軍が多勢であることの優位は、用兵に柔軟性をもたらせましたが、中国の庶民兵は時に練度、戦闘意欲が低いこともあり、一方で遊牧民族は定住せず、牧草を求めて移動することで、生まれた時から馬に親しみ、騎射の練度が高いので少、青年層以上はそのすべてが騎兵として機能したと考えられます。兵站（ロジスティクス）の問題、草原地帯の寒冷気候も含め、中国からの遠征軍には相当な重荷が加わった戦いであったと言えるでしょう。

漢代の軍制では、一般徴用の庶民兵（農民主体と思われる）から選抜されて騎射を訓練するとされていました。

このように戦国時代後期以降中国の軍制も変革され、対匈奴戦において騎兵が重用されるようになりました。結果として、ある程度追撃が可能となり匈奴の宿営地も攻撃できるようになったと思われ、優位を保つ状況が生まれてきました。

『漢旧儀』

民年二十三為正一歳、以為衛士一歳、為材官騎士習射御騎馳戦陣[3]……、

（徴用された民は年、二十三にして正卒として一年間、そして衛士となって一年間、（選抜されたもの）は材官、騎士となり、弓射、馬を御《ぎょ》すること、戦陣（戦法）を習う……）（筆者意訳）

このように、おそらくは徴用された庶民から優秀なものを選抜して騎兵等に任用して鍛え上げていたことが分かります。

冒頭に述べた漢の高祖劉邦の白登山の敗北は、韓王信の匈奴との休戦交渉が劉邦によって背信行為と受けとめられ、韓王信が冒頓単于軍に投降したことから匈奴側の軍勢は四〇万人に膨れ上がり、漢軍の三二万人を超えていたこと、それにもかかわらず匈奴の偽装退却戦法に嵌って本隊自身が追撃してしまったことによるものでした。

漢は第七代武帝時代に入り、建国当初の匈奴懐柔政策から脱して、塩鉄専売制によって財政強化を図るようになりました。武帝は匈奴に対抗できる軍を育成することが積年の恨みを晴らし、あるいは国威発揚に不可欠であると考えていたことでしょう。

そしていつの時代でも、またどの分野でも人間社会では組織を率いる統率者の力量によって、その結果の多寡あるいは良否は大きく異なってくるのは否定できません。武帝の時代には「天」が誂えたかのように軍を率いては比類のない働きをするもの達が歴史の表舞台に登場してきます。

『史記』[4]によれば、衛青は、山西省、下級官吏の出であったが、姉がたまたま武帝の目に留まって寵愛をうけたことから侍従武官に抜擢されたと云われます。車騎将軍となり、匈奴征討を命じられて、対匈奴戦で名を上げました。武帝初期に衛青含め四将軍は各一万騎を与えられて匈奴を攻撃しましたが、ほとんど戦果の無い中でひとり衛青のみが七〇〇名の捕虜を連れ帰るなど、度々対匈奴遠征で大功を立てて平陽侯に任じられました。この後も衛青は度々戦果を上げて、河南の地（オルドス地域）[1]を確保し、秦代に蒙恬が築いた砦を修復したと記されています。時にBC一二七年。

霍去病は、衛青の甥であることから周囲の期待も大きく、若くして衛青と共に匈奴戦に騎兵を率いて出撃し、大きな戦果を上げたことから驃騎将軍に任じられました。しかし時代の寵児というものはえてして不幸な最期を遂げるもので、霍去病は、BC一一九年の匈奴戦で衛青と共に大功を立てて大司馬に任じられますが、「病を去る」という名前を持ちながらわずか二四歳でこの世を去ります。

衛青、霍去病に加えて李広という愛すべき将軍がいます。文帝、景帝時代に既に対匈奴戦で活躍していました。類稀な弓の名手であったといい、日ノ本で言えば源為朝のような人物でした。上背があり、腕が長かったといいます。部下への思いやりが深く、軍律もさほど厳しくせず、いや厳しくしなくとも部下がこの人の為なら命を捨ててでも……、という程信望が篤かったといいます。匈奴とは生涯七〇度以上も戦った猛者でしたが、六〇歳も過ぎたBC一一九年の遠征で、意思に反して迂回路を取るように衛青に命ぜられた結果決戦に遅れ、その責任を取って自刃したのでした。

それでは、騎兵重視にともなって防具はどのように進化していったのでしょう。同時に胡族の機動力への対応にも腐心していたことでしょう。漢が、対匈奴策として大月氏との同盟を模索する中で西域から辛うじて帰国した張騫の情報によって李広利が西域の大宛に遠征し、そのことによって初めて武帝は、汗血馬を手に入れることができたのです。BC一〇四年、武帝は汗血馬を獲得するために李広利を「貳師《じし》将軍」として大宛征伐に向かわせましたが、それはあまりの難路であり、李広利は敦煌に駐屯せざるを得ませんでしたが、それをさらにBC一〇二年、二度目の遠征に向かわせて、やっとのことで良馬数十頭、中馬三〇〇〇余頭を得たのでした。しかし帰路も厳しい旅であり、馬は一〇〇〇頭程になっていたということです。それでも武帝は大いに喜び、「西極天馬の歌(2)」を作らせたといわれています。もっともそれは天才的将軍霍去病の死後一五年も経った後のことであったのです。

戦いに際して漢の兵士にとってもっとも脅威であったのは、馬上から間断なく射てくる矢であったと思われます。故に矢を射られてもそれを通さない鎧甲は前線で戦う兵士たちに最も求められたものであったと想像できます。故に匈奴の騎射に対抗できるように弓矢はもとより甲冑等の改良も怠らなかったでしょう。そして鉄が量産できるようになったことはまさに阿吽の呼吸の様に漢の軍事力強化に寄与します。武帝の異母兄である劉勝の満城県中山靖王墓から出土した鎧甲（図31）には二八五九枚もの鉄小札が使用されていました。甲冑の改良では、鉄の生産が大幅に拡大したことが寄与していたと考えられます。

因みに秦始皇帝の兵馬俑坑から出土した兵士たちが着用していた魚鱗甲で用いられた小札はまだ皮革が主要なもの

図 31　鉄魚鱗甲（複製品）河北省満城県出土
［中国社会科学院考古研究所蔵］

でした。
良馬の飼育、騎射の上達、甲冑の防御力向上は当然のことでした。会戦において、匈奴は初戦の遠射もさりながら、近接での騎射は更に得意としたでしょう。漢軍はそれらに騎射で伍するのは困難であったと考えられることから、甲冑による防御に力を注いで近接格闘によって敵を斃してゆく方法を選んだように思えます。

ここからはしばらく対匈奴戦での戦法を考えてみます。

騎乗の技術、騎射の技術は、匈奴に利があるのは当然です。漢の側が拠り所とすべきは、組織だった多勢の軍団でありその用法です。定住しない遊牧民族に対してはどうしても遠征を行うことになり、遠征軍を支える兵站（ロジスティクス）が最重要となります。食料、兵馬の飼料、医薬等々は勿論、傷病兵の送還、補充のために前線を支える拠点々々を押さえ確保していく必要があり、それぞれの拠点（城・砦など）に多くの兵を割かなければなりません。

この備えが弱いと如何に前線の部隊が精強であってもやがては撤退せざるを得なくなります。それは対遊牧民族戦の歴史が証明しています。まして秦漢時代の匈奴に冒頓単于という英雄が登場して周辺、遠隔の部族を糾合したような場合はなおさらでしょう。

兵站を十二分に確保した上で、さらに必要とされるのが、優秀な馬（汗血馬・天馬）でありましたが、それは匈奴を数度の会戦で追い払うのみでは埒が明かず、彼らが退却した場合にも追撃して更に打撃を与える為の力になるからでした。そして会戦・追撃・退却に必要なものが敵の矢から身を護ってくれる鉄製の鎧甲でありました。故に当時は重装の方向にいったと考えられます。

会戦において白兵戦となった時に、漢の騎兵はどう戦ったのか。漢の騎兵は「騎射兵」と「突騎兵」が連携して戦ったと言います。[5] それは矢を射る騎射兵と長柄の兵器で敵を刺殺する突騎兵でありました。騎射兵は、弓を扱いやすいように袖のない鎧甲を着用し、近接格闘する突騎兵は、おそらく袖のある重装の鎧甲で矛や戟といった兵器で戦ったことでしょう。こうした矛・戟は、刺すための穂先（刺）に加えて追撃の際に有効な、敵の首を引っ掛けたり横から刺したりするための、穂から横に伸びた枝刃（援）を持っているのが特徴的です（図32）。

この騎射兵と突騎兵が連携して敵にあたったのです。

その白兵戦も少し時間を要するとどうでしょうか。突騎兵の矛・戟はともかく、騎射兵の矢数には限界があります。唐代の中国側装備ですが、李筌[3]の『太白陰経』[6]によれば、弓射兵は、三〇本の矢を装備していたということです。その内四本は鎧甲を射とおすための射甲箭（征矢のようなものか）とするのが標準だったようです。これより後のジンギス汗時代のモンゴル騎兵は最大六〇筋の矢を装備したという話もありますが、標準的には三〇くらいと思われます。長弓を装備した日本の平安から鎌倉時代にかけての騎馬武者は、箙《えびら》に矢を二四筋差して、うち二二筋を征矢《そや》、二筋を鏑矢《かぶらや》とするのが決まりだったということです。

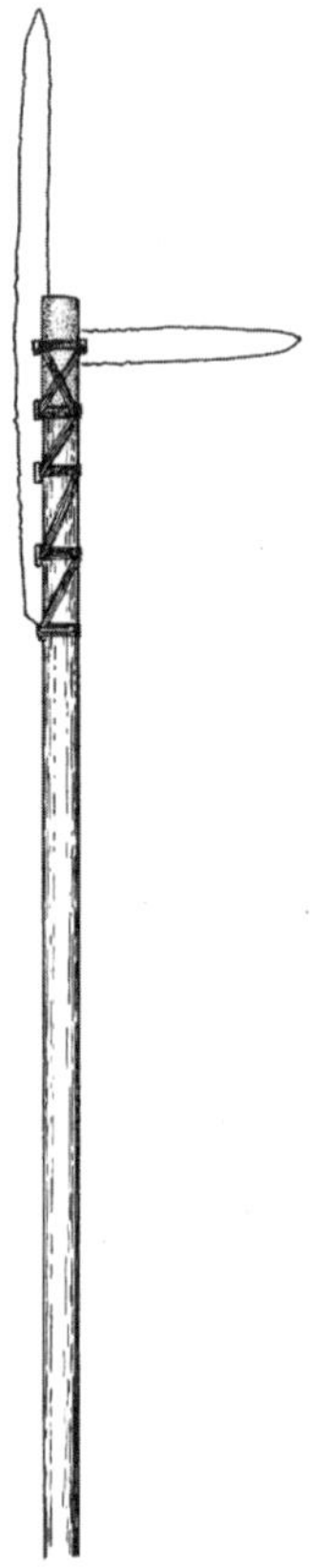

図32　鉄戟　戦国晩期復元図

白兵戦が敵味方伯仲してくると矢を射る機会は少なくなり、また矢を射尽した時に頼りになるのは、短兵、すなわち長寸の刀ということにならざるを得ません。他のところでも述べたところですが、刺撃を主体とした剣は、両刃であり秦漢時代には一メートルに達するような鉄製長剣も登場していましたが、長寸である故に重量が増すのを軽減するためや、斬撃の効果を増すために非常に薄形に作られていました。剣というのは両刃であるために「斬撃」した時、また敵の攻撃を受け止めた時に刃が損傷し易いという欠点があります。また騎乗の抜刀体勢で両刃は扱いにくいという難点があります。この点、刀であれば棟側を肩に乗せるのは無理がなく、馬を疾駆させる時に自身は楽であり、味方にも安全な形を取ることが出来ます。それは、『集史』[4]に描かれたイスラム兵に接近戦を挑むモンゴル騎兵を見ると明白です。またそれは歩兵であっても全く同様に自身と周囲の味方ともに安全な行軍体勢であり、我が国での刀剣取扱いの作法も同様（図33）でありました。

馬具の観点からみると、漢代は未だ鐙《あぶみ》が発明されていなかったという事実があります。鐙は、三国時代に使用されるようになったと考えられています。それ以前は、馬の片側に、乗る時の足掛かりが用いられたといいます。エイヤッと馬の背に飛び乗ったり、部下に手で輪を作らせて、そこへ足を掛けて乗馬したのです。

裸馬やせいぜい座布団的な敷物の上に乗って馬を走らせつつ弓を射たり、刀や矛を振るうのは相当難しい事だと容易に想像がつきます。しっかりと馬の腹を脚で締めるのは勿論、武器を振るった時や敵の攻撃を受け止め、受け流したりした時にバランスを保つのは曲芸的なことかもしれません。実際には、落馬することは常態であったと思えます。

後漢時代に流行った画像石によく描かれている騎兵が右手に刀、左手に盾をもって進軍しているのは（図34）、かなり疑わしいように思えます。威容を誇るための脚色ではないかと。

現実の戦いでは、白兵戦に至ると馬を降りて弓射、短兵・長兵による刺撃・斬撃が連携して戦うことが多かったのではないかとも想像します（図35参照）。

前漢中期に入り鉄の生産が拡大して、体制を整え匈奴への大規模遠征を行うようになった時代背景から、史上初め

図33「重文 関ケ原合戦図屏風(5)左隻一扇」に描かれた家康と護衛の旗本たち
［大阪歴史博物館蔵］

図34　環首刀と盾を持つ騎兵拓本　山東沂南画像石墓

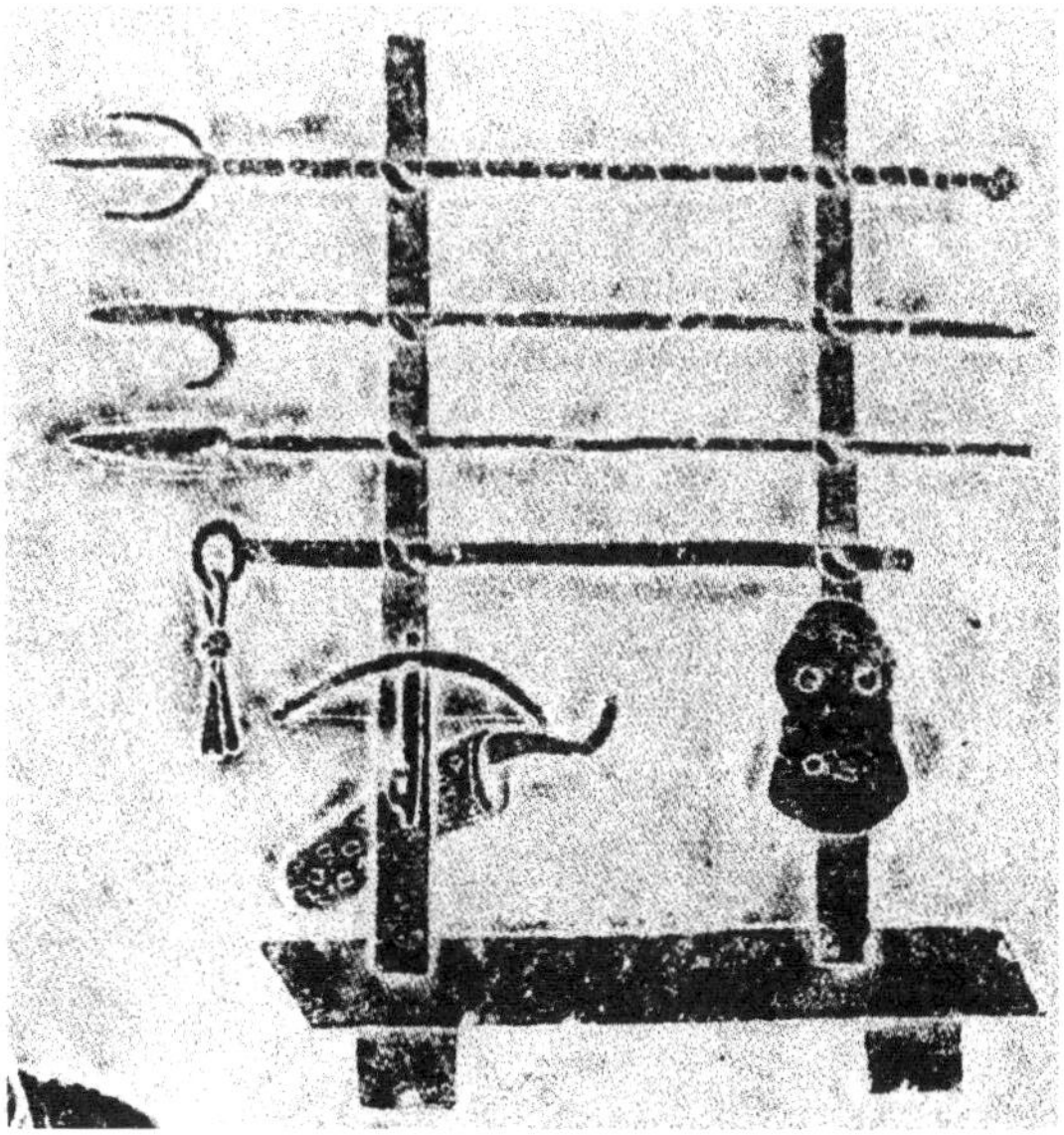
図35　兵器架図　後漢代（四川成都漢墓石刻）

て騎兵用の長刀が生まれてきました。それが環首刀でありました。いよいよ鉄環首刀の流れに分け入ってみます。

2　環首刀の系譜

環首刀とは、片刃で柄の先端部分（頭）が「環」のかたちをしている工具または、武器です。ひょっとすれば私たちになじみの深いのは中国で用いられた貨幣「刀幣（図36）」かもしれません。刀幣は、西周時代末（二八〇〇年程前）から春秋戦国時代に主として東部の斉国（今の山東省辺）や北部の趙国（山西省）、燕国（遼寧省）で用いられました。サイズは全長二〇㌢から十数㌢で、おそらく経済の発展とともに量が必要となり小型化していったと思われます。通貨として採用されるということは、当時相当に馴染みのあるかつ欠かせない道具であったはずです。

中国の青銅器時代（商周から秦漢代以前）に武器を除けば、その主要道具は、農工具と文具です。青銅器が文具とは馴染みがないようですが、紙の発明以前は、木や竹の札（木簡・竹簡）に字を書いていたので、字を書き損じた時は、その部分を削って書き直す必要がありました。それが削刀です。我が国では、正倉院の刀子がそれに当たると言えるでしょう。

春秋時代後期には鉄製の削刀が登場しています（図37）。銅製の環首に刀身が鉄製の削刀や金の環首の鉄削刀もあ

図 36　刀幣［著者蔵］

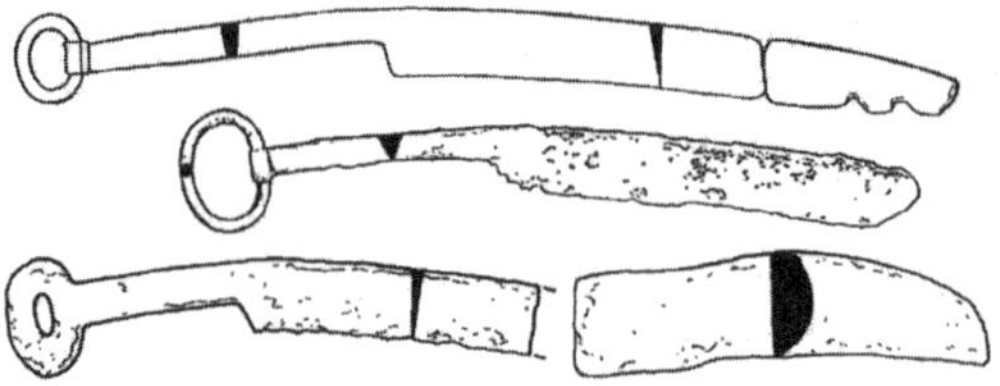
図 37　春秋時代後期削刀

図 38　蕨手鉄銼（鑢）安徽省天長三角圩漢墓出土

りました。サイズは、全長でおおよそ二〇センチ内外、内反りのものが大半です。削刀とされたのは、埋葬者の身近に置かれ、サイズとも合わせて文具であると考えられるからですが、刀身を収める鞘が残されており、漆が掛けられていることが多いのです。こうしたものを用いるのは当時の官人や富裕層です。

環首刀は多様で、戦国時代末期出土の小刀は全長が約一七センチで柄長は約八センチ程度のものもあり、身近ないろいろなものを削る道具であったとしか分かりません。

道具として動物の皮を切ったり、料理用に用いられたものもあったでしょう。

工具として興味深いのは、環首とは言えず「蕨手」の環首を有する鑢（図38）も漢代の墓から出土していることです。全長は約二一センチ。

結局、当然のことながら当初の環首刀はひとの「料理・情報・もの作り」に関わっていたのです。武器ではなかったことが特徴的です。せいぜい七寸（約二一センチ）から手の内に入る十数センチのサイズで、両刃の武器、剣ではなく片刃の「刀」というかたちが与えられました。

斬るものや突くものではなく、その内反りの姿は多くは削るものであったことから生まれたものでした。「環首」部分は、小型の道具である故に手指の掛かりとして生み出されたものと思われます。また「環」は収納時にどこかに引っ掛けておく機能も果たしたことでしょう（図39）。

手前から向うへ押し出して削る場合は、背（棟）部分に親指を掛けて薬指・小指を環首に掛けて押し出した。手前へ引いて削る場合は、背に人差し指を掛けたと思われます（図40）。

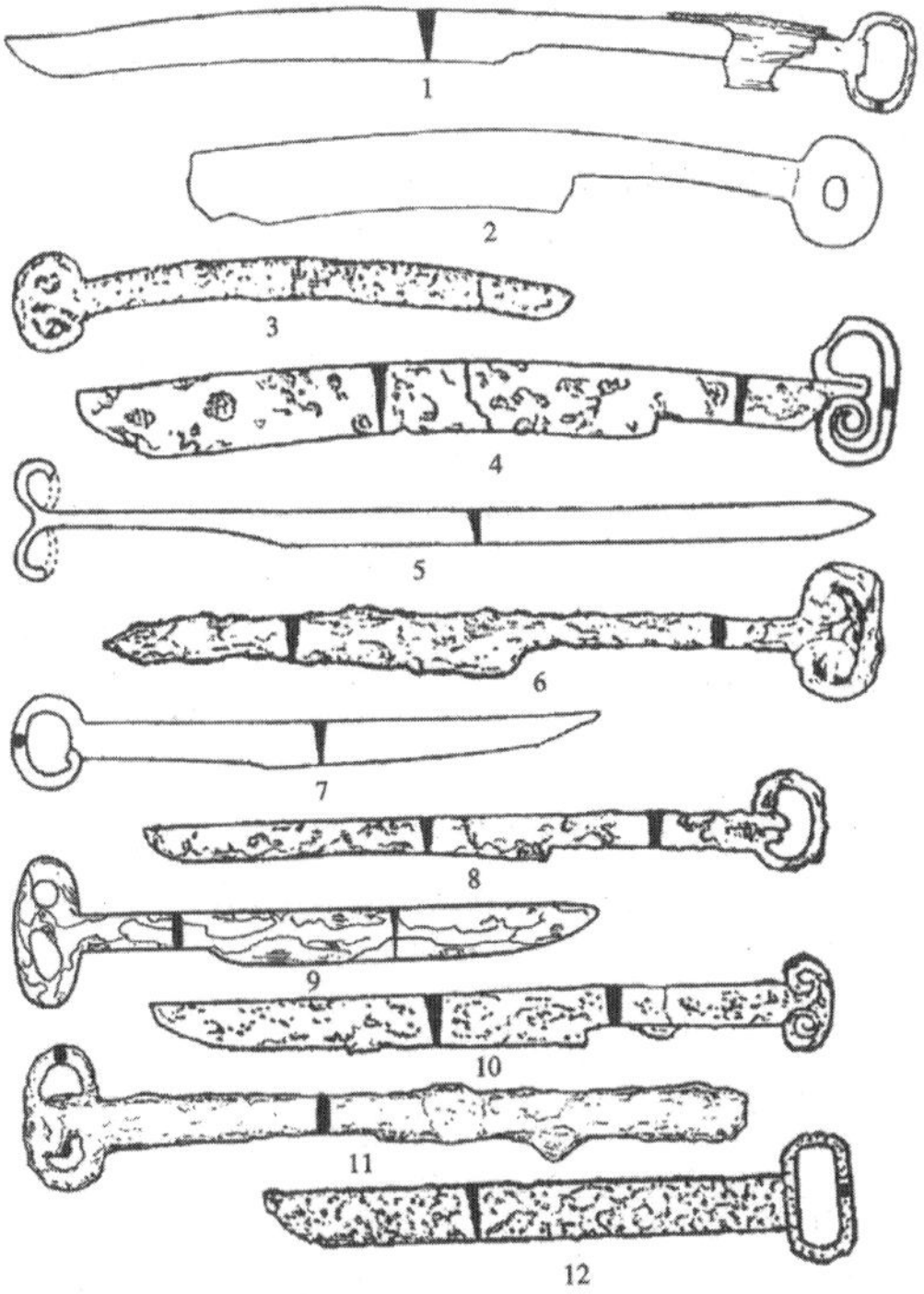

図 39　環首削刀　戦国時代

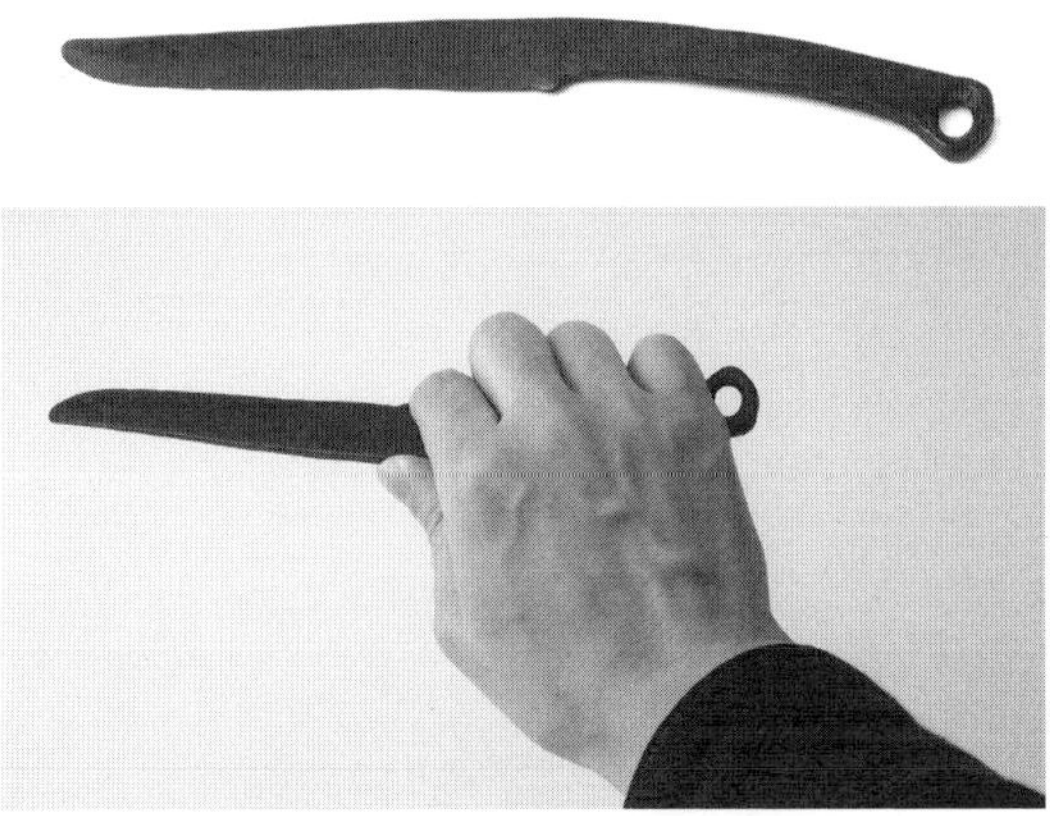

図 40　削刀（上）**と削刀の握り方**（下）

秦漢時代に入ると鉄の生産も拡大して、長寸化できるようになり、武器としての用途が開かれます。全長でおよそ三〇センチ（刃長では二〇センチ）を超える、我が国の分類でいえば寸延短刀的なものが作られるようになってきます。これらは歩兵の武器として用いられた可能性もあるでしょう。

秦漢時代には、青銅製剣の流れを承けて鉄製の長剣が登場してきます。全長七〇センチ以上で一メートルを超えるものもありました。

そしていよいよ前漢中期頃、武帝時代に入ると新形式の長刀が登場します。「直」ないしやや「内反り」の姿で、それまでの工具としての内反りを踏襲していたと思われますし、同時に騎兵用の格闘兵器として内反りは合理的でもありました。つまり敵を斬る際に引っ掛けて刃から逃げないようにする機能を果たす意味がありました。戈の援（横に突き出た刃）を思い出すと良く分かります。故に若干の内反り姿は当時の兵士に違和感が無かったと思われます。

刀の制作で刃を付けるためには、鋼への焼き入れが必要です。直刀制作において、完成時に棟側、刃側ともに反りを無くし「直」とするには焼入れ前にやや内反りの姿にしておく必要があります。焼入れには熱した鋼を水に入れるのですが、刃の部分が急冷されてマルテンサイトという構造に変化して体積が増すのでどうしても反りが出てくるからです。日本刀の反りは焼入れによる結果ともいえるでしょう。

刀の姿が「直」であることに古代人が拘りをもっているのであれば、焼入れによる効果が足らず（内）反りのあるものができた場合は、手直しをするでしょう。この手直しについてベテランの刀匠に尋ねたことがあります。「再度火に掛けてかたちを整えるのはたいした作業ではない。」という答えでした。素人が試しに行うのならいざ知らず、プロの職人にとってはたいした技術ではないとのことです。しかも漢代にやはり鉄は大事な金属ですので手直し、再利用は当然であったことでしょう。結論的に、当時の将軍や兵士にとって内反りは違和感や難点がなかったというのが私の結論です。

前漢で騎兵は全軍の一割程度を占めていましたが、衛青、霍去病といった将軍配下ではさらに騎兵が強化されて、環首刀は匈奴との戦いにおいて大きな力になったと思われます。

長刀とほぼ同時期に脇差的な寸の環首刀も現れます。全長で七〇センチ以下で、歩兵用に使用されたと考えられます。長刀は騎兵の突撃用に適しているので、後漢時代にはほぼ長剣にとってかわることになりました。その用法は、刺突ではなく、斬撃です。それは、漢代の墓に埋納された鉄環首刀から理解できます。斬る刃身部と握るための柄部分に明確な区分がなく、手を保護すべき鐔も装備されていなかったからです。刺突用には、矛・戈・戟等を用いたでしょう。これは後の日本における騎馬武者の太刀の用法でも同様であります。騎兵の突撃において刺撃は長刀の主用途ではありません。

格闘兵器としての環首刀は、前漢中期以降後漢、三国時代へと発展していきます。地域的にも中原から雲南、青海、貴州など中国全域に広がっているのが確認できます。こうした状況は前漢の武帝時代に青海、隴山、巴蜀、雲南、嶺南地域が漢の領域に組み込まれたことで伝播していったということでしょう。興味深い事にこうした中国西南地域では中原地域で発展した鋳造は遅れ、中原から輸入した鋳鉄脱炭鋼が多く用いられたということです。

鉄環首刀の始まりから、次第に周辺に広がる状況を具体的に見ましょう。現代中国地図（図41）を参照しながらご覧ください。

次頁に掲げる表（表3）は、中国で出土した環首刀の時代地域別出土分布表です。広大な中国のほんの一部でかつまだまだ限られた発掘数です。それでもおおよその傾向は見て取れると思っています。

全長（環首から鋒まで）によって区分して、七〇センチ以上を「大刀」、七〇センチ未満〜四〇センチ以上を「刀」、四〇センチ未満で出土状況からその用途がある程度推定できるものは、「削刀－砍刀」等と記しています。これは、分かり易いように現在の日本刀の区分を刃長によって太刀・刀（六〇センチ以上）、脇差（六〇センチ未満三〇センチ以上）、短刀（六〇センチ未満）とする区分に対応させています。茎部分の長さは、親指を除く四本、即ち手の甲の幅を概略八センチに二センチ足すことの一〇センチと規定して環首刀の区分を決めたものです。

さてこれを眺めてみますと、「環首」を持つ鉄刀は陝西省、湖北省で春秋時代に登場しているのが分かります。特に陝西省の宝鶏市益門村二号墓から一七点も出土しています。内一五点が金環首の削刀で、二点が金方首の削刀です。通長はばらつきがありますが、およそ二十数センチ前後でしょう。

湖北省のものは、残長二一センチで、おそらく通長は三〇センチを超えるものでしょう。

宝鶏市は、秦漢時代、長安、咸陽のすぐ西に位置して渭水が南を流れる枢要なところでありました。また湖北省荊門市は、長江支流の漢江流域、武漢の西に位置して春秋戦国時代の大国、楚の領域でした。

春秋時代の出土地域はわずかであり、内反りが強く環首が金製であることから高位の人たちが使用した文具、即ち削刀が主であると思われます。

器等
大刀（長刀）：全長70cm以上、刀：70cm未満40cm以上

工具等　削刀：木簡・竹簡用等全長20cm前後、
・砍刀*（カントウ）：凡そ30cm以上のもの工具、・鉎刀：柄付鑓の類

中南地区			華東地区				華北地区			東北地区
省	湖南省	広東省	福建省	江蘇省	安徽省	山東省	河北省	山西省	内蒙古	遼寧・吉林・黒龍江省
削刀										
削刀	資興市：削刀						**易県：鋸刀**	運城市：削刀	**凉城：削刀**	
	古丈県：削刀						**易県：砍刀**[1]	長子県：削刀[1]		
	資興市：砍刀	広州市：削刀	**武夷山市：剣／削刀**	徐州市：削刀		淄博市：削刀	易県：削刀		准格爾旗：刀	
：刀	湘潭市：削刀 資興市：刀	広州市：削刀			**天長市：鉎刀**[1]		邯鄲市：刀 保定市：刀			
：削刀				揚州市：削刀	天長市：削刀	済南市：砍刀 **済南市：大刀**			鄂尔多斯市：環首剣	遼寧凌源市：削刀
									包頭市：**大刀**／削刀	
：大刀 ：刀						曲阜市：刀				**吉林楡樹市：刀**
	資興市：削刀 **資興市：大刀**					**臨沂市：大刀**[1]				
	資興市：削刀				**淮南市：大刀**			朔州市：刀		
					1：鉎刀：鑓の類	1：鋳造、永初六年（112）象嵌銘		1：銅環首		

戦国時代後期には、（環首）削刀は、現在の河南省、河北省、山西省等へ拡がり、さらに漢代に入ると湖南省、広東省、山東省等へ普及していきます。

そして戦国後期から前漢前期には、興味深い事に新疆回族自治区、内蒙古から「刀」サイズの環首刀が現れてきます。わずか二例で憶測に過ぎないのですが、鉄刀をいち早く騎兵用の武器として用い始めたのが遊牧騎馬民族であったのかもしれません。

漢代中期に環首「大刀」が登場して騎兵用の突撃格闘武器として用いられるようになっていきます。新（王莽）代を経て、後漢代までの間に大刀は貴州省、雲南省、湖南省、安徽省などからも出土するほど周辺へも普及したことがおぼろげながら見えてきます。倭国への流れを意識すれば、長江流域の湖南省（資興市）や安徽省（淮南市）から、さらに韓半島西岸と対する山東省（臨沂市）などからの大刀出土が見られるのも興味深いところです。

漢代以降の格闘武器の流れを見ますと、魏晋南北朝で「戟」は前代と変わらず用いられています。「環

表3　中国環首（頭）刀出土地域別分布表（中国古代の鉄器研究等より）

西暦	時代		西北地区					西南地区		中南
			陝西省	青海省	四川省	寧夏回族自治区	新疆回族自治区	貴州省	雲南省	河南
	春秋時代	後期	宝鶏市：削刀[1]							
			宝鶏市：削刀[2]							
	戦国時代	後期	宝鶏市：削刀				庫爾勒：刀	畢節市：削刀		信陽市：
403										洛陽市：
221	秦代		西安市：砍刀							
206	前漢代	前期	漢中市：削刀 西安市：削刀							三門峡：
		中期								洛陽：削 洛陽：大 南陽市：
BC		後期	西安市：削刀 西安市：環首剣[3] 西安市：刀[4]					畢節市：大刀	玉溪市：刀／削刀	新郷市：
AD						固原市：削刀[1]				
8	新		咸陽市：削刀 咸陽市：砍刀 咸陽：大刀 西安市：削刀		成都市：削刀					洛陽：削
25	後漢代			西寧市：削刀					昆明市：大刀	洛陽：削
		中期	西安市：削刀 渭南市：大刀							鞏義市： 洛陽：削 南陽市： 長剣[2]
										洛陽：削 洛陽：刀
			1：金環鉄身 2：金方首鉄身 3：環首・茎一体 4：銅環			1. 前漢中～ 後漢前				1：糧舎出 2：青銅

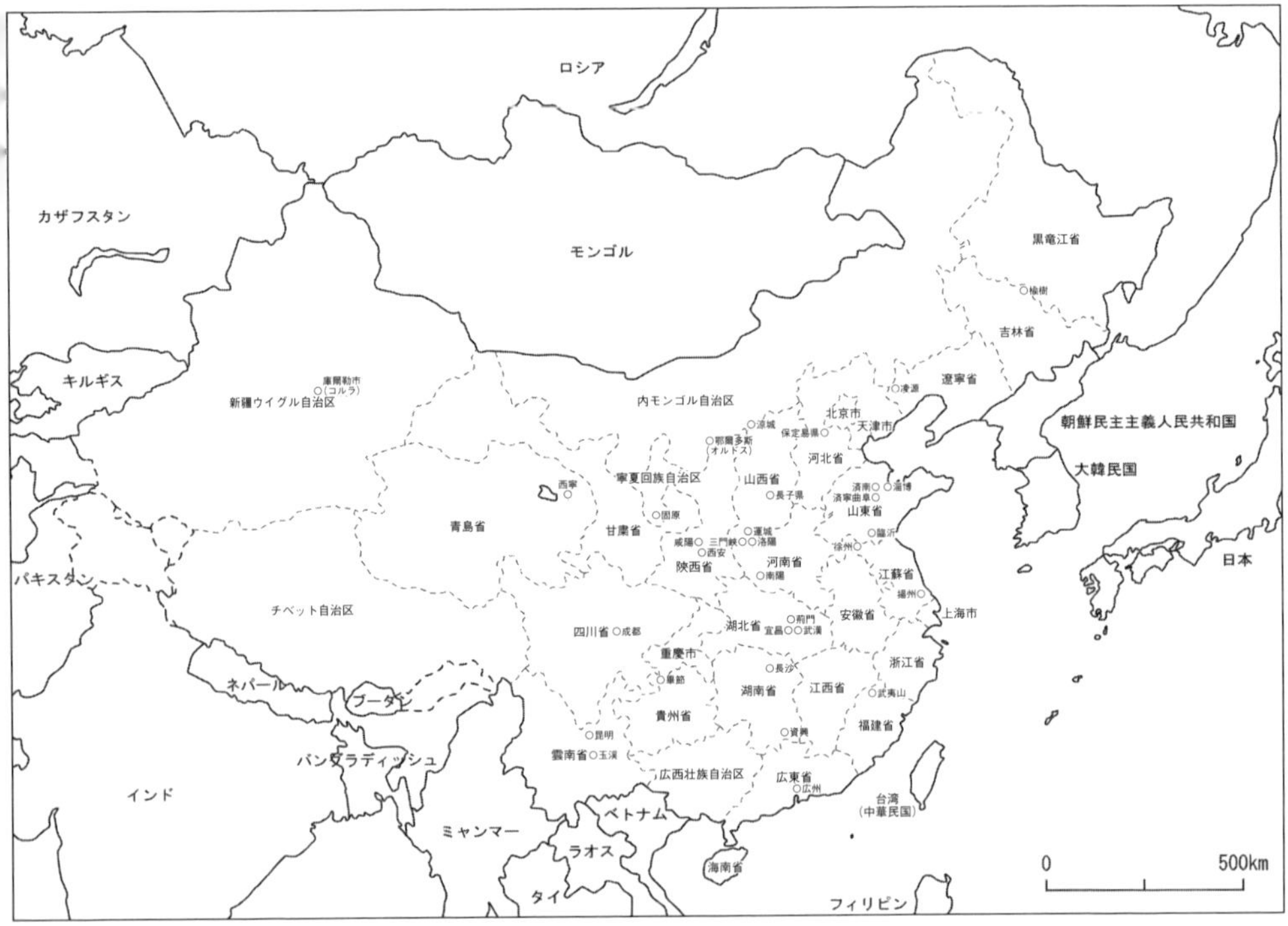

図 41　現代中国地図

首刀」は最も広汎に用いられるようになり、騎兵、歩兵の武仗のみならず儀仗としても用いられるようになっています。「環」内に装飾の龍や鳳凰が装飾として入れられるのは、儀仗にまで展開したことによるものでしょう。

騎兵は、重装傾向が強化され、「甲」は人用、「具装」は馬鎧であるとされていました。この時期に「鐙《あぶみ》」が史上初めて登場し、高鞍橋(6)と共に、広く用いられ、更に乗馬姿勢を安定させることが出来るようになりました。

鐙の使用例は、西晋時代の陶馬俑（図42）に見られて、歴史上もっとも早期の用例でした。騎乗が肌感覚でしみ込んでいる国より、それに倣って追いつこうとした国で鐙が登場して来たのは興味深い事です。

随・唐時代に入り、環首刀は変わらず主要な格闘兵器としての地位を保っていましたが、騎兵の主武器は長柄の矛、槍でした。この時代に茎式の直刀、即ち我が国に伝世している唐様大刀形式が普及しているはずですが、不思議なことに中国での出土事例はあまり無いといってよい状況です。特徴としては先に述べた茎式に木柄、姿は直身（直刀）、身幅が狭い形式で、楕円形の鐔が装備されているものです。環首刀は共柄で鐔の無い形式ですが、我が国の直刀は茎式で有鐔の形式で大きな変化があるにもかかわらず、中国での出土事例が見られないのは不思議なことです。単に発掘調査が行き届いていないのでしょうか。そして日本で伝世している茎式直刀形式は、中国でのある特定の地域からの流れであり、その地域での発掘が進んでいないことが、その理由かもしれません。更に思いを巡らせると「唐様大刀」とは、中国の皇帝から贈られた「餝太刀」等を模したもののことを指していて、刀剣の姿、共柄や茎式の別を意味していないのかもしれません。それを倭国形式の刀身に、唐様の儀仗用拵えに仕立てたということでしょうか。

　中国では宋代以降、短兵では鋒が大きく伸びて、元より先に身幅が広く見えるような長刀（手刀　図43）が一般になっていきます。一方長兵では屈刀、掩月刀、戟刀などが主流となっていきます。

　こうした宋代での長刀の変化は、その軍団の主力が騎兵から歩兵に移ったことによると思われます。主体的に選択したのではなく、北を西夏、遼に抑えられ、西は吐蕃、大理に抑えられて良馬を得ることが出来ず、さらに宋代中期後半、金の圧迫によって南東部の臨安（現在の杭州市）に都を移さざるを得なかったことによると思われます。

　そうした結果、馬の機動力不足を熱兵器（火薬の使用）の開発で補うようになっていったと推定しています。

図 42　陶馬俑　西晋時代湖南省長沙出土

図 43　宋代手刀　武経総要所載

3　倭国・日本の環頭(首)刀

ここでは中国での環首刀登場、普及を承けて倭国でどのように普及発展していったのかを見てみます。

弥生時代中期（BC二世紀～AD一世紀：旧時代区分）～古墳時代（AD三～）までの環頭刀等の地域別出土分布（表4）を見ます。地域・風土の理解が容易なことから旧街道別に区分（図44）しています。中国の環首刀と同様に通長七〇センチ以上を大刀、七〇センチ未満～四〇センチ以上を刀、四〇センチ未満～二五センチ以上を短刀、二五センチ未満を刀子と分類しています。中国の場合と少し違えているのは短刀であり、倭国・大和の場合は、武家の組討用が多いという想定です。

＊旧国名による　・大刀：全長70cm以上、刀：70未満40cm以上、短刀：40未満25cm以上、刀子：25cm未満

山陰道		畿内			東海道	北陸道	東山道
・伯耆・出雲	但馬・丹波・丹後	摂・河・泉	大和	山城			
	丹波：素						
	丹後：素短刀	摂：素[1]				加：素	
	丹波：素大刀[1]						
	丹後：茎式×2						
	茎式×2/剣						
				素大刀×1	上総：素大刀×2		
		河：素	・素大刀×6/素刀				
：素大刀／			花形×3[1]/家形×2				
			茎式刀×8/剣×14				
	但：素大刀[2]						信濃：素大刀
							磐城：茎式大刀[1] ×3
鳳	但：単竜	摂：双竜	磯城郡：単竜	山：素×2	上総：単龍×3		
噛			磯城郡：単鳳×2		上野：単鳳×2		
竜・双竜			奈：三累				上野：単鳳頭×2
	茎式大刀[3]						津軽：獅噛／方頭／蕨手
							信濃：円頭
三年（239）出土	1：93.5cm 2：94.3 刃長 73.6cm 3:77cm銅象嵌銘、戊辰年（608）	1:16.5cm残欠、庄内式土器伴出	1: 後漢「中平」年号（184－189年）全長110cm				1: 四穂田古墳：茎欠損／折り曲げの姿

弥生時代中期から後期中葉までは、すべてと言って良いほど九州北部地域からの出土になります。筆者の確認したところでは、九州以外の地でわずかに丹波（篠山市）があり、それ以外の地域からの環頭刀出土は今のところ見出すことは出来ません。刀子と短刀であり、いまだ刀、大刀はないといってよい状況です。

弥生時代後期後葉に入ると「大刀」が登場してきます。北部九州の筑前、肥前に見られ、韓半島と近く関係の深い対馬、そして畿内に近い丹波からも出土して東への拡がりが顕著に見られます。この時代は中国側から見ればようやく「倭」の存在、輪郭が明瞭になってきた時期といえるでしょう。光武帝が委奴《わど》国(7)に金印を下賜した時代でした。後漢時代は韓半島の北西地域（楽浪郡）

表4　環頭（首）刀　時代・地域別分布（弥生時代〜古墳時代後期）
（奥野正男「鉄の古代史」弥生時代、各府県教育委員会出土報告書等による）

時代（旧弥生時代）		西海道						山陽道	
		筑前	肥前	肥後	豊前	日向	他（壱岐対馬）	長門・周防	播磨
弥生中期	前3C								
		素短刀×2							
		素刀子×3							
弥生後期	前葉　AD	素刀子×2	素×3						
	中葉	素刀							
	後葉	素短刀×9	素刀子×1					素短刀×3	
		素刀子×8	素大刀×1				対馬：	素刀子×2	
		素刀×1					素大刀[1]×1		
		素大刀×1	素刀×4						
古墳前期	3世紀後半	素刀×2、刀子							
	4世紀	刀							
		素×3							
古墳中期	5世紀	素×3							
		単鳳/単竜	竜文、銀装	茎式×5*					
	6世紀	三累	単鳳	竜文/銀装/銀錯銘	銀象嵌/				播：素刀
		双竜			圭頭の頭				
		単鳳/圭頭	双竜×2						
		茎式大刀[1]							播：単鳳
古墳後期	7世紀	圭頭/頭椎			圭頭の頭	双竜2/円頭		単竜	
	8世紀前半								

1:庚寅銘（570）

*肥後マロ塚古墳
眉庇付冑2/
衝角付冑出土

1：78.7㎝

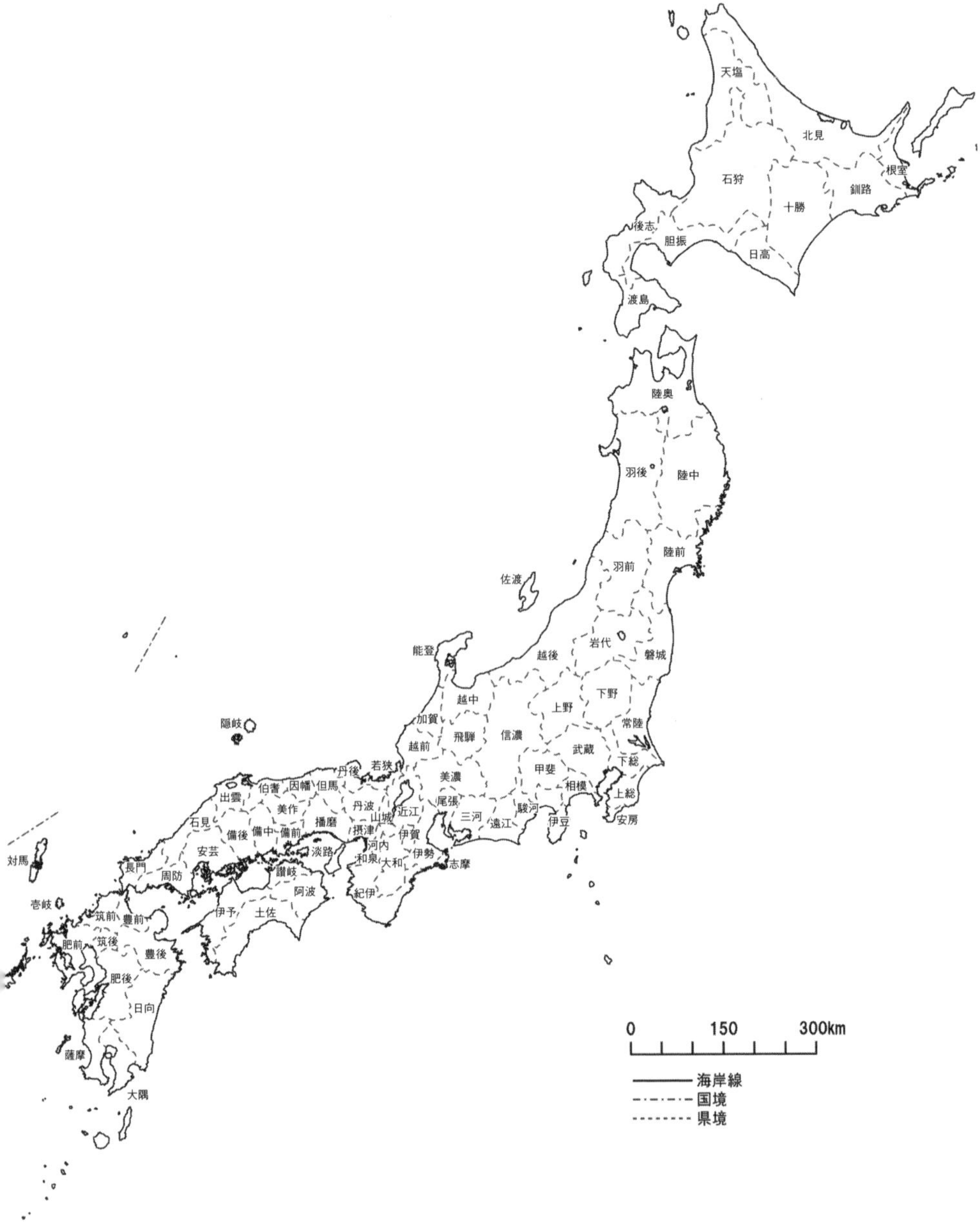
天塩
北見
根室
石狩
釧路
十勝
後志
胆振
日高
渡島
陸奥
羽後
陸中
陸前
羽前
佐渡
岩代
能登
越後
磐城
越中
下野
上野
加賀
常陸
飛騨
信濃
越前
武蔵
隠岐
下総
若狭
甲斐
丹後
美濃
相模
出雲
伯耆
因幡
但馬
上総
美作
丹波
尾張
近江
石見
山城
三河
駿河
遠江
伊豆
安房
播磨
備後
備中
備前
摂津
伊賀
安芸
淡路
河内
対馬
和泉
大和
伊勢
長門
志摩
周防
讃岐
紀伊
阿波
壱岐
筑前
豊前
伊予
土佐
肥前
筑後
豊後
肥後
日向
薩摩
大隅
0
150
300km
海岸線
国境
県境

図 44　日本旧国名地図

を維持していたので、環頭刀も後漢から長江流域、山東半島から韓半島西岸から南岸を経て伝えられたものと考えられます。

古墳時代に入るとむしろ素環頭大刀の中心は東へ移動しています。周知のとおり大和を中心に普及して武威の象徴として各地の首長たちが所有するようになったのでしょう。上総国からも見られるようになります。

四世紀築造とされる奈良県天理市の東大寺山古墳（前方後円墳全長約一三〇センチ）からは、素環頭刀六口、花形環頭刀三口、家形環頭刀二口などが出土しています。そしてその内、金象嵌花形飾環頭大刀（全長一一〇センチ）は後漢の「中平（AD一八四～一八九年）」年号が金象嵌されていました。

歴史が大和を中心として動き出した三、四世紀から倭の独自色が表に出るようになり、先の中平年号入環頭大刀も昨今は中国製環頭を倭風・好みの環頭にすげ替えたものと考えられています。

古墳時代中期（五世紀）以降、こうした状況は顕著になり、西は九州北部から東は、信濃（長野県）、関東の上野（群馬県）、北は津軽（陸奥国）にまで独自の環頭を持つ鉄刀が作られるようになっています。

参考までに茎式鉄刀の出土分布も記していますが、弥生時代後期の丹後に始まり、古墳時代前期の大和が中心となって各地へ拡がりを見せます。少し遅れて圭頭、頭椎、方頭、円頭を持つ日本式柄頭を持つ鉄刀も多く見られるようになっています。弥生時代後期以降徐々に日本独自の変化発展を見せるようになったと考えます。隋唐時代までは中国からの影響も大きく環頭刀の流れの中にあるようですが、中国では宋代・日本の平安時代中期から刀においてもそれぞれ独自の発展を遂げるようになりました。刃の形においても筆者の感覚ですが、大陸では平造りがほとんどであり、我が国では切刃造りから発展して鎬造り・彎刀となり、平造りは腰刀の形式となります。中国では宋代に、日本刀に魅せられて宝刀、鑑賞刀的な位置付けで輸入し、また明代に入ると日本刀（倭刀）に影響を受けた刀が主流になっていきます。勿論それは、騎兵用の片手使いでありました。

倭人と云われた時代から日本人となっても、その嗜好にあうものは、よほどの事がない限り捨てることなく、徐々にでも改良し、またそれを上手く使う術《すべ》を開発していく姿勢を持つもの、それが良くも悪くも日本列島に住みついた民族であるように思えます。そしてそれは奈良時代、平安時代の直刀から反りを持つ日本刀へと進化発展させる原動力になったといえましょう。

註

(1) 河南：現在のオルドス地域でモンゴル自治区南部に相当する。黄河が屈曲して「几」の形をなす内側(南)の地域を指している。西から蘭州市、銀川市、北に鄂尔多斯市(オルドス)、呼和浩特市(フフホト)、東に延安市、渭南市などがある。長城を超えた北に位置する。

(2) 西極天馬の歌

天馬来兮従西極　　天馬が西の遥かな国から来た
経万里兮帰有徳　　万里を超えて我が徳に帰した
承霊威兮降外國　　霊威を承けて外国を降すであろう
渉流沙兮四夷服　　砂漠を越えて四方の蛮族を降服させるのだ(筆者意訳)

＊「兮」は歌の調子を整える助詞

(3) 李筌：八世紀の道士という。総合的軍学書である『太白陰経』を著した。総論、軍礼、武器、築城、陣形、占術などを述べた六部から構成されている。占術中に「奇門遁甲」などが述べられており興味深い。

(4) 『集史』：一四世紀初頭に完成したと云われる「モンゴル史」を中心としたペルシャ語で書かれた歴史書。イル汗《ハン》国、第七代国王、ガザン・ハンの命によって、当時の宰相であったラシード・ウッディーンによって編纂された。

(5) 大阪歴史博物館蔵の本屏風は通称「津軽屏風」といわれ、家康の姪である満天姫が慶長十七年(一六一二)六月に津軽信枚に再嫁するにあたって輿入れ道具として持参したと伝えられている。
（6）高鞍橋《たかくらぼね》：馬鞍において日本の前輪と後輪に相当する。橋は日本の「輪」、前輪《まえわ》は前鞍橋、後輪《しずわ》は后鞍橋。
（7）一般には「倭《わ》の奴《な》国」として知られているが、匈奴の用法とも考えあわせて「倭奴《わど》国」とした。

文献出典

1　藤田勝久「戦国・秦代の軍事編成」『東洋史研究』46巻2号　東洋史研究會　一九八七年
2　中国秦漢史研究会「西漢陵寝」秦漢文化網　二〇〇三年
3　重近啓樹「秦漢の兵制について―地方軍を中心として―」『静岡大学人文論集』36　静岡大学人文社会科学部　一九八六年
4　大石智良・丹羽隼兵訳『司馬遷 史記Ⅳ 権力の構造』第九冊　徳間書店　一九八〇年
5　常彧　漢畫像石中「胡漢交戰」圖與兩漢的突騎兩漢騎兵變革與中國古代騎兵分類　北京大学歴史学系抄録　二〇一八年
6　李筌著、張文才・王隴訳注『太白陰経全解』岳麓書社　二〇〇四年

七　『唐詩選』に詠まれた刀剣

タイトルを見て意外な思いをされたかもしれません。『唐詩選』から刀剣とは、あまり結びつきませんね。普通なら「李白」、「杜甫」、はたまた「孟浩然」とか。情を詠んで詠嘆するといったものでしょう。「朝に辞す白帝彩雲の間……」「江碧にして鳥いよいよ白く……」とか「春眠暁を覚えず……」です。日本人には「王維」が日本名「阿倍仲麻呂」を送った時に詠んだ「積水極む可からず……」これなんかがなじみ深いかもしれません。

なぜ唐詩選なのか。第一には、中国の唐と云う時代は日本刀の父とも言える直刀が漢代に続き、大いに使用された時期でした。当時の日本は、その兵制を素直に、律令に取り入れたのでした

刀剣好きとしては、何にでも「刀」とか「剣」とか云う文字が書かれていないかと詮索してみたくなる。「病膏肓に入る」の類ですが、果たして『唐詩選』には、私が確認した限りでは、一五篇の刀剣の登場する漢詩が存在していることが分かりました。だからどうと云うことはないのですが、閑話休題として読んで頂こうと思います。初めにお断りしておきますが、多少の間違いや妄想めいた話に目くじらを立てないようにお願いします。

「刀剣」と云う文字を見出せる一五篇全部を紹介してもいいのですが、それらは「刀剣」そのものを詩のテーマにしている訳ではないので、面白そうなものに絞って紹介してみます。唐詩は読み下しを記すようにします。その方が諒解は早いでしょう。

一．劉評事《りゅうひょうじ》が朔方判官《さくほうはんがん》に充《あ》てらるるを送りて征馬嘶《せいばせい》を賦《ふ》し得《え》たり[1]

高適《こうせき》

征馬　辺州に向ひ、
蕭蕭《しょうしょう》として嘶《いな》いて未だ休《や》まず。
思　深うして常に別れを帯び、
声の断ゆるは秋を兼ぬる為なり。
岐路　風と将《とも》に遠く、
関山　月と共に愁ふ。
君に贈る、此れより去らば、
何れの日か大刀頭

霊州（今日の甘粛省寧夏とされる）に置かれた朔方節度使(1)の判官に任命された劉某に贈る詩です。寧夏と云へば、ゴビ沙漠のすぐ南あたりだから行くのは悲壮だったでしょう。詩文にその悲壮感が滲み出ています。この劉某は、大理寺の評事で八品の位だったというからあまり高い位の人ではない。節度使は、治安維持のための地方長官で、中国の辺境は、平穏なところではないので、どうしても涙で滲んだような表現になるのでしょうね。それがこの五言律詩最後の行に表れています。「大刀頭」です。何のことか？　大刀の「頭」ですから普通に読めば「柄頭」のことでしょう。

明治大学教授であった齋藤晌氏の訳注[1]では、次のようになっています。

「古来の熟語で、大刀の頭には、鐶《かん》がついていたので、同音の還にかけ、かえることをいう。一種の謎である。」

図 45　唐代持刀儀衛

私は、謎というより掛詞だと思います。この註では分かりにくいですがこの詩が作られた唐時代に基準を置けば、刀は直刀で当時の詩を詠むような人のあたまに浮かぶのは環頭大刀（環首直刀）（図79）に間違いありません。柄の先に環がついているというより柄頭が丸い鐶になっているものです。そこで君は何時帰ってくるのだろう、元気で帰ってくれよ、ということで「何れの日か大刀頭」。

直刀は、騎兵用の格闘兵器でもっぱら機動力を活かした斬撃に使用されたのでした。初期の直刀には、かの地で「格」と呼ばれた鐔が付いていなかった事からもあまり刺撃用には考えられていなかつた事が解ります。直刀が日本で弯刀へと進化する。一騎討ちという作法の中で斬撃と併せて棟を使った打撃（殴りつける）の両方に利点を求めて「反り」が生まれました。日本独特な「進化」でした。この時代に大陸では日本刀のような反りを持つ刀剣は出現しなかったことからも日本の独自変化ということができるでしょう。中国で日本刀的な刀が登場してくるのは、鎌倉時代以降に跋扈しだす「倭寇」が使用する日本刀によって、その威力に着目する明代です。実際、明代には、大量の日本刀が輸出されもしたのでした。物事は、単独では進んでいかない。相互に影響しあって進むのですね。大陸から直刀が伝わって、日本で彎刀が生まれ、それがまた大陸へ戻って使用される、まさに「大刀頭」です。

二．長安古意[1]（第七詩）

盧照鄰《ろしょうりん》

御史の府中　烏　夜　啼き、
廷尉の門前　雀　棲まんと欲す。
隠隠たる朱城　玉道に臨み、
遥遥たる翠幰《すいけん》　金堤に没す。
弾を挟み鷹を飛ばす　杜陵の北。
丸を探り客に借す　渭橋の西。
倶に邀ふ、俠客　芙蓉の剣。
共に宿す、娼家　桃李の蹊

この盧照鄰の七言古詩「長安古意」は、長い詩で一三詩、全六八句。漢代の長安になぞらへて初唐、絶頂期の長安を詠ったものです。風俗描写、風刺などなど、それが「古意」であって、詩のスタイルは自由闊達な新しいものなんだそうです。ここで取り上げたのは、その第七詩。詩の大意は次のようなものです。

「長安は、太平無事で、検察庁（御史）や警視総監（廷尉）などの役所は静かなものである。うるさい烏は啼くくし、人の出入りが少ないので雀が軒先に棲み付こうとするくらいだ。御曹司たちは、長安城を出て、弾をはじいて小鳥を取ったり鷹狩りをしたり、太平楽だ。一方、籤のやうに引き当てる玉の色で役割を決めて人殺しを請け負う輩もいる。芙蓉剣を腰に佩いて肩で風を切る侠客は、そういう輩とも付き合って、毎晩のように廓へ繰り込んでいくのだ。」

ちょっと意訳が多いですが、おおよそはお分かりいただけるでしょう。太平楽はいいけれど、役所に権力はなく、貴族はほしいまま。世は乱れているとの風刺が籠められています。

刀剣好きにあって、眼を引くのは第七句にある「芙蓉剣」という文言です。「芙蓉」は、中国の唐代では蓮花のことですから、『唐詩選』の齋藤註では、「焼刃に艶があって芙蓉（はす）の花が新たに水を出たように美しいことをいう」とあります（焼刃の美しいことを『唐詩選』に記載されている李白の「塞下曲」では、その第六句で「剣花（胡霜剣花を払ふ）」と詠んでいます）。私なんぞが想像するのは、やはり刃文のことですね。蓮の花びらの先は尖っているので、尖った互の目が連れているのかしらん、刃文の形とは関係なくて、鋭く尖った剣の形自体を蓮の花になぞらへているのかしらん、あるいは、「芙蓉」は美人の形容でもあるから、遊廓へ行くための飾りが綺麗だけの剣を下げているとの皮肉かしらん、と妄想は続きます。皆さんの見解は如何でしょう。

それにしても一三〇〇年以上も昔の唐代、いやこの唐詩自体が、漢代の故事を踏まえて詠まれているのですが、江戸の「必殺仕掛人」のように（なんだか時代の順逆がさかさまですが）金で殺しを請け負うだとか、「侠客」だとか、中国はまことに興味が尽きないでしょう。

三．劉校書の従軍を送る[1]　楊烱《ようけい》

天将《てんしょう》　三宮《さんきゅう》を下《くだ》り、
星門　五戎を列《つら》ぬ。
坐謀　廟略《びょうりゃく》を資《たす》け、
飛檄　文雄を佇《ま》つ。
赤土　流星の剣。
烏號《うごう》　明月の弓。
秋陰　蜀道に生じ、
殺気　湟中《こうちゅう》を繞《めぐ》る。
風雨　何《いくばく》の年の別《わかれ》ぞ。
琴樽　此の日同じうす。
離亭　望む可からず。
溝水　自《おのず》から西東。

大意を以下に記します。

「将軍は、種々の武器を豊富に携へた軍団と宮中を発する。君は、文官として本陣に居ながらにして朝廷の軍略に寄与する身であり、軍中から発する檄は、君の手になるものとなる。名剣を帯び、強弓をたばさむ兵士が出征していく。蜀への道は秋気が満ちて、殺気が湟中あたりに立ち込めている。君と何年別れていることになるのだろうか。さあ、酒を酌み交わし琴を弾いて名残を惜しもう。君と僕は、お堀の水が西と東とに別れて流れていくように、この離亭を眺めることも出来なくなってしまうのだ。」

「校書」は、書記官のような役職で従軍書記として劉さんは、出征していくのです。「戎」は「えびす」ではなくて原義の「戈《か》」と「干（盾を表す）」が組み合わさったもの、即ち、色々な武器の総称です。五戎とは、弓、戈、戟、殳《しゅ》(2)、矛の五種を云うそうです。

第五句の「赤土」は、晋（六朝）の張華が華陰の赤土で剣を磨いた故事によるものだそうで、今の砥ぎの刃艶とか拭いに相当するようなものでしょうか。『晋書』張華伝によれば、概略、次のような謂われです。

張華は、龍泉と太阿と刻まれた二振りの剣のうちのひとつを取り、もう一方を人に与えた。華陰の赤土で磨くと更に輝きを増したという。更にその二振りは、かの「干将（雄剣）」と「莫邪（雌剣）」であるとする。張華が亡くなった後、剣の行方は分からなくなっていたが、もう一方の剣の持ち主が、とある水際を通りかかった時に剣が腰から飛び出して、水に落ちてしまった。人に水中を探らせると二匹の龍が、とぐろを巻いて文《あや》をなしていた。

どうです、面白いですね。

「流星剣」は、例の三国志の呉の孫権が所持していたという六口の宝剣のうちのひとつ。北周の庾信の詩に「流星剣文を抱く」との句があるそうですから、当時の剣によく見られるように剣身に文言・文様が刻まれていたのでしょうね。ここでは、皇帝の将を「天将」としたので、軍隊は「星門」を発することにし、帯びる剣を「流星剣」として、うまく作っています。

ちなみに他の五口とは、「白虹」、「紫電」、「辟邪」、「青冥」、「百里」。「白虹」は、真心が天に通じたときに現れるとされるので付けられたのでしょう。「白虹」にはもうひとつの意味があってそれは、天子が家臣に弑されるというのですが、これは違いますね。「紫電」は、まあわかりますね、かっこいい。もう少し追及してみると、当時は、「瑞祥の光」を意味したとのことで、特に春の美しい光が差すような場合です。めでたいのですね。「辟邪」は、邪を避ける、魔除け的。「青冥」は、深い青蒼で底が知れないもの、この剣名の場合は、「青天」を指すと思われます。命名のきっかけは、青冥剣の剣体が青黒い色を呈していたからだと想像したいです。「百里」とは、正直に云って、よく分かりません。百里は「国」そのものを指す例があるようです。論語にも「百里之命」という文言があって、「国君の政令」を云うとの解釈です。「国」とは「諸侯の国」で、「王の国」ではない。そんなに広くはないのですね。秦の制度での一里は、約四一六メートルで、百里は四〇キロ四方より少しばかり広いくらいです。単にこれは、想像ですが、「百里剣」は、「国」を鎮めるあるいは、「国」を治める剣の意でしょうか。

「呉」は春秋時代に同名の国があって、特に系譜的関係はないようですが、ともに江南地方に位置したのです。春秋の呉は、今の蘇州あたりに都を置き、三国の呉は、建業、今の南京に都を置いた。ともに長江（揚子江）の流域、江蘇省にあります。何を云いたいのかというと、名剣の産地であるということ。かの「干将莫邪」も春秋の呉の名剣（図8）でした。だから孫権は、名剣を熱心に集めたのでしょうね。名剣を周りに置くと安心したのかもしれません。

第六句は、「流星剣」の句の対です。「赤」土ときたので「烏」つまり黒を置いたのですね。「烏號《うごう》」の謂われは、いろいろあつて、叫ぶ（人あるいは、からすが）ことと関連するようですが、略します。

この楊さんの詩、「剣」、「弓」と猛々しく、一転して「琴」、「（酒）樽」で風雅にとなかなかの名調子です。勇壮から悲壮にと、ひとの感情を刺激します。

註

（1）朔方節度使は、七二一年に主として突厥対策に置かれた。「判官」とは、そこの決済権のある三等官（長官、通判官に次ぐ）として赴任するということ。

（2）殳：先端の穂先が八稜になっている。通常三メートル程度の柄が付いている。戦車用の武器とされ、これで車の横木を折ったりしたらしい。秦代以降は専ら儀仗用にされた。

文献出典

1　齋藤晌『唐詩選』上・下　集英社　一九九六年

外伝Ⅱ——日本刀の風景

八　天國、そして宇陀鍛治について

日本刀の始祖とされている天國《あまくに》とは、伝説上の刀鍛冶で確たる史料はなく、その実態はあきらかではありません。大宝年間の人といい、また反りをもった日本刀の始祖であるという理由からか平安後期の人とも伝えて、定まらない。『古刀銘尽大全』[1]では、天目一《アメノマヒトツ》ノ神の末裔である天國に劔を作らせた、と言い伝えを記しています。これは御間城《ミマキ》入彦《イリヒコ》五十《イ》瓊《ニ》殖《エ》尊《ノミコト》、即ち第十代崇神天皇が、三種の神器のうち八咫鏡と草薙劔を宮中から遷し奉って、それらの摸作を護身の御璽として傍に置き、その後践祚の折に伝えた、それが今日伝わる神器である、としています。これらは『日本書紀』に記されていることです。歴史的には、この崇神天皇は実在の可能性があるといいます。「はつくにしらすすめらみこと」と称えられて、その称号からも日本列島の王として、大和の実権を確実なものにした天皇と思います。

天國の名は、代を継いでいると考えられていたのか崇神天皇から八二〇年後の大宝年間、文武天皇の御代に平家重代の小烏丸を鍛えたとあります。「大宝」は我が国で最初に律令が制定された時であり、後世に伝わる養老令からその内容が分かります。

唐の律令にならってまとめられた大宝令には、兵器に「銘」を鑚ることが記されていますが、その他に朝廷向けの刀剣等に様式規定のあったこと、また関市令から「市」で取引されていたこともわかります。市での取引については、養老令備戎具条に大刀、刀子、砥石などは自弁とされていたから当然のことでした。

そうした「令」が存在しているのですが、平安末期に三条、安綱、友成といった刀工名の鑚られた太刀が登場して

図 46　稲戸八坂神社

図 47　稲戸八坂神社　天國の井戸

くるまで銘の鑽られた刀は残されていません。

律令体制での軍律による規格品は、いわば数多く造られるものであり、粗悪品が混じっては困るので生産者に規律を与えかつ不良品があった場合には、納品者にその責任を問えるようにするためであったと考えられます。

しかし、藤原京、平城京、平安京にいる高級貴族たちには、多くの場合専属の鍛冶職が付いているので、その刀鍛冶が納める先は決まっており、その大刀、刀は入念作、高級別誂品となります。高級貴族たちの腰を飾り、威を示すのがほとんどで実戦に使用されることは少ない。正倉院に残された数々の名刀に銘が鑽られていないのはそのことによるのです。

一方、養老令で銘を鑽るように定められた刀剣は、規格品であり、実戦用です。実使用された刀剣は傷つき、新たな刀剣へと再生産されるので後世に残らないのが実態でしょう。

天國の場合、藤原京時代、奈良時代の名工として天皇家や貴族に従属する刀鍛冶であったとすれば、残念ながらもともと銘は鑽られていないということになります。

さて、この天國はいずこで作刀していたのでしょうか。勿論、刀剣はひとりで作ることはできないので、天國を筆頭とする刀工集団はどこにあったのか。大和国高市郡にその伝承が残されているといいますが、奈良県宇

図 48　宇太水分神社

図 49　宇太水分神社　手水舎

陀市菟田野稲戸の八坂神社[2]（図46）には天國が鍛錬時に使用していたという井戸（図47）が残されており、より具体的で真実味が感じられます。また、その八坂神社から車で五分ほどの菟田野古市場にある宇太水分《うだのみくまり》神社境内（図48）にも宇陀鍛冶が使用したと云われる井戸の跡があります。現在は、手水舎（図49）として使用されていますが「天国がつるききたえし、金の井に、水くみくみて神のみまえに」という札が掛けられています。そう、天國は宇陀鍛冶であったのです。

なぜ菟田野に天國が拠点を定めたのかは、菟田野の歴史をひもとかなければなりません。

武器、刀剣の生産というのは時の権力者と深く結びついているものであり、現代のように安定した社会ではなかった各地の有力者は、余所に武器の生産を委ねてしまうことは出来ませんから、自らに従属する生産集団を抱えることになります。当然古代の大君には最も優れた刀工集団が属していたことは想像に難くありません。

菟田野町は二〇〇六年に榛原町・大宇陀町・室生村との合併で宇陀市菟田野となっています。そしてこの菟田野に宇賀志があります。『日本書紀』『古事記』を読んでいる方にはピンとくるものがありましょう。神武東征のやまとに入ってからの経路になっているのです。神武天皇が実在人物かどうかはさておき、日向を出て中州を目指して龍田越え、生駒越えに失敗した後、征くには日を背負はなければならないと、海路熊野まで進み、そこから北方へやまとを目指します。熊野から八咫烏に導かれて、吉野を経て宇陀に至る。そこには兄宇迦斯《エウカシ》、弟宇迦斯《オトウカシ》の兄弟がいて弟は神武に恭順し、兄は従わなかったという流れになっています（図50）。

神武天皇の冒険譚、苦難の道の解説は他に譲るとして、宇賀志の地名について地名学研究者、池田末則はいくつかの可能性を指摘しています。[1]

『万葉集』の東歌・防人歌にも徒士《カチ》を「カシ」、枕大刀《マクラタチ》を「マクラタシ」と訛っているので、ウカシ・ウカチは子音交替する可能性がある。

ウカ・ウケ・ケは稲（穀物）の精霊を意義する古語である。稲倉霊、すなわち、稲霊が神格化して、宇迦之御霊神、保食神、大気津比売神、豊受大神、若宇加能売命などの神名となってあらわれる。…（中略）…また、ウカノミタマ命は稲荷神として有名で、のちには粟・麦・豆など五穀主食をつかさどる神となった。

また、ウカシ―ウカチは穿つことで、宇賀志付近の水銀鉱山に因縁有という説もある。

こうした情報と神武東征のルートを筆者の脳細胞を通してみると次のようなことが浮かび上がってきます。

まず神武東征の熊野から大和橿原までのルートは、単純に太

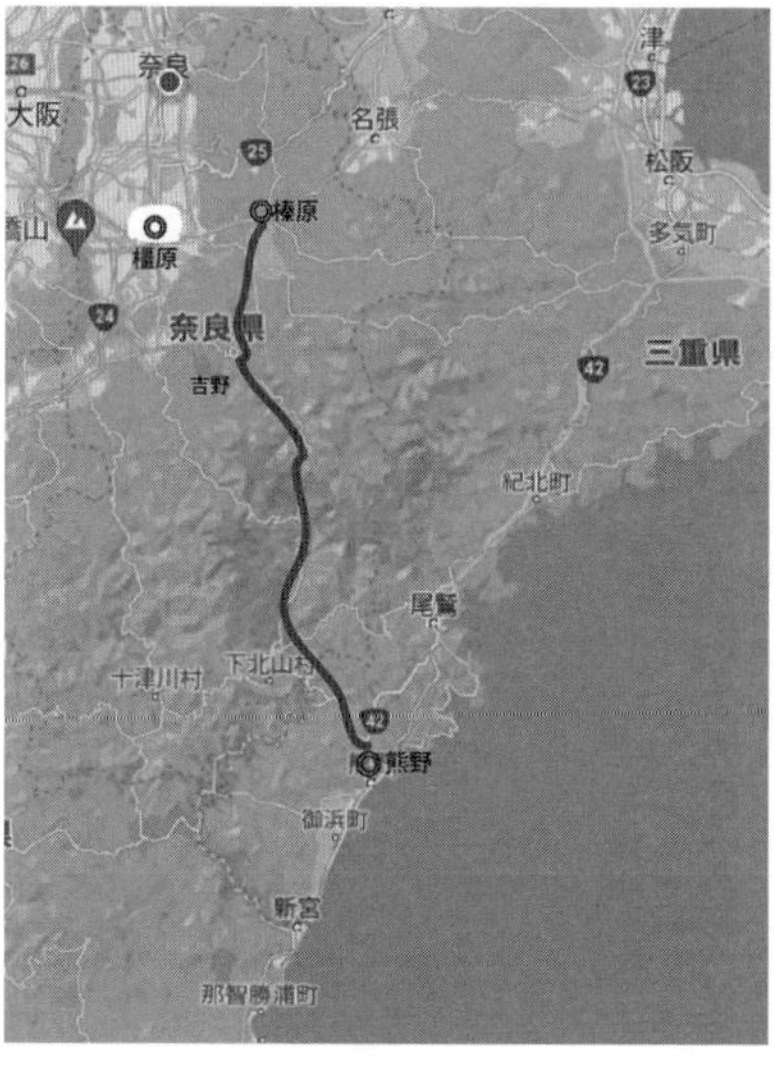

図50　神武東征路①（熊野－榛原）

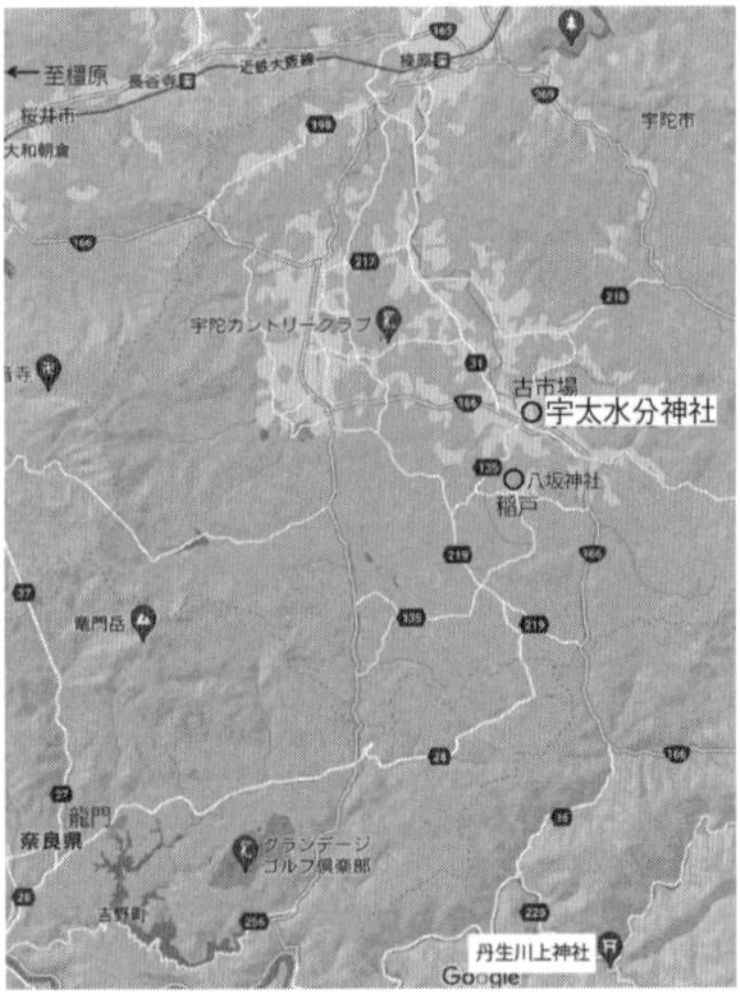

図51　神武東征路②（宇陀宇賀志近辺）

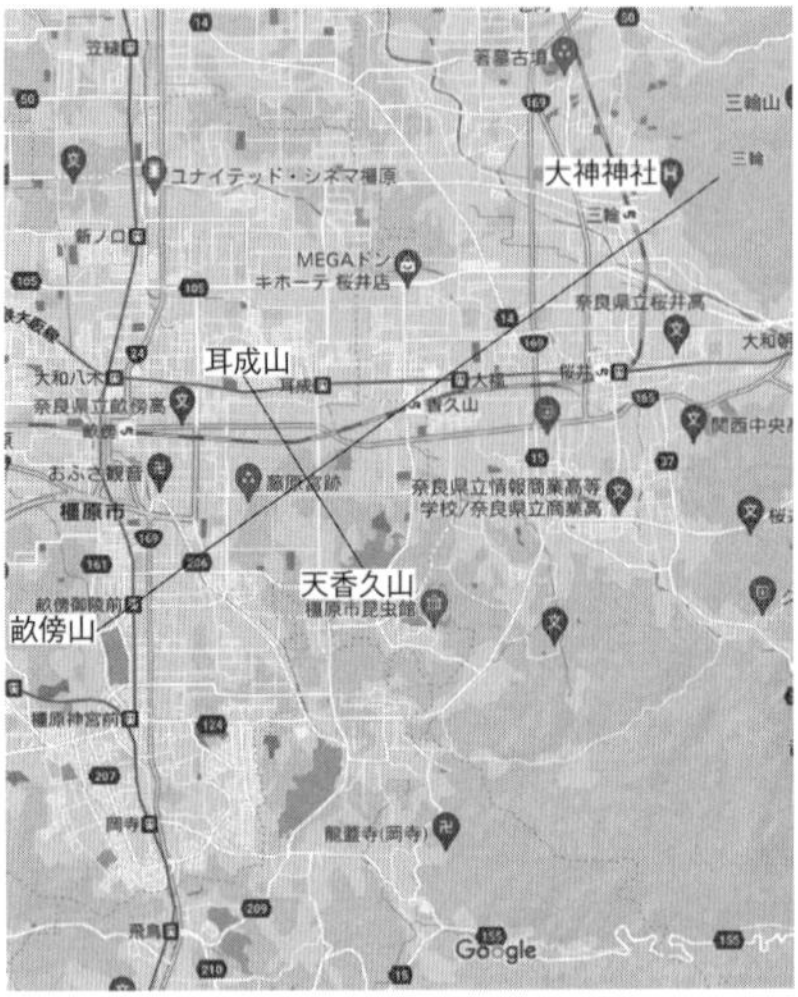

図52　神武東征路③（やまとの地）

陽を背にして戦うことばかりではなかったということです。宇陀、宇賀志は当時、稲作などの穀物の生産地あるいは物流の中心として重要な位置を占めていました。そしてまた「朱」、すなわち水銀の産地、流通拠点としても重要であったと思われます。

東征軍は、やまと内でそうした重要拠点を押さえつつ、やまとたる中州へ、三輪山、天香具山、耳成山を望む畝傍山麓の橿原へ進んだということでしょう。特に菟田野の宇陀鍛冶の井戸跡のある宇太水分神社は、菟田野「古市場」にあって古代から物流の中心地であったことを示唆しています。また天國の井戸が残されている菟田野稲戸の八坂神社は江戸時代までは稲津神社であり、稲荷神である宇迦之御霊大神が祀られていたといわれています（図51・52）。

神武天皇の東征軍は、九州日向からの遠征軍であり、軍船も操り、兵站も考慮、確保する等、当時の日本列島内で最も組織だった軍団、あるいは遠征軍というより国、部族としての移動であったと考えてよいかもしれません。また神武天皇の東征として語られている時間軸よりはるかに長年月に亘る大移動であったかもしれませんが、そうした軍団には、戎器（兵器・甲冑）などの制作、補修を司るものたちが従っているものです。

ものづくりは需要地、そして物流の拠点で行われるものです。都は、需要地の最たるものであり、宇陀は橿原、藤原京から近い物流の中心でした。

ウカシは宇陀徒士《うたかち》の拠点であったことによるのかも知れず、刀剣類、甲冑類の司《つかさ》が置かれていた地であった可能性は高いと思われます。さらに言えば、橿原の地で、神武天皇は新たに妃を迎えますがその名は、「媛蹈鞴五十鈴《ヒメタタライスズ》媛《ヒメ》」でありました。その名にある「タタラ」は製鉄、鍛冶に関する言葉です。父は素戔嗚尊《スサノオノミコト》の孫で三輪山に鎮座する大己貴命《オオナムチノミコト》（大物主神）と『日本書紀』にあります。彦火火出見《ヒコホホデミ》は、やまとの鉄を司る部族と大同団結することによって神日本磐余彦《カムヤマトイワレヒコ》となりえたとも考えられます。菟田野にしても皮革産業で長い伝統を有しているのは偶然とは思われません。

天國、宇陀鍛冶は、奈良時代をはるかに超えて、神武以来の職業集団であったかもしれません。日ノ本の刀工集団はここに始まるのです。

註

（1）大舘海城編『古刀銘尽大全』赤志忠雅堂　一九〇一年（国立国会図書館デジタルコレクション）
これまでの刀剣書類をまとめ上げたもの。この書では、第十代崇神天皇御代の刀工として「物部八十手」、十一代垂仁天皇御代には「川上部」を挙げている。また時代の下った第四十二代文武天皇御代に大和國宇陀郡の冶工として「天國」、同じくその弟子として「天座《あまくら》」、剣所長《つるぎどころのおさ》として「友光」の名を記している。

（2）稲戸八坂神社：もとは稲津神社であったとのこと。またその八坂神社から南へ少しばかりいくと「鍛冶ノ浦」と呼ばれるところもあったという。

文献出典

1　池田末則『地名伝承学　補訂』クレス出版　二〇〇四年

九　宇多鍛冶、そして大伴家持

前章で天國及び宇陀鍛冶について日本刀成立以前、神武東征以来の伝統がある可能性を指摘しました。時代が下って藤原京が遷って以降、伝統ある宇陀鍛冶はどうなったのでしょうか。勿論需要地である都が遷れば、また鍛冶たちの従う皇族、貴族が移るのに合わせて、多くは新たな地に移動したことは言うまでもないことです。
日本刀の世界で現在「うだ」といえば、越中国の「宇多」鍛冶のことを指しています。そしてその来歴を、川口陟[1]は次のよう記しています。

　この一派は宇陀郡住の刀工が移住したるものにして、本国宇多には残存せるものなし、初代國光を文保頃とすれば二代の康安までには四十五年の間ありて少しく疑はしき點あり……

そして南北朝の動乱期に南朝に従った大和の刀工たちが宇陀に近い笠置から「伊賀、美濃路を経て越中へ落ちしとすれば、大和の刀工が美濃へ移住し直に飛騨の山を越えて越中へ出でしは甚だ自然の事なり。」と記しています。
『古刀銘尽大全』[2]では宇多鍛冶について次のように記されています。

　本國和州宇多郡住人ナリ　后越中ニ住ス　然レドモ宇多ト号ス　アルヒハ宇津トモ云フナリ

「宇津」というのは馴染みが薄いですが、越中国式内社赤丸浅井神社あたりと思われます。そのあたりは小矢部川や庄川も近く淵をなしているところがあり、それで宇津となったという説を唱えるひとも見受けます。現在地は、富山県高岡市福岡町赤丸となっています。お気づきと思いますが地名中の「福岡」は意味のある言葉で、備前福岡同様に「真鉄吹く」に関連する、まさに宇多鍛冶の拠点に相応しい地名となって残されています。そして「宇津」という名も宇多鍛冶たちが鉄や炭その他を運んだり、刀剣を積みだしたりする小矢部川の港すなわち「津」で、宇多の津が宇津となったのではないか。つまり宇陀鍛冶が刀剣工房を構えたことから宇津といわれるようになったと考えたいのです。

　南北朝時代に越中吉岡庄に来住したという記述もあります。これも旧赤丸村、現高岡市福岡町です。

　さて宇多鍛冶について記されている時代は古くて「文保」（一三一七〜一三一九年）です。古入道国光の銘を有する刀はわずかで、「宇多国光」と太刀銘で鑽ってあります。宇多鍛冶たちが銘を鑽るようになって以降のはなしです。銘を鑽るのが一般的になって以降を前提とすれば、宇多鍛冶初代国光の越中移住時期を南北朝期の文和頃（一三五二〜一三五六）とするのも違和感はありません。

　しかし思い出して頂きたいのは、大和鍛冶がとりわけ貴族、寺社との関係が深い工人達であったことです。古く、制作する刀剣を納める先が自分たちの属している貴族、寺社である場合に銘は鑽られないことは正倉院御物の例で指摘したところです。故に宇多鍛冶自体の成立はもっと古いと考えるべきでしょう。

　越中国は大和と関係の深い地でした。大宝令（七〇一年）以前に令制国たるべき国として成立していたでしょう。国衙は小矢部川、庄川河口に近い現高岡市伏木あたりにあったとされ、昭和六〇年の発掘調査で七世紀後葉から一〇世紀に亘る遺物が多々発見されています。そして宇多鍛冶の拠点である福岡町赤丸との距離は約三里程（一二キロ弱）

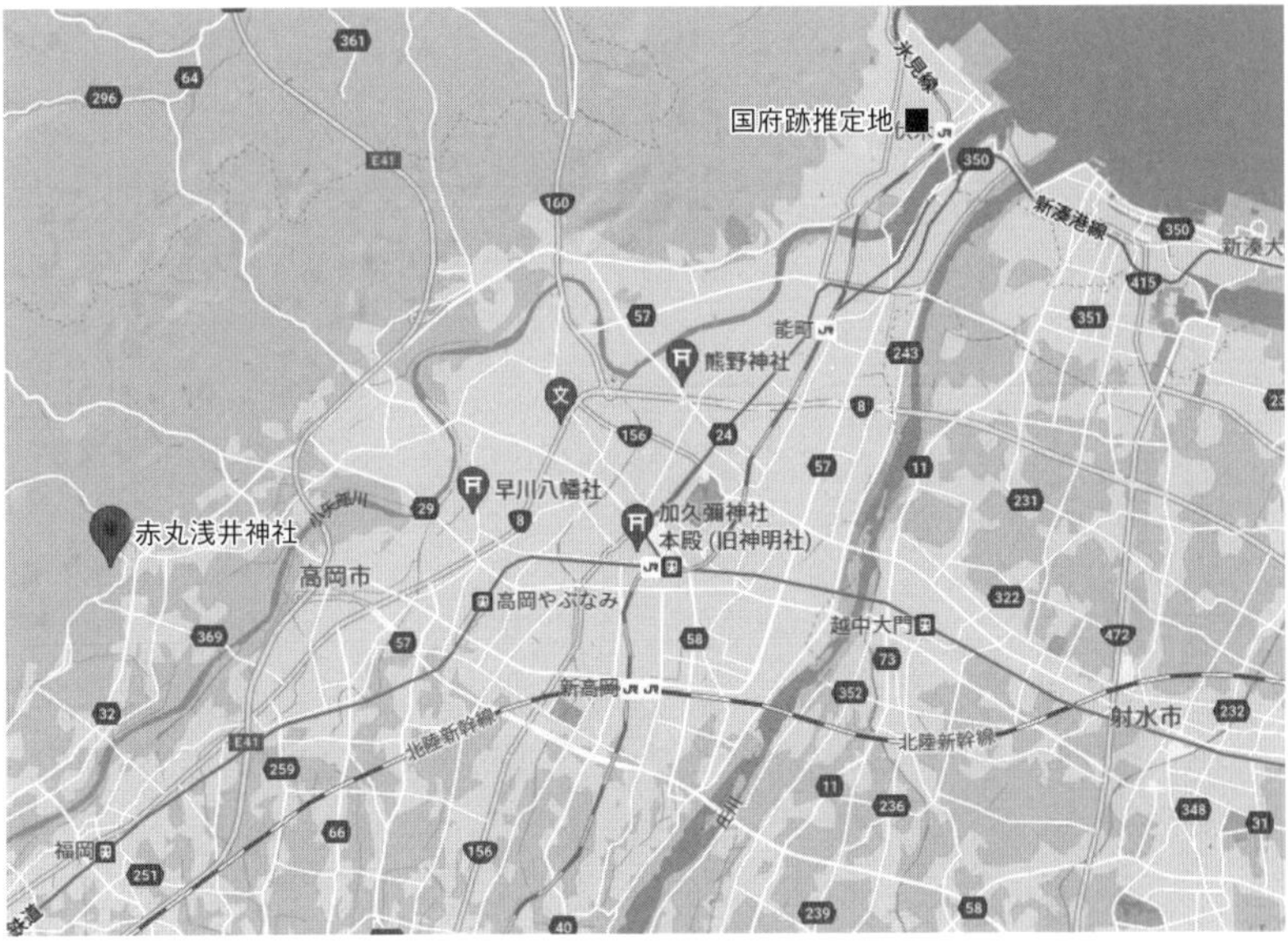

図 53　富山県高岡市国府跡・赤丸浅井神社

です。地方の重要拠点である国衙には武器製造の工人達が必要であることは言うまでもありません。

そこで使用される鉄はどこから来たのでしょうか。まさに高岡と隣接する射水丘陵から大規模な製鉄遺跡が発見されています。そしてその時代はどうであったでしょうか。

富山県の発掘調査に基づく製鉄遺跡解説文[3]によれば次のとおりです。

小杉町から大門町にまたがって横たわる射水丘陵には、全国的にも例をみない大規模な製鉄炉跡、炭焼窯跡、須恵器窯跡などの生産遺跡が分布しています。

製鉄遺跡をみると8世紀前半では小杉町の南太閤山Ⅱ遺跡、石太郎C遺跡、小杉丸山遺跡などで地面を長方形に掘り窪めた箱型炉とよばれるものがみつかっています。

八世紀後半以降では小杉町の上野赤坂A遺跡や石太郎G遺跡などで竪型炉という円形に地面を掘り窪めた製鉄炉が発掘されています。

また、黒河尺目遺跡では鉄素材を精錬した際に出る鉄滓が出土しており、上野南Ⅰ遺跡では製品を作る鍛冶作業が行われた遺構がみつかっています。製鉄には大量の木炭が必要であり、炭焼窯も多く発掘されています。形は半地下式、地下式のトンネルが山の斜面に10ｍ近くの長さで造られたものが一般的です。

射水丘陵は、高岡市の東南域、射水市、砺波市、富山市にまたがる一帯です。八世紀前半の奈良時代に製鉄が開始され、増産されていきました。

ここまで話が進んでくると、どうしてもひとりの万葉歌人に登場してもらわなくてはなりません。それは大伴家持(1)です。『万葉集』編者であり、『万葉集』四五一六首中に家持の歌は四七三首が収められており、万葉歌人中の第一位であります。そしてそのうち、七四六年、越中に赴任して以降五年間の二二三首が最も多いのです。満二八歳から三三歳の時であり、心気共に充実した時期にありました。越中には左遷されたという説もあるようですが、私にはそうは思えません。墾田永代私有法が天平一五年（七四三）に施行され、東大寺の財政確保のために多くの荘園が越中に設定された時期と重なるのです。家持は越中国の安定、荘園の開拓等々のため聖武天皇（天平勝宝元年〔七四九〕より太上天皇）の期待を担って送り込まれたと推察します。

天平勝宝元年に越中国射水郡の鹿田荘が東大寺開田として設定され、以降続々と施入田、開田が設定されます。天平感宝元年（天平勝宝の前、同じく七四九年）には東大寺僧平栄が来訪して越中守家持が饗応しています。そして天平勝宝四年（七五二）に大仏開眼供養が執り行われるのです。

こうした状況と先に述べた射水丘陵における八世紀前半からの製鉄遺跡を重ね合わせると越中国に対する大和朝廷の期待がいかに大きかったかが想像されます。

越中国在任中に詠まれた歌で最も人気が高いのは、次の一首でしょうか。

天平勝宝二年（七五〇）三月一日之暮眺矚春苑桃李花作二首[2]
春の苑　紅にほふ　桃花　下照道に　出立つをとめ（『万葉集』四一三九）

家持にはこうした浪漫風とも思える歌もありますが、昭和一二年に作曲された「海行かば」に採用された著名な長歌もあります。長い一首なので、よく知られている「海行かば　みづく屍　山行かば　草むす屍……」のところは省略して次に抜き出してみます。

賀陸奥國出金　詔書歌一首並短歌[2]
（前略）……いにしへよ　今のうつつに　流さへる　おやの子どもぞ　大伴と　佐伯の氏は　人のおやの　立つること立て　人の子は　おやの名絶たず　大君に　まつろふものと　言ひつげる　事の司ぞ　梓弓　手に取り持ちて　劔大刀　腰にとり佩き　朝守り　夕の守りに　大君の　御門の守り　我をおきて　人はあらじと……（以下略）（『万葉集』四〇九四）

大伴氏、それに従う佐伯氏は梓弓を取り、劔を佩いて大君の宮殿を護るものとして誇りをもって詠んでいます。
大伴氏の出自は、瓊瓊杵尊《ニニギノミコト》の降臨時、先導した天忍日命《アマノオシヒノミコト》の子孫であるとされています。『日本書紀』[4]には次のように記されています。

神代下　第九段一書（第四の一書）
時に大伴連の祖先神の天忍日命は、来目部の祖先神の天槵津大来目《アメノクシツオオクメ》をひきいて、背に天磐靫《アマノイワユキ》を負い、腕に稜威《イツ》の高鞆《タカトモ》を着け、手に天梔弓《アマノハジユミ》と天羽羽矢《アマノハハヤ》をもち、八目鳴鏑《ヤツメノナリカブラ》をそえ持ち、また頭槌剣《カブツチノツルギ》をおびて天孫の先導をされた。

大伴氏は、軍事のそれも後世の近衛のように天孫、天皇家を身近に護るものであったことがよく理解される。それは大伴家持に至る系図（図54）をひもとけばよく理解されます。

家持から遡ること七代前の「大連室屋《ムロヤ》」は日本武尊に従って東国を平定した。六代前大伴談《オオトモノカタリ》は、雄略帝御代で新羅征討軍を率いた。五代前大伴金村は、継体天皇を越前から迎え、五二七年の磐井の乱では、物部麁鹿火《モノノベノアラカビ》を征討将軍に立てて鎮圧した。四代前大伴咋《オオトモノクイ》は五九一年に任那再建の大将軍に任じられた。三代前大伴長徳《オオトモノナガトコ》は、大化五年に右大臣に任ぜられる。祖父大伴安麻呂は壬申の乱で天武天皇を助け文武朝で氏上となり、それぞれ重職を果たしている。

天忍日命（アマノオシヒノミコト）
（瓊瓊杵尊降臨先導）
┃
道臣命（ミチノオミノミコト）
（神武東征供奉）
┃
（三代略）
┃
大伴室屋 オオトモノムロヤ）
（大連）
┃
大伴談（オオトモノカタリ）
（新羅征討大将）
┃
大伴金村（オオトモノカナムラ）
（大連）
┃
大伴咋（オオトモノクイ）
（新羅征討大将軍）
┃
大伴長徳（オオトモノナガトコ）
（右大臣）
┃
大伴安麻呂（オオトモノヤスマロ）
（兵部卿、三位大納言）
┃
大伴旅人（オオトモノタビト）
（左将軍、征隼人持節大将軍）
┃
大伴家持（オオトモノヤカモチ）
（兵部大輔、陸奥按察使、持節征東将軍）

図54　大伴氏家系図

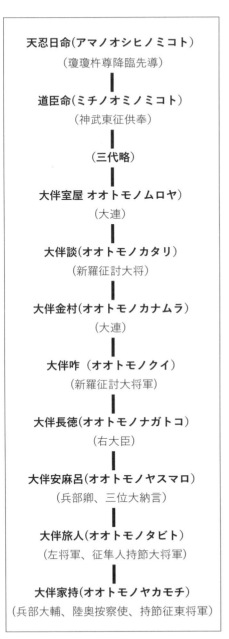

そして父の大伴旅人は、再び輝かしい軍歴を見せます。

そして家持をみると万葉歌人としてのみもてはやされているようですが、天平勝宝六年（七五四）には兵部少輔、同九年には兵部大輔、延暦三年（七八四）には持節征東将軍に任じられ、最晩年には陸奥按察使鎮守府将軍となっています。

家持が晩年に至るまで度々暗殺や反乱などの陰謀に関わるとして左遷されたり、官を解かれたりしたのは、やはり武人を束ねる家柄であることによる藤原氏の怖れ、圧力があったと思われます。さらに「大伴」の名自体も大王に奉仕する伴造を束ねるものであり、そこには武器製造の工人達が当然属しているのです。

天平勝宝八年（七五六）一族の大伴古《オオトモノコ》慈斐《シビ》宿祢が淡海真人三船の讒言とされる朝廷誣告の罪で出雲守を解任された時に「族《はらから》に喩《さと》す」と詠んだ家持の歌からは、武門を率いる一族の長であることの誇りとそれ故に藤原氏に圧迫される苦衷とが感じられるのです。

剣大刀　いよよ砥ぐべし　いにしへゆ
さやけく負ひて　来にしその名ぞ(2)
右縁淡海真人三船讒言出雲守大伴古慈斐宿祢解任　是以
家持作此歌也（『万葉集』四四六七）

以上述べてきたことをまとめると次のように推察できます。

軍事を担当し、靫負部を率い、鍛冶司などの伴部を束ねていた大伴氏の家持は、聖武天皇から孝謙天皇御代に東大寺造営、大仏開眼にあたって、その財政基盤を確立するために東大寺荘園の開拓、兵器生産、農工具生産に欠かせな

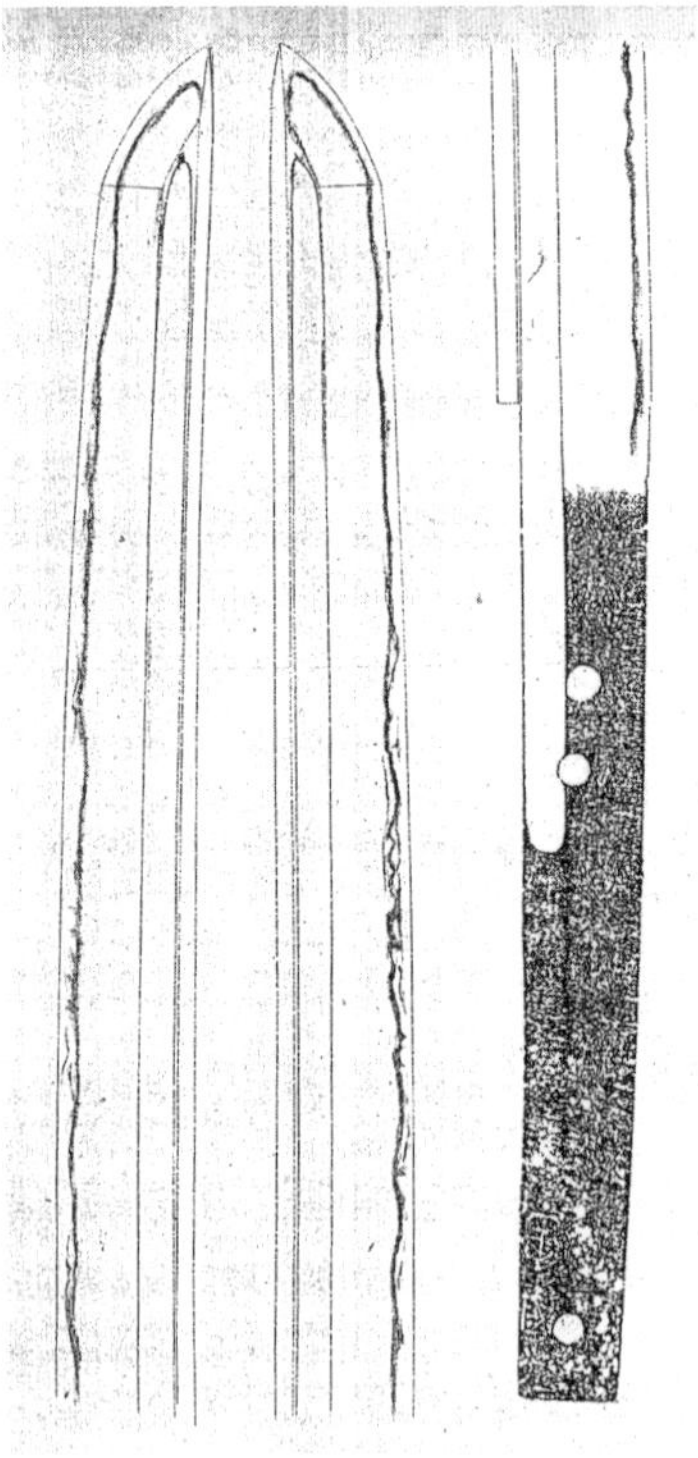

図55　太刀　銘：宇多国光
刃長69cm、反り1.5cm

い鉄造り等の体制確立のために越中守に任じられたのではないか。

越中で刀剣類を生産するために動員されたのが神武以来の宇陀鍛冶たちであったのでしょう。以降、宇陀鍛冶の後裔たちは越中国衙に属し、また東大寺荘園の地頭たちに従い無名のまま越中国福岡あたりに工房を構えていたと思われます。

残念ながら、こうした推量を補足、強化する史料、出土品は発見されていません。今後、富山県での発掘調査によって関係する出土品が発見され、更に荘園経営、製鉄運営の主体であった朝廷の木簡・竹簡などが平城宮跡から発見されるのを期待しています。

日本刀史上、刀工達が半ば自立し、都（平安京）で評判の高い鍛冶として銘を鑽り始めるのが平安末期のことです。従属性の高い越中鍛冶たちが、銘を鑽りはじめるのは奈良時代から六〇〇年余を経た鎌倉時代末期から南北朝時代初期からでした。大和国の宇陀鍛冶後裔かつ越中鍛冶の誇りをもって、宇陀ならぬ「宇多」を冠したと思われます。初代とされる入道国光の銘も四字銘「宇多国光」でした。

註

（1）大伴家持：養老二年（七一八）～延暦四年（七八五）、従三位中納言。天平一七年（七四五）従五位下、同一八年越中守、天平勝宝六年（七五四）兵部少輔、同九年兵部大輔、天平宝字八

年（七六四）薩摩守、神護景雲元年（七六七）大宰少弐、天応元年（七八一）従三位
（2）鶴久・森山隆編『萬葉集』桜楓社　一九七八年より筆者補訳

文献出典

1　川口陟『新刀古刀大鑑』歴史図書社　一九七二年
2　大館海城編『古刀銘尽大全』赤志忠雅堂　一九〇一年　国立国会図書館デジタルコレクション
3　富山県教育委員会『工人による手工業生産』二〇二一年
生涯学習課（https://www.pref.toyama.jp/3009/miryokukankou/bunka/bunkazai/mb002-1/mb002-33.html）
4　井上光貞監訳『日本書紀』上　中央公論社　一九八七年

十　刀剣の武威と霊威

1　神話における刀剣

古代の列島人にあたまの芯から、また腹の底から茫然とさせるほど感銘を与え、衝撃を与えたのは、ふたつあるといえます。ひとつは、六世紀に渡来した仏像です。私の偏見かもしれませんが、いまひとつは、弥生時代のある時にもたらされた刀剣です。

仏教では渡来した仏像が光り輝いていたことで敬うべき新しい神として受け入れられたのでしょう。欽明天皇の御代、十三年（五四四年）に百済から金銅の釈迦如来像が渡来した時に、帝は皆に諮って、「西蕃献仏相貌端厳　全未曾有　可礼以不」と言われたとか。つまり、「異国からの仏の顔は光輝いている。未だ曾てなかったことである。うやまうべきかどうか。」と。端厳は「きらぎらし」と読むようです。きらぎらしとは、読み通り光輝いて、キラキラしているということでしょう。当時、人々はその有様に衝撃を受けたのです。

アニミズムというのか、日本列島にいた人々は、天地万物の優れたかたち、色、輝きなど尋常でないものには、「霊」が宿ると考えていたのです。

刀剣では、その切れ味、輝き、姿の美しさが今に至るまで日本人を魅了し続けていることを考えれば、おそらく鍛鉄製の剣ないし刀だったでしょう。それ（直刀と思いたいです）は、新兵器としての威力を超えて、秘めたちから、霊力を持つものと認識されたのです。その衝撃、畏れ、感動は、おそらく弥生時代以降、脈々と受け継がれたようです。以来、日本人は、刀剣類を大事にして、世々、代々伝えてきたのでしょう。

そんなこころの働きは、後々にまで受け継がれて武士が台頭してきた白河法皇の時代、一一世紀後半から銘の鑽られた刀剣が登場してきます。山城の宗近、備前の友成など名刀の誉れ高い作です。実際のところ、現代に残されている名刀は、神社に奉納されたものが圧倒的な数であろうと推測します。祈願のため、御礼のためといろいろな目的のために奉納されました。近代以前には、そうした宝刀を武将が撤下させて自分の差料にしたり、神社の方から冥加金への返礼として下げ渡すこともあったでしょう。武家が代々伝えた伝家の宝刀とも併せて、今われわれが手に執って鑑賞できたりするのもそうした慣習、日本の文化のおかげでありましょう。

この霊力は、異常なものにでも宿るもので、それらは、禍事をもたらす悪霊のものでもあり得ました。その代表格は、日本神話に登場する天叢雲劒《あめのむらくものつるぎ》です。なにせ禍々しい八岐大蛇の尾から出てきたのですから。おろちのちからが強大であればあるほど、そのちからを宿した劒の霊力は大きかったのです。

しかしそれ以前に、日本の神々は、劒の持つ威力、霊力に頼っていた状況にありました。『日本書紀』をひもとくと神代には、登場する神々が自身の神威・霊力というより、劒の武威・霊力に頼っていたと思える箇所がいくつも出てきます。

例えば、国生みの後で、伊弉諾《イザナギ》・伊弉冉《イザナミ》は多くの神々を生みますが、火の神である軻遇突智《カグツチ》を生む時に、伊弉冉が火傷を負って亡くなってしまいます。その時伊弉諾は悲しみのあまり、生まれ出た我が子を斬ってしまうのですが、その時の劒は「十握劒《とつかのつるぎ》」です（『日本書紀』巻第一）。ここは、単純に劒の「威力」でしょう。その次に「一書に」とか「一説に」、「別の説」だとか煩雑ですが、簡単にまとめれば、次のようなことが起こります。

軻遇突智は、三つに斬られるが、そのひとつひとつが神となるのです。劒の刃から滴る血が「経津主神《フツヌシノカミ》」の祖先、劒の鐔から滴った血が注がれて「武甕槌神《タケミカヅチノカミ》」の祖先が化《な》り出でる。経津主神は、武神として知られた上総（千葉県）の香取神宮の祭神であり、武甕槌神は、常陸（茨城県）の鹿島神宮の祭神です。刃からの血と、鐔からの血ということですから「攻」と「守」の意味をもっていたとも読めますが、さらに興味深いのは、一説[1]にはとして「劒の柄頭から垂りおちた血がそそいで神になった。」という記述もあることです。ここは明らかに劒の「霊力」でしょうね。

劒の武威の話として、興味深いのは、根の国を治めることになった素戔嗚《スサノオ》が天照《アマテラス》に別れを告げるために高天原に昇る段です。

天照は、弟の素戔嗚の性質が暴々《あらあら》しいので国を奪おうとして来るのだろう、と疑います。裳裾を縛って袴状にしたり、弓矢をもったりと神々の話にしては、戦国時代的で猛々しいです。『書紀』には、一書に次のような記述があるとしています。

弟が来たわけは決して善意からではあるまい。きっと私の治めている天原を奪おうと思ってのことであろうと、戦士としての武装をととのえられた。身には十握剣・九握剣・八握剣を佩び……（『日本書紀』巻第一　神代[1]）

なんと十握、九握、八握と三口《ふり》も準備して戦うという。ちょっと微笑ましく思えるほど、劒の武威に頼っています。日本人の刀好き、武威信仰の原型のようなはなしです。

その後、素戔嗚は自身の潔白を証明するために誓約《うけい》をします。天照は、素戔嗚の十握劒を三つに折って、「……天真名井でふりすすいで、さがみに咀嚼《か》んで、吹き捨てられた。」そしてその気噴《いぶき》の狭霧から三柱の女神が生まれます。

ここは神が劒の霊力を借りて誓約をしたということです。
大蛇《おろち》の劒ですが素戔嗚が大蛇の尾に振り下ろしたのは十握劒でした。十握劒はおそらく単に長剣であったということでしょうが、後に、「蛇《おろち》の麁正《あらまさ》」とか、「蛇《おろち》の韓鋤劒《からさいのつるぎ》」とか天蠅斫劒《あまのははきり》と呼ばれるようになりました。いずれも大蛇を斬ったということからの名称でしょう。

そのよく斬れる劒を欠けさせたのですから大蛇の劒は凄いのです。邪悪であっても、あるいは凄まじく強大な邪悪であったからこその「霊力」であり、持つものを護り、災いを祓う力をもつと信じられていたのでしょう。

さて、おろちから出た劒は、日本武《ヤマトタケル》が駿河で火攻めにあった時に役立ちます。日本武は、草を薙ぐことでその難を逃れ、そのことから「草薙劒《くさなぎのつるぎ》」とよばれるようになります。その後三種の神器のひとつとなって、熱田神宮に祀られるようになります。

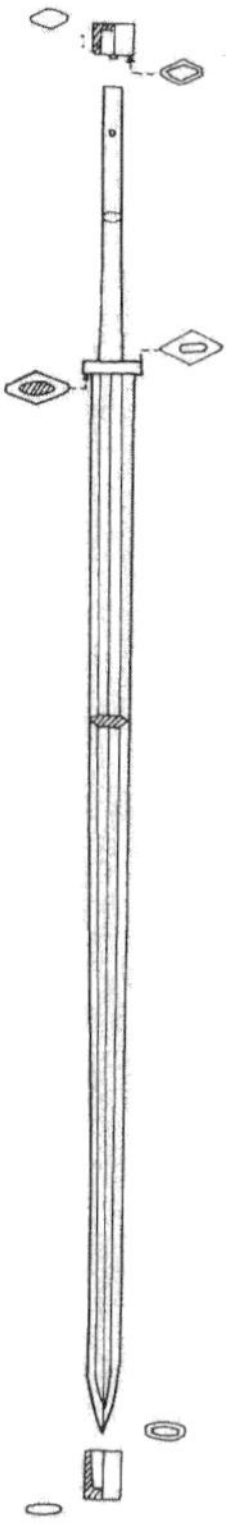

図56　秦の銅剣図　前三世紀　陝西省臨潼出土

図57　金銀装単龍鉄環頭大刀　六世紀　千葉県市原市山王山古墳出土

ここでちょっと想像の翼を拡げて遊んでみます。素戔嗚の十握劒は銅剣と仮定して、それを欠けさせたのですから、天叢雲劒は鉄剣あるいは鉄刀でしょうか。日本の弥生時代、中国の秦代には銅剣の鋳造技術・加工は、相当なレベルに達していて、「薄如紙的刃」と形容されるほど、薄く、鋭利なものが作られていました。十握劒がこうした銅剣として、一握は約八センチですから「十握」は、約八〇㌢の刃長となり、図56に紹介する秦代の銅剣と符合します。

そして天叢雲劔を鉄刀とすると、時代的には鉄環首刀が相応しい。それも「環」には龍が透かしてあるものがいいです(図57)。何故って……、八岐大蛇は悪龍のようでありますし、龍は水を司る霊獣で、後に日本武尊を火難から救い、草薙劔とその名を換えて伝わっていくというストーリーにぴったりではありませんか。

ということで、空想の翼をたたんで眼を外へ転じます。

お隣の中国には、四世紀頃、東晋で書かれたという『捜神記』に大蛇退治の話があります。毎年少女を人身御供として要求する大蛇を李寄という一〇番目の生贄に志願した娘が退治するものです。毎年八月に生贄を差し出すところ、退治した後に娘は東越王の后となるところ、また歌を作って称えられたところなど、八岐大蛇神話と共通する点があります。しかし内容としては、生贄志願した娘の知恵と勇気の話です。大蛇退治譚にかかせない剣もさほど重視されていません。

英雄や遠来の旅人などが、人身御供となった美女を救うという話の筋立ては、世界を広く見ると洋の東西を問わず、同様の神話、伝説が残っています。

古くは、ギリシャ神話で多くの方がご存知のペルセウスの海獣退治の物語でしょう。見るものを石に変えてしまうというメデューサの首を掲げて海獣を倒し、エチオピアの王女、アンドロメダを救うというものです。しかし別伝では、アテーナー(知恵、芸術・工芸、戦略の女神)から借りた剣で海獣の固い鱗の隙間にある急所を突いて倒したとも伝わります。

メデューサの首を切ったのも剣ですし、もっと剣が重要な位置を占めてもいいようですが、あまりスポットライトは当てられていません。やはり劔に対する畏敬の念は、日本独特のようです。

2　刀剣の霊威

ここでは、刀剣の霊威がテーマです。以前に「神話篇」の中でアマテラスをはじめとする神々が刀剣の霊威・武威に頼っているかにみえるところを記しました。アマテラスがスサノオを迎えるのに戦支度して十握、九握、八握と三口も劔を佩いたというのでした。また古代に将来された刀剣が日本人に強烈な「畏敬」の感情をもたらせたことも併せて記しました。

今回は、その畏敬の源に近づいてみたいと思います。

ひとが刀剣に霊力を感じるのはどこからきているのでしょうか。こうした感情は、洋の東西を問わずあるようです。とは言え、元は文明の古くから発達してきた西アジアあたりから広まってきたようです。

石器時代、青銅器時代、鉄器時代と人類の文明発展を三期に分けるのは、デンマークのトムセンがその鋭い洞察によって最初に提唱したということです。通説では、日本列島には、青銅器と鉄器がほぼ同時期にもたらされたとされています。しかしそのことはまったく同時期に入ってきたことを意味しているのではないでしょう。日本神話にもそれとは明瞭に語られてはいませんが、話の中に銅剣、鉄剣が入り乱れて登場しているようにも思えます。

民族学者の大林太良・神話学の吉田敦彦の著作『剣の神・剣の英雄』[2]によれば、黒海沿岸で流布していた神話の印欧的な祭祀（杯）、軍事（斧・剣）、農耕生産（鋤や軛）の三種が、日本神話の三種の神器と類似していると述べています。中でも特に剣については、戦神と一体的でありかつそれが天下るものであることから、関係性が深いと主張しています。

たしかに刀剣の持つ「霊威」を表しているのは、タケミカヅチと思われ、その名前からして雷《いかづち》、龍神などのイメージと重なっています。「1　神話における刀剣」で述べた様に『日本書紀』の一書によれば、出生時にイザナミの命を奪ったカグツチを十握劔で斬った時に、鐔元から滴る血から生じたのがタケミカヅチとなっています。因みに同時に刃から滴る血からは、フツヌシが生じたと記しています。このことから、これら二神は、刀剣そのものを神格化したものとされています。もう少し掘り下げてみれば、刀剣を制作する鍛冶仕事との関連も指摘出来ましょう。

神話を読み解けば「火」の神が生まれる前から、既に劔の「武威」が存在している。そして「火」の神が生まれた時に、それを劔で斬ることは、鍛錬あるいは焼入れと考えられます。

フツヌシの「フツ」はものを斬る、断つ時の音を表しているので劔そのもの、そしてタケミカヅチは、戦士を表象しているという見方もありえます。その場合、鹿島神宮は軍事を司るもの、香取神宮は武器の象徴でしょう。

またタケミカヅチは、アマテラスとタカミムスビの命《めい》によって天下り、国つ神のオオクニヌシとその子であるタケミナカタに国譲りをさせるのですが、『書紀』では次のように記されています。「（タケミカヅチ）……即ち十握劔《とつかのつるぎ》を抜きて、逆に地に植《つきた》てて、其の鋒端（先）に踞《あぐみにゐ》て……」。まさに戦士と劔が一体化しているといえるでしょう。この時の十握劔は、両刃の劔《つるぎ》でしょうね。そうでないと鋭鋒の先に胡坐はかきにくいですし…。『書紀』でタケミカヅチは、稜威雄走《イツノオハシリ》の四代後の後裔となっていますが、『古事記』では伊都之尾羽張《イツノオハバリ》の子であって、イツノオハバリという名は、イザナギがその子カグツチを斬った劔のものですからまさにタケミカヅチは、劔と同体であることを示しています

この二神の捉え方をもう少し掘り下げてみます。『書紀』の国譲り譚で、はじめにタカミムスビなど諸神から天下れと命を受けるのはフツヌシですが、タケミカヅチが横から割って入って一緒に天下ります。

その様子はおおよそ以下ような次第です。

葦原中国《あしはらなかつくに》を平定するのに誰を遣わすのが良いかタカミムスビが神々に問われた時に、神々は「磐裂根裂神《イワサクネサクノカミ》の子神の磐筒男《イワツツノオ》・磐筒女《イワツツノメ》が生んだ子の経津主神がよろしゅうございましょう」と応えます。そうすると天石窟《あめのいわや》に住む神で、稜威雄走神《イツノオハシリノカミ》の子神の甕速日神《ミカハヤヒノカミ》、その子神の熯速日神《ヒノハヤヒノカミ》、その子神の武甕槌神が進み出て、「経津主神だけが丈夫《ますらお》で、この私は丈夫ではないのでしょうか」と語気もはげしく申し上げられた。そこで高皇産霊尊はこの神を経津主神にそえて、葦原中国を平定するために派遣された。

こうして二神が天下って、劔の上に胡坐をかいて国譲りを迫る場面になる訳です。

ここで注目は、それぞれの神の名です。「音」もさりながら「字義」も考えたのではないでしょうか。なにやら、悉く劔を作ることと関係しているように思えます。フツヌシでは、祖先は、「いわさくねさく」とか「いわつつ」とか鉱石を採掘することに関係しているようです。西アジアの神話で戦神・英雄神は石の中から生まれたというモチーフもあるのです。タケミカヅチの方は、もう少し具体的な感じです。タケミカヅチは「あまのいわや」、つまり洞窟に住んでいる。これは、戦神・剣神が若者に霊感を与えるところとして世界的に認識が共通しているのです。そして「みかはやひ」「ひのはやひ」はそれらにあてた漢字からして劔の材料を熱することや焼入れに関連するように思います。「稜威《いつの》」も完成した剣の刃や鎬の稜線が立った様を示しているのか、あるいは熱して、焼入れする前に仕立てられた劔の形を表しているかのようです。

そして不思議なことにいつの間にかフツヌシは神話の舞台に登場しなくなってしまいます。それは劔と戦士が一体化してタケミカヅチに収斂したと考えることができるかもしれません。あるいは神武東征の途中に熊野でカムヤマトイワレヒコ（神武天皇）を救ったタケミカヅチの布都御魂劔は大和の石上神宮に祀られていますが、それはもともと物部氏の祭神でした。そしてタケミカヅチは中臣氏（藤原氏）の祭神であり、中臣氏の隆盛に伴って両神が一体化したという穿った見方もあるようです。

鉄剣に象徴される武神は、天下る神、雷神、そして龍神でもあり、龍神は水を司る神であります。こうした関連性が黒海沿岸に紀元前一〇〇〇年ごろにあったオセット族のナルト神話に色濃く表れていると言われており、それは騎兵を生んだスキタイからの流れで、それが日本神話にも反映されているということのようです。

『剣の神・剣の英雄』の中で大林太良は次のように語ります。

以上のようにスキタイの神の性格がだんだん明らかになってきた。すでに吉田敦彦氏が指摘したように、

同族の危機に際して天下る赤熱の鉄人バトラズのなかに、その性格が良く保存されていると見られる、剣を神体として祀られた古代スキタイの雷神的武神は、多くの点で日本のタケミカヅチノ命を想わせる。

さらに次のように続けます。

この卓見につけ加えておきたいことは、タケミカヅチないしフツヌシも、バトラズも、ともに、水と火によって焼きが入れられ鍛造される神ないし英雄である点である。

ただ、バトラズとタケミカヅチとの比較に関連して触れておく必要があるのは、タケミカヅチが〈文明化した戦神〉であるのに対し、バトラズはより〈野性的な戦神〉の側面を具えていることである。事実、吉田氏自身、別の論文においては、雷を伴って天上に生れ、赤熱して頭上の氷をとかして雨を降らせて地上に降り、ナルトたちを殺し、天使を攻撃し、しかもその暴力過剰の故に神によって罰せられて死ぬバトラズの姿に、わがスサノヲ

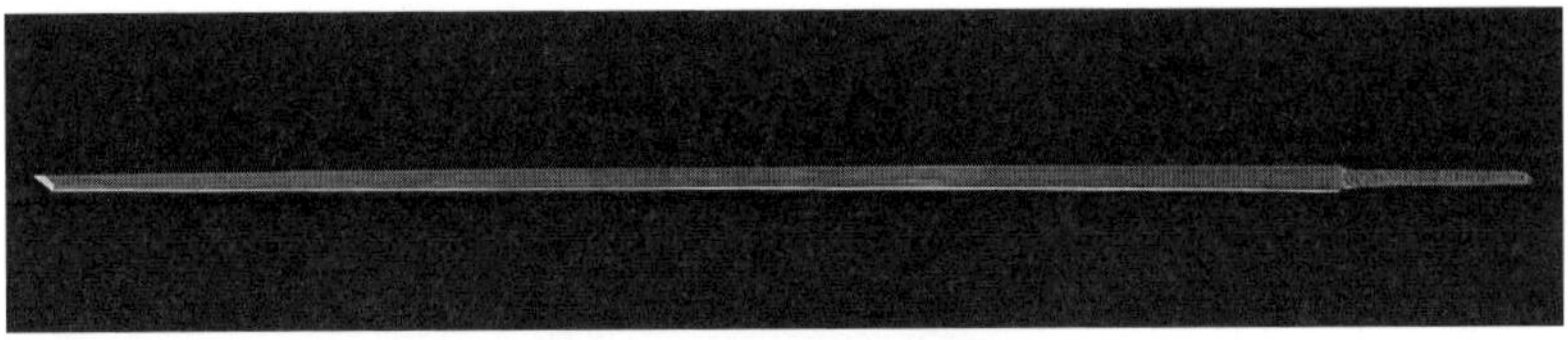

図58　鹿島神宮の韴霊剱

と共通する性格を認めていたのである。

この関連において附言しておきたいことは、バトラズは彼の神剣を最期のナルト族に海中に投ぜしめるとともに自らも死んだことである。ここに見られるのは愛剣と運命をともにする英雄の姿である。神剣クサナギを手放したために死んだヤマトタケルや宝剣エクスカリバーと運命をともにしたアーサー王と共通する剣の英雄の姿がここにある。

たしかにフツヌシは、カグツチを斬った劔から滴る血から生まれ出た神であることからタケミカヅチ同様に鍛えによる鉄剣であると見なされます。しかし海の彼方から伝えられた刀剣の霊威と武威は、銅剣から鉄剣へ収斂したとすれば、新たな観方があってもいいでしょう。それは、フツヌシからタケミカヅチへの役割移行は、銅剣から鉄剣への移行そのものを意味しているのではないかということです。

神話の筋立てからすれは、フツヌシの方が古くからの武神・剣神で、タケミカヅチの方が新しいのではないか。そして、フツヌシの剣は「銅」剣で、タケミカヅチのそれは「鉄」剣なのかもしれない。タケミカヅチは黒海周辺で伝えられてきた鉄剣にまつわる神話がヤマトに鉄剣渡来に付随して伝わってきたのではないかという事です。それで元はフツヌシのものであった韴霊剱《ふつのみたまのつるぎ》も、タケミカヅチのところへ受け継がれ、同体化したのかもしれません。現に、韴霊劔とされる全長二・七一メートルもある長大な切刃造りの刀が常陸国の鹿島神宮に伝えられています（図58）。銅剣は、やはり武威の点で鉄剣に一歩譲らざるを得ないのです。銅剣はわずかに遅れて将来された、より強力な鉄剣に収斂されたとみるのが素直ではないでしょうか。銅剣は古くからあ

図 59　荒神谷遺跡銅剣出土状況

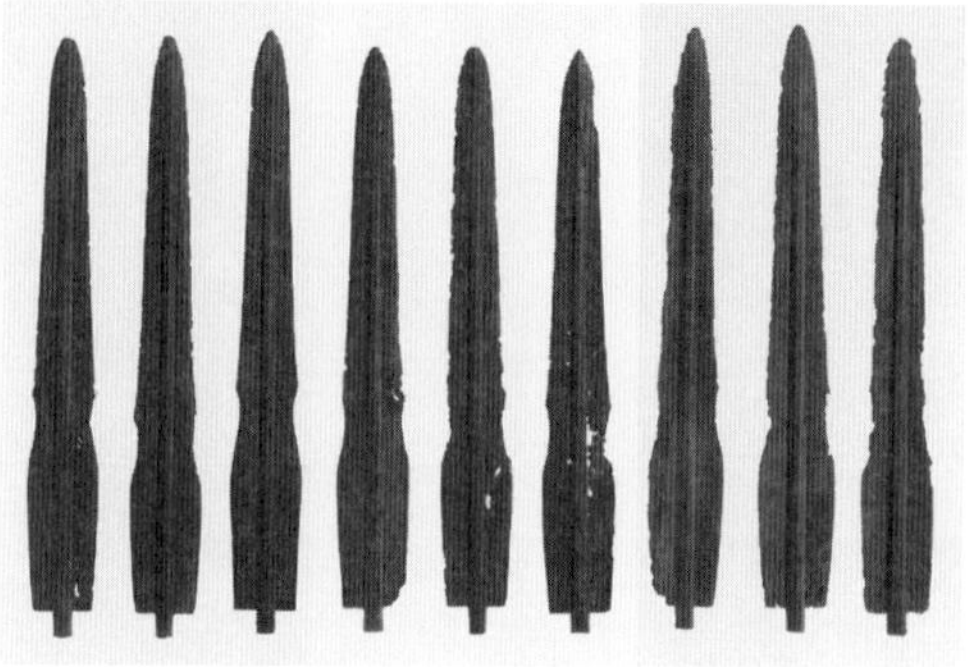

図 60　同　種々の出土銅剣
［図 59・60：国（文化庁保管）］

るもので武用よりも祭祀用として使用されるようになり、鉄剣はその威力から戦神と一体化して考えられるようになったのではないかということです。

銅剣についていえば、近年になって島根県の斐川町で発見された荒神谷遺跡の銅剣があります（図59・60）。一九八四年当時までに発見されていた国内の銅剣の総数を上回る三八五本が一度に出土したのです。同形のものが四列に整然と並べられた状態でありました。他に銅矛が一六本、銅鐸が六個出ています。

古代に関心のある人なら、斐川町といえばスサノオ神話の舞台であることにすぐに気が付くでしょう。そして何故三五八本という大量の銅剣が整然と並べられた形で埋められていたのか疑問を抱くはずです。

銅剣は五〇センチ前後の中細形で出雲型銅剣と呼ばれています。三五八本のうち三四四本の茎に「X」印が刻まれていること、加えて他に発見されたのがすべて銅器であったことも何か示唆的です。皆ほぼ近い時期に制作されたと考えられています。

祭祀用、近隣諸部族との抗争を避けるための結界用、単に用済みとなって廃棄された、など様々な説が唱えられているようですが、決め手を欠くのが実情です。

これらの銅剣の時代は、弥生時代中期後半とされています。はっきりとした年代は云えないのですが、弥生中期後半と言えば、紀元前一〇〇年以降紀元数十年の間となります。

祭祀用とすれば、「例祭」は除外されるべきです。例祭にこれだけ大量に使用するのは無理があるし、他所でも出土しているはずです。

単純に廃棄されたというのも解せません。ほぼ同時期に制作された銅剣であること、整然と並べられていたことから、単純な廃棄というのも違うように思います。

それではどういう理由で三五八本もの銅剣が整然と並べられて埋められたのか。私の推論はこうです。手短に述べれば、弥生中期後半まで出雲地方で祭祀用に用いられてきた銅剣が用いられなくなって、これ以降もう使用しない、その段階で「魂鎮め」のために大量に埋められたのではないかということです。劔の霊力を受けるために、あるいは守護を願って使ってきた銅剣の役割は、鉄剣へと収斂したのでしょう。しかし「今後もう銅剣は使わない」

図61　鉄環頭大刀　佐賀県横田遺跡出土　一～二世紀［佐賀県立博物館蔵］

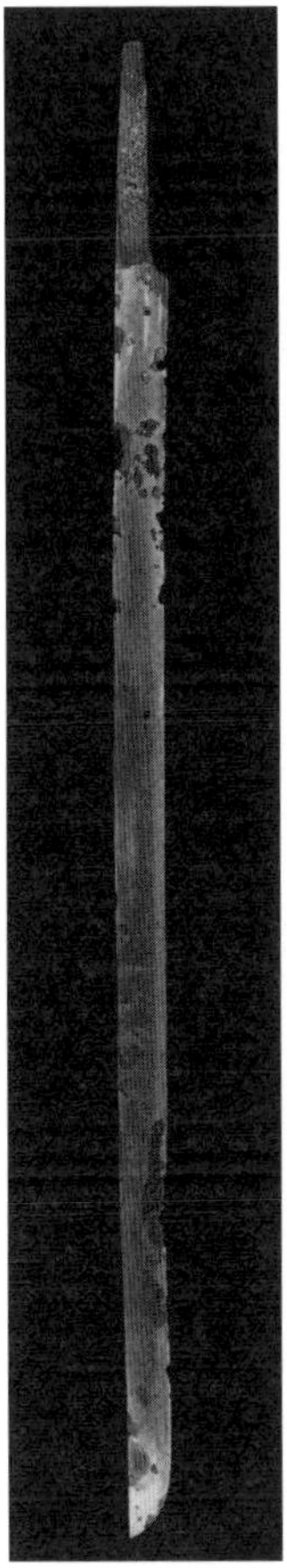

図62　鉄刀　伝群馬県邑楽郡古墳出土　五世紀［京都国立博物館蔵］

と切って捨てるようなことはできないはずです。銅剣に宿っている魂が祟らないように鎮める必要があったのです。銅剣の元である鉱石は大地からの授かりもの、故に銅剣も大地へ還すべきなのです。魂鎮めの儀式が厳かに執り行われたことでしょう。こうして劔の霊威と武威は鉄剣へとひとつにまとまったのではないでしょうか。

一～二世紀頃の鉄環首刀（図61）、そして古墳時代の茎形式となった鉄刀（図62）を併せてよくご覧ください。

3　王朝の剣豪

はるか古代に当時の日本人が抱いた刀剣に対する畏怖・畏敬の念は、DNAに組み込まれて、後世に伝えられました。その刀剣を神への奉納品として正式に認められたのは、垂仁天皇（第一一代）の御代とされます。『日本書紀』[1]には次のように記されています。


（垂仁天皇）二十七年の秋八月癸酉卯（七日）に、祠官《かむつかさ》に命じて、兵器を神の幣とすることを卜わせたところ、「吉《よ》し」

ということであった。そこで弓矢および横刀《たち》を、諸神社に納めた。


垂仁二十七年は、紀元前三年とされていますが、勿論、実際のところは分かりません。おそらく奉納の始めということも後付けであろうと思われます。しかしそれは積極的により古くから行われていた習慣を公に認めたという事でしょう。

書紀に従えば、天叢雲剣が熱田神宮に祀られて以降、さらに正式に神に奉るものとして追認されたということでしょ

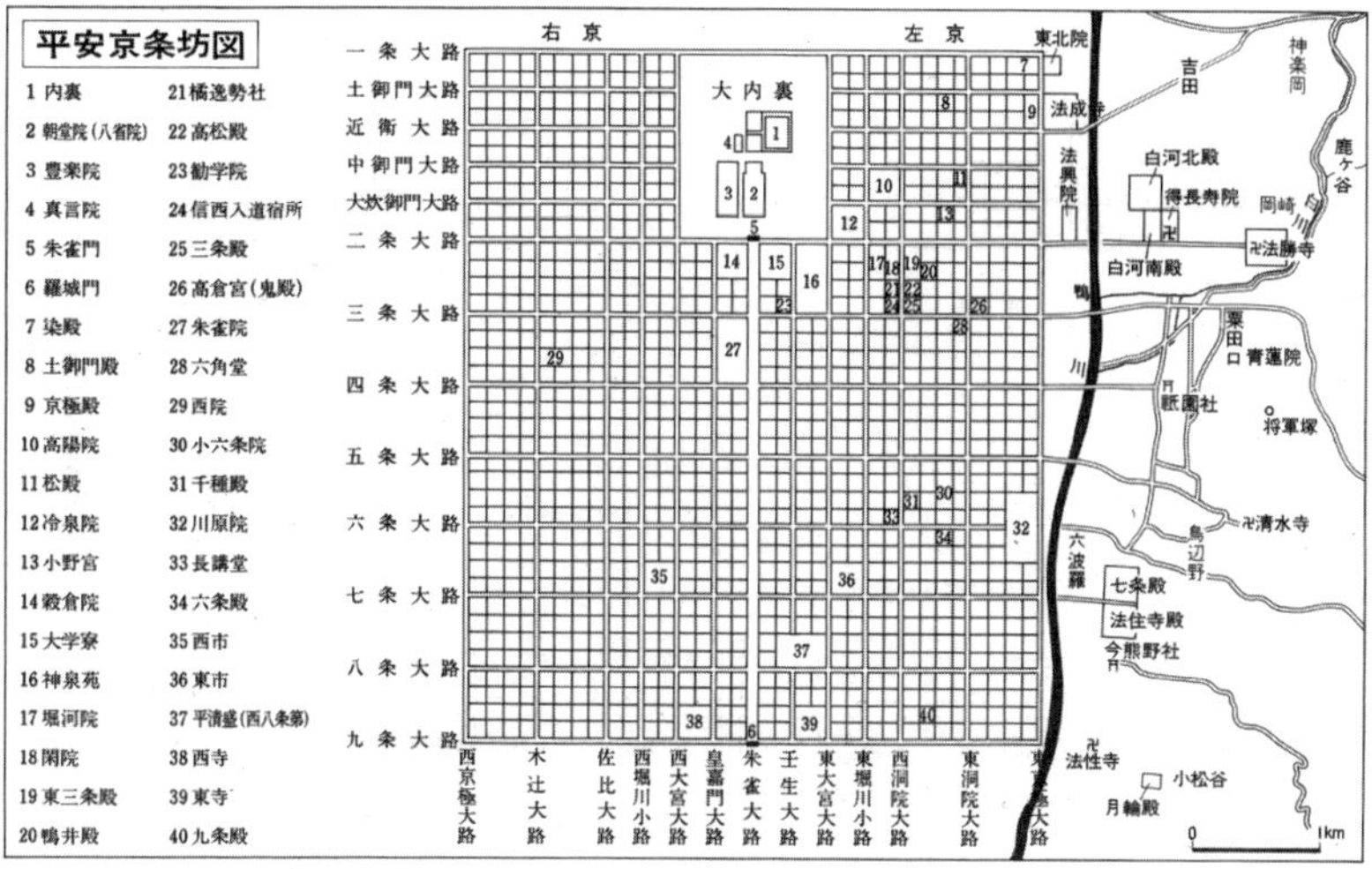

図 63　平安京条坊図（平安末期）

う。奉るということは、それまでの、霊威を感じて祀るという段階から、貴重な、大事な武器として、認識され、それまでより一段普及が進んだ段階と思えます。刀剣にまつわる武威・霊威の話は時代が下っても、『今昔物語集』や『宇治拾遺物語』などにいくつか逸話が残されています。その中から興味深いものを取り上げてご紹介します。

平安朝の武威のはなしから。

橘則光という人がいました。一般には清少納言の夫であったひとということで有名です。しかし刀剣愛好家や武道を志すものにとっては、太刀働きの見事さで名を遺したと云いたいのです。史上記録された初めての剣豪と言えるでしょう。「剣豪」というイメージは、近世・近代的なものです。つまり、古代・中世的な騎兵のそれではないということです。騎乗ではなく、徒歩《かち》で太刀・剣を縦横に使ったということです。そしてそれは大内裏のすぐ傍でした。

『今昔物語集』[4] 巻第二十三　本朝　第十五にその太刀使いの見事さが記されています。橘則光は一〇世紀後半から一一世紀前半の人で、藤原道長と同時代です。今昔以外に宇治拾遺物語にも収

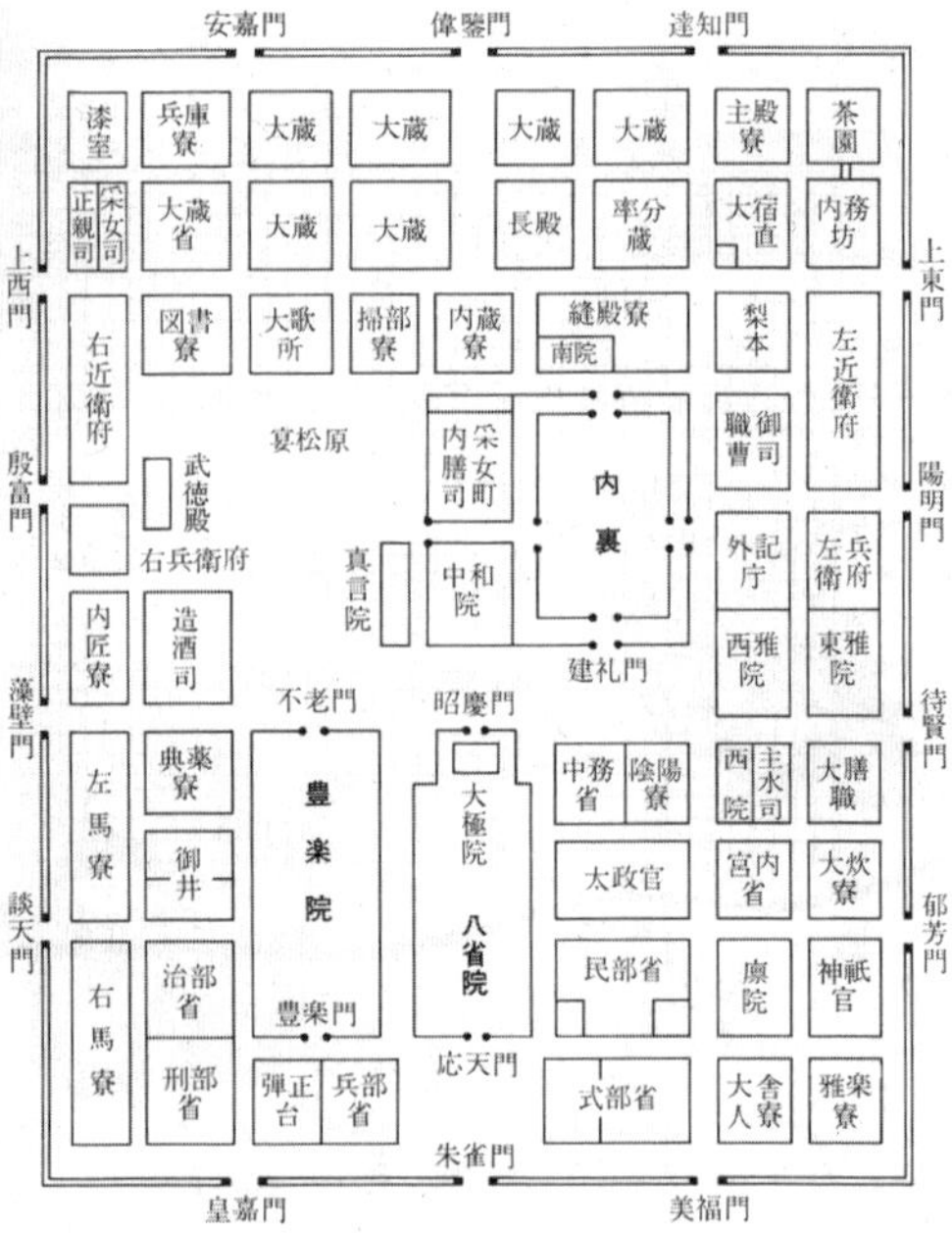

図 64　平安京大内裏

録されていて、当時から有名な話であったと思われます。

則光は、衛府の蔵人でした。つまり近衛、兵衛、衛門府のもので天皇の秘書的な蔵人にもなった官人ですが、長徳元年（九九五）に蔵人に任ぜられていますから数え三〇歳くらいです。衛府の蔵人は官女たちの憧れの的であったといいます。その則光が、ある夜女のもとに忍んでいく折に御所の垣近くに大勢のひとがいるのに出くわした時のはなしです。その者どもは、あるいは盗賊の集団であったかもしれません。『宇治拾遺物語』（第一三二）には「則光、盗人を斬る事」となっています。平安時代の洛中は穏やかだったと思われるかもしれませんが、国司などに任ぜられて赴任し、空き家になった屋敷も多かったのです。さらに官人が盗人であったという例さえありました。洛中の治安を司る検非違使もありましたが、現在の警察組織ほど組織、人員は充実していなかったので盗賊や魑魅魍魎が跳梁跋扈していました。因みに則光は、検非違使にも任じられましたが、この話は、それ以前の事だったと思われます。

太刀打ちの場面を抜き出して以下に記します。ここは原文に勝るものはありません。夜更けて（東）大宮大路を南へ急ぐと大勢が立っているように見える。「そこを行くもの止まれ。君達《きんだち》が居られる。通り過ぎることは罷りならん。」と声を掛けてくる。それに続く太刀打ち場面です（括弧内筆者記）。

則光突伏して見るに、弓景（影）は見えず、太刀鑭《きら》として見えければ、「弓に非ざりけり」と心安く思ひて、掻伏して逃ぐるを、追ひ次きて走り来たれば、「頭打ち破られぬ」と思えて、俄かに傍様に急ぎて寄りたれば、追ふ者走り早まりて、否止《え》まり敢へずして、我が前に出で来たるを、過ぐし立てて、太刀を抜きて打ちければ、頭を中より打ち破りつれば、仰に倒れぬ。

「吉《よ》く打ちつ」と思ふ程に、亦、「彼は何《いか》がはしたる事ぞ」と云ひて、走り懸かりて来たる者有り。然れば、太刀をも否指し敢へず、脇に挟みて逃ぐるを、「けやけき奴かな」と云ひて走り懸かりて来たる者の、初めの者よりは走疾く思えければ、「此れをも有りつる様には為られじ」と思ひて、俄かに忩《いか》り突居たれば、走り早まりたる者、我れに蹴躓きて倒れるたるに、違へて立ち上りて、起し立てず頭を打ち破りてけり。

「今は此くなめり」と思ふ程に、今一人有りければ、「けやけき奴かな。然ては罷らじ」と云ひて、走り懸かりてとく来ければ、「此の度我は錯たれなむと為る。仏神助け給へ」と、太刀を鉾の様に取り成して、走り早まりたる者に俄かに立ち向ひければ、腹を合はせて走り当りぬ。彼れも太刀を持ちて切らむとしけれども、余り近くて、衣だに切られで、鉾の様に持ちたる太刀なれば、受けられて中より通しけるを、太刀の欛《つか》を返しければ仰様に倒れにけるを、太刀を引き抜きて切りければ、彼れが太刀抜きたりける方の肱《かひな》を、肩より打ち落としてけり。

瞬く間に三人を倒したのですが、この太刀働きから則光は、知勇兼備のひとであったことが窺い知れます。まずひとり目の時は、相手は弓を持っていないと判断してやり過ごそうとしています。多勢に無勢には、素早くその場を離れること、君子危うきに近寄らずという訳です。にもかかわらず追って来た者を、いきなり賺《すか》して、振り返ったところを真っ向から頭を断ち割っています。

図65　突きの構え

その太刀捌きには、ためらいがありません。

次に追ってきたものは、足が速かったのか、一人目を倒していたからか、追いつかれそうになったのを躓かせて、立ち上がるところを一刀に頭を断ち割った。

もうこれで済んだであろうと思ったところへ追ってきた三人目には、「突き」の一手で倒し、さらに太刀を持つ腕を切り落としています。「鉾の様に持ちたる太刀」とはどのような構えでしょうか。私の想像では、古武道にある突きの構えであると思えます。現代の剣道にある突きの構えではないでしょう。剣道では柄を両手で持ち、柄頭は使い手の臍の前あたりに来ます。しかし今昔では、「鉾の様に」としています。長柄の武器である鉾は、剣道のように右手を前には持ちません。まず柄を右脇にして右手は体の横あたりにして持ち、左手は前になっています。簡単いえば、槍の構えを頭に浮かべれば理解できます。それを太刀に当てはめれば、左手は、前に伸びて、掌で太刀の棟を上から柔らかく抑えるかたちになります。これは、鋒が上ずって逸れないようにするための形です。体は右斜《はす》になっています。

どうでしょう。見事な構えであり、技でしょう。それらを縦横に振るわせたのは、沈着冷静な判断力、日ごろの鍛錬、そして斬れ味鋭い名刀であったといえましょう。

則光は、左衛門尉であったということです。平安中期、衛門府の「尉」クラスでは、まだ弓、太刀、乗馬などの鍛錬は怠らなかったということかもしれません。則光が剣の達者であったのみならず、用心に念を入れていたのは次の文章からも明らかです。

「小舎人童何《いか》にしつらむ」と待ちたるに、童、大宮の上を泣く泣く行きけるを呼びければ、走り来たりけり。其れより宿所に遣して、「着替を取りて来」と云ひて遣しつ。本着たりつる表の衣・指貫に血の付きたるを、童に深く隠させて、童が口吉《よ》く固めて、太刀の欛《つか》に血の付きたりけるなどを吉く洗ひ拈《した》めて、表の衣・指貫など着替へて、然気《さるげ》無くて宿所に入り臥しにけり。

更に見事なのは、翌朝、三人の男が斬られているのが発見されて騒動になっている時に、自分こそが敵として三人を斬ったのだという騙り者が出てきても、「譲り得て喜し」として「我こそ」と言いたてずに抑えたことです。仏道を心得て、兵の家のものではない公家のこころが理解できるとともに世を渡っていく上での用心深さが分かります。

ここで則光が使った太刀がどのようなものであったかは、分かりません。しかし則光が十分に腕を振るえるだけの名刀で野劔（武仗）であったでしょう。「弘法は、筆を選ぶ」ならぬ、「則光は、太刀を選ぶ」でしょう。それが「直刀」であったのか、「彎刀」であったのかは文章からは確認できません。私は、「彎刀」であったと思います、思いたい。根拠のないことではありません。

それは、敵を突きで倒した時の構えからです。柄を両手で持ち、臍の前で構えるのは、先に述べたように甲冑の着用を前提とせずに素早く行動できる江戸以降の剣道形です。

太刀を脇に構えて左手を棟に添えるのは、柄反りの大きい太刀の方向をコントロールするための形です。反りが大きい太刀では、切先の方向を定めるのは、難しい。切先が逸れていこうとするのを上から棟を抑えて逸れないようにしようというこころが働いているのですね。ですから、則光が用いたのは、時代的にも反りある「太刀」でしょう。

また現代人の私から見て、なんとも則光が好もしい、愛すべき漢《おとこ》と思えるのは、次のような話が、残されているからです。

先に述べたように則光は、清少納言のもと夫でした。そして清少納言が、里帰りというか、宿帰りした時に、いろいろな人が訪ねてきては、少し煩わしいということで、人には、居場所を報せず、少数の親しい人にだけ報せていたのです。その時のはなし。

『枕草子』[5]第八十四「里にまかでたるに……」から抜粋（括弧内筆者記）

左衛門の尉則光が来て、物語などするに、「昨日宰相（参議）の中将（近衛中将藤原斉信）のまゐり給ひて、「いもうと（清少納言）のあらん所、さりとも知らぬやうあらじ、いへ」と、いみじう問ひ給ひしに、さらに知らぬよしを申ししに、あやにくにしひ給ひし（強いて訊く）こと」などいひて、「あることあらがふ（知っているのを知らぬというのは）、いとわびしうこそありけれ。ほとほと笑みぬべかりしに、左の中将（左近衛中将源経房）の、いとつれなく知らず顔にてゐ給へりしを、かの君に見だにあはせば、わらひぬべかりしに、わびて、臺盤の上に、布《め》（わかめ）のありしをとりて、ただ食ひに食ひまぎらはししかば、中間（中途半端な折）にあやしの食ひものやと、人々見けむかし。されど、かしこう（何とか）、それにてなん（やっとのことで）、そことは申さずなりにし。わらひなましかば、不用（せっかくの苦労が無駄になる）ぞかし。まことに知らぬなめりと思したりしも、をかしくこそ」などかたれば、「さらにな聞え給ひそ（けっしておっしゃらないでね）」などいひて、日頃しさしうなりぬ。

闘争の段になると、沈着冷静で容赦のない太刀を振るう則光のなんとも愛すべき逸話ではありませんか。別れても清少納言を愛していて、生真面目に対応している（と見える）のが愛らしい。でも案外、自分を三枚目に仕立てて、清少納言を面白がらせていたのかも……と思うと、なお好もしく思えるのでした。

則光は、藤原斉信に仕えていたひとのようです。そして藤原斉信は、藤原道長と親しかった。道長は時の帝、一条天皇の新しい中宮彰子の父です。一方、清少納言は、もうひとりの先に中宮（皇后）であった定子の官女でしたから、本当は、この「里にまかでたるに……」はいろいろな思惑の入り混じった微妙なやりとりであったとも想像できます。しかし、則光は、そのあたりも心得ながら、対応したのでしょう。清少納言も心得て、このくだりを書き残したのではないかとおもえます。いずれにせよ則光は、こころの真っ直ぐな少年の心を持ち続けたひとであったような気がします。

この後、さらに愛すべきはなしが続くので、楽しみたい方は、是非『枕草子』をひもといてください。ことのついでに「和歌を詠む人は仇敵だ」とまで言っていた則光の和歌を掲げておきます。陸奥守として東国に旅立った時の歌です。

みちのくにへまかりけるにあふさかの関よりみやこへつかはしける　　橘則光朝臣

われ独　いそぐと思ひし　東路に
垣根の梅は　さきだちにけり

（『金葉集』巻六　別離歌三七一）

註

（1）斬られた軻遇突智から生まれた三神は、「一つは雷神となった。一つは大山祇神《オオヤマヅミノカミ》（「山の神」）となった。一つは、高龗《タカオカミ》（「水の神」）となった。」という伝書もある（『日本書紀』巻第一　神代第五段）。これは「空、山（地）、水」ということでしょう。

文献出典

1　井上光貞監訳『日本書紀』上下　中央公論社　一九八七年
2　大林太良・吉田敦彦著『剣の神・剣の英雄　タケミカヅチ神話の比較研究』法政大学出版　一九八一年
3　倉野憲司・武田祐吉 校注『古事記 祝詞』岩波書店　一九七一年
4　阪倉篤義・本田義憲・川端義明 注『今昔物語集 本朝世俗部一』新潮古典集成　新潮社　一九七九年
5　池田亀鑑・岸上慎二・秋山虔 校注『枕草子・紫式部日記』日本文学大系19　岩波書店　一九五八年

十一　宗近・三条・粟田口

1　刀銘の太刀三条

銘を有する太刀の中で最も古いのではないかと云われる「宗近」を取り上げます。『刀工総覧』[1]では、古刀期に六名となっています。山城、備前、伊賀、備後、薩摩にいたそうです。しかし今回は、山城の「三条宗近」に焦点を合わせます。伝説的には、一条天皇の御宇、永延年間（九八七〜九八八年）とされています。現在では、銘が鑽られていること、太刀の姿などから一一世紀後半から一二世紀前半の刀工とするのが有力視されています。山城鍛冶の祖とも云える刀鍛冶で、実物の宗近作の刀を見ていなくても、その名前は多くの日本人が知っているでしょう。

今、いったい幾口《ふり》、その銘の入った刀剣が残されているでしょうか。『新刀古刀大鑑』著者、川口陟によれば、『古今銘盡大全』には八口載っていると云うのですが、筆者の確認できたのは、六口です。国宝太刀「三日月宗近（三条銘）」（図66）、南宮大社蔵の重文太刀（三条銘）（図67）、脇差「鷹ノ巣三条（三条銘）」（図68）、短刀「海老名小鍛冶（宗近銘・焼け身）」（図69）、「宗近」銘の平造り短刀です。さらに水戸の徳川博物館の一尺五寸六分（四七・二センチ）倶利伽羅龍の彫りのある鎬造脇差（関東大震災で焼け身）です。海老名小鍛冶も大坂の陣で焼け身となって再刃されていますから、六口のうち二口焼け身です。残念ながら皇室所蔵の宗近銘太刀は、筆者未確認です。

三条宗近という鍛冶は、まあ京鍛冶のブランド的なものと理解した方がいいのでしょうね。なぜかと云えば、筆

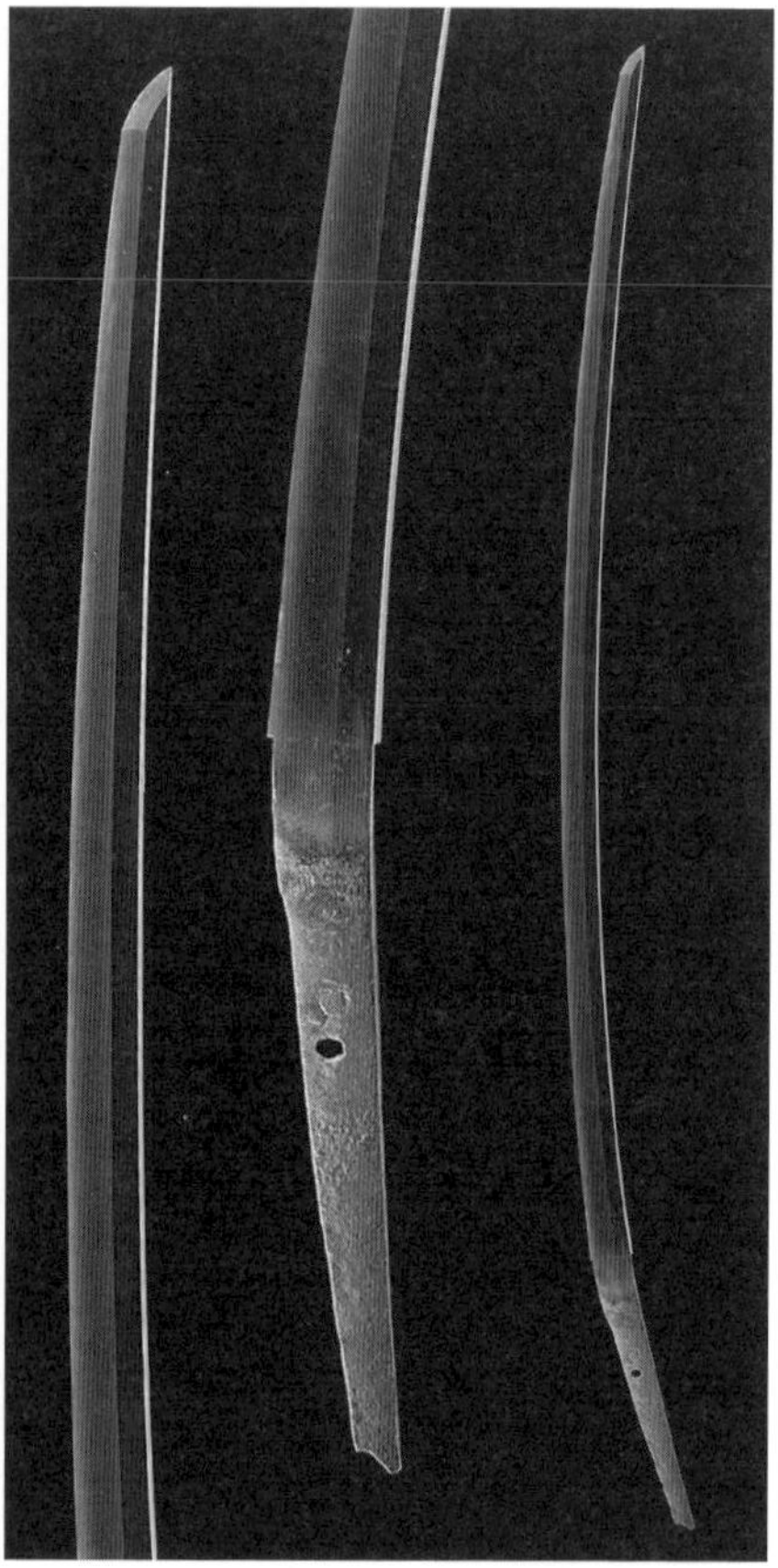

図 66　国宝　太刀　銘：三条〈名物　三日月宗近〉
刃長 80.0cm、反り 2.7cm［東京国立博物館蔵］

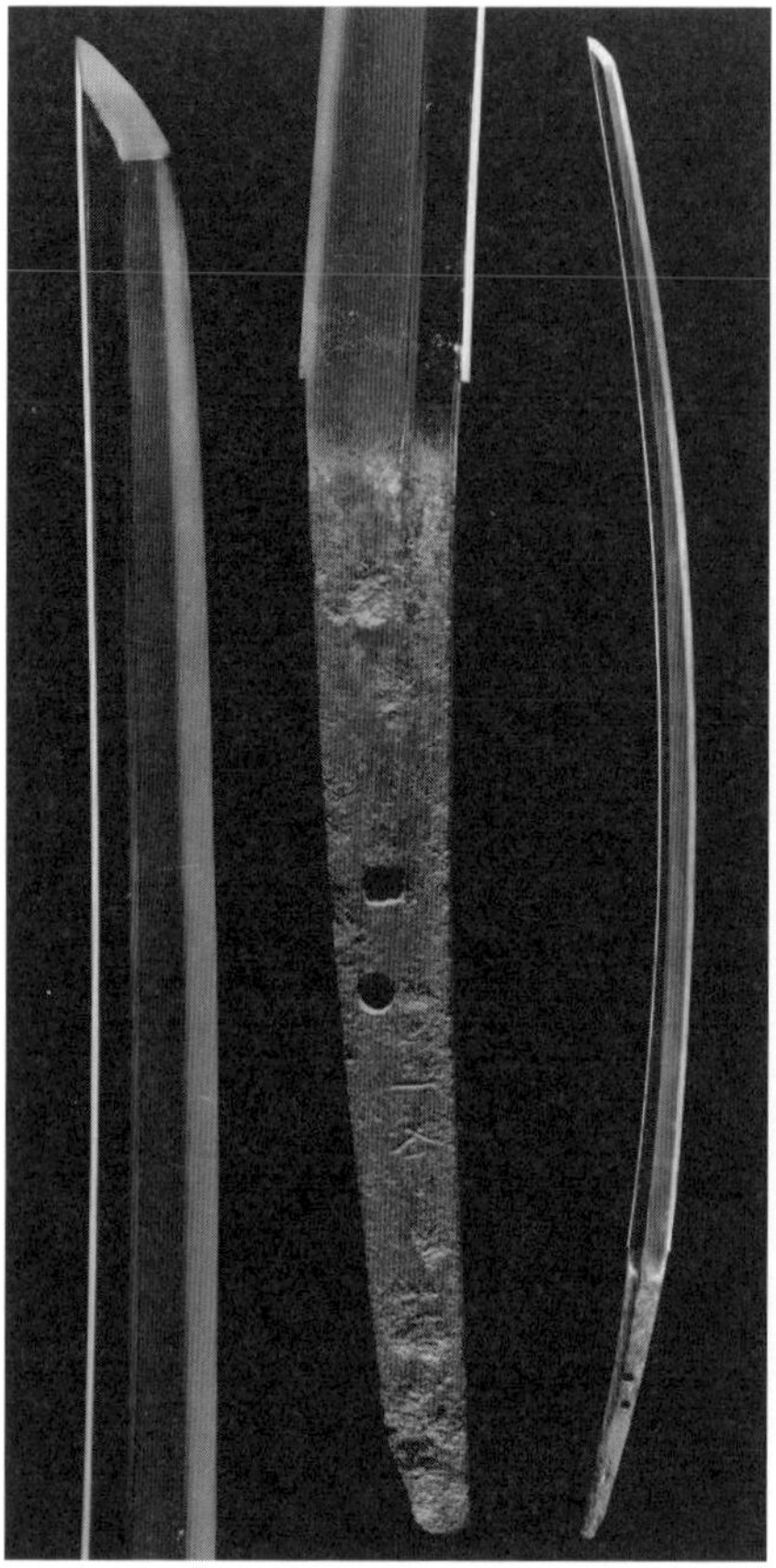

図 67　太刀　重文　銘：三条
刃長 78.8cm、反り 3.0cm［南宮大社蔵］

者の確認した宗近作とされている刀剣に鑽られたのは、「三条」銘太刀が二口、「宗近」銘が脇差、短刀で四口となっています。三条銘では、太刀銘の常と異なり、佩き裏（刃を下にした形で、茎を前にして茎の右側）に鑽られています。さて「三条」と「宗近」が同じ刀工としてよいものでしょうか。古伝に波風を立てないようにか、すべて「三条宗近」作としているのかもしれません。三条銘の太刀二口は、古調な姿と見えますが、徳川美術館蔵の宗近銘短刀は、尋常な鎌倉期の刺刀《さすが》と見えます。あまり堅苦しく分類しないでもいいのかもしれません。何せ残された刀はごくわづかで

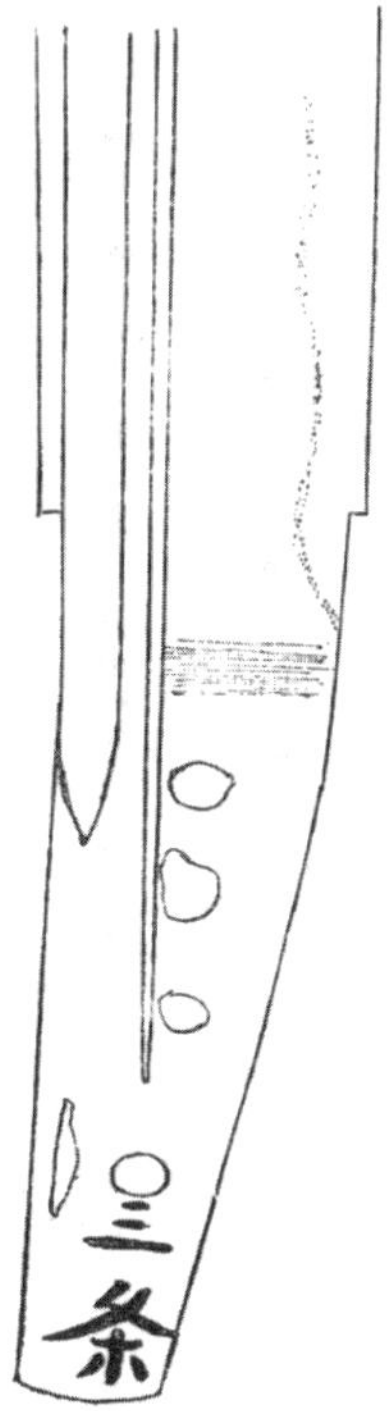

図 68　脇差　銘：三条
〈名物　鷹ノ巣三条〉
［個人蔵］

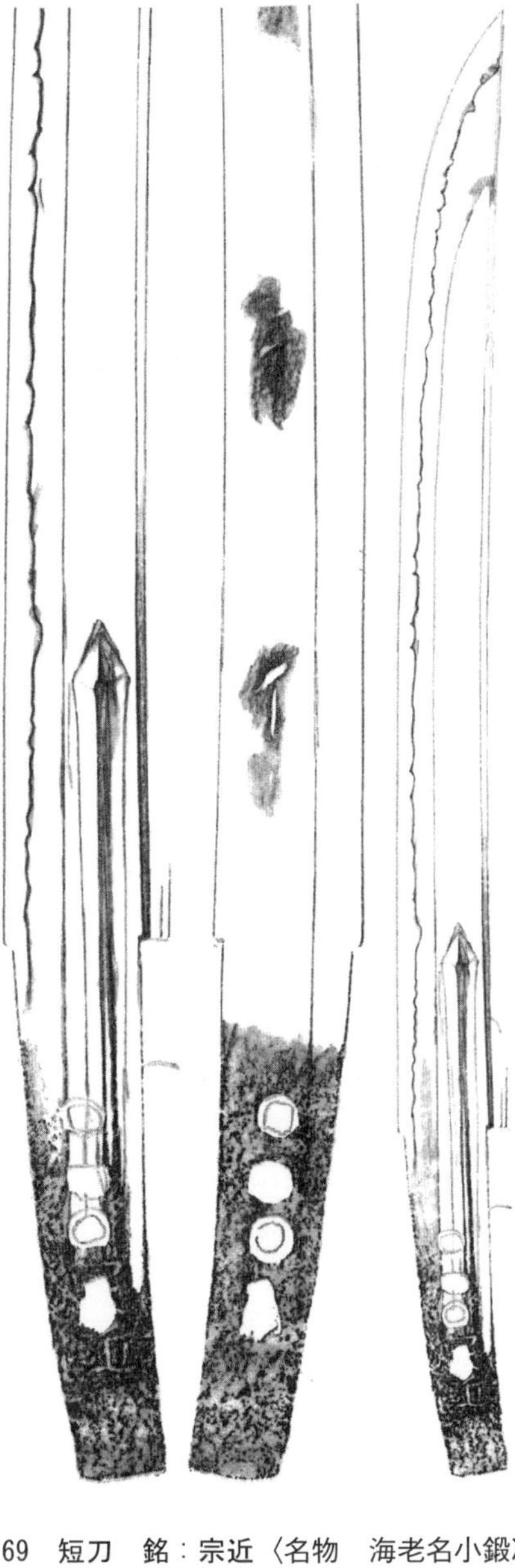

図 69　短刀　銘：宗近〈名物　海老名小鍛冶〉
刃長 29.7cm［徳川美術館蔵］

図70　三条小鍛冶宗近之古跡
仏光寺本廟境内

図71　合槌稲荷　三条通り

あり、分類するにも無理があります。

銘が鏨られるようになった頃の刀工であるとされていて、たしかに「三条」銘太刀より古調なもので銘を有するものは、存在していないように思えます。では、それ以前はどうだったのか。刀剣に作者の銘を鏨ることは、大同元年（七〇一）『大宝令営繕令義解』に、武器を制作するものは、製作年月日、工匠銘を鏨で鏨らなければならない、とされていました。裏返せば、このころ、既に有力者は、私的に武器を制作して蓄えていたということでしょう。もっといえば武器所有の初めから各地有力者は自身や自軍のための武器を「私有」していました。この時代、あまり私的に武器を持たれては困る朝廷側がなんとか管理コントロールしたいということの表れでしょう。しかし九世紀に入って対蝦夷として全国から兵が召集されるとその甲冑、武器は自前で調達せよ、となっているので、刀剣制作は、全国的にかなり広まっていたと認識できます。しかし九世紀から平安後期の一一世紀に到るまで相当の年数があるにもかかわらず、どうして銘のある刀剣が残されていないのでしょうか。ひとつには、朝廷の側あるいは、近い立場で刀剣を鍛えるものは、銘を鏨る必要はなかった、また敢えて銘を鑽ることによって後難が発生するのを恐れた、など考えられます。しかし一番の理由は、鉄の生産がある程度増大して、鉄刀が普及すると、大化二年（六四六）に「薄葬令」が発布されたことも合わせて、古墳に副葬品として刀剣を埋葬することも少なくなった。まだ武家貴族の勃興までには至っておらず、刀剣を神社への奉納品とする風習も一般的ではなかった故であると推測できます。錆びたり、傷つき、折れたりした刀剣は、別の鉄器に姿を変えたのでしょう。

山城国で平安期の作と見える刀剣で銘を有するものは、京鍛冶の代表として「三条小鍛冶宗近」ひとりの鍛冶にまとめられたとすれば納得できます。謡曲「小鍛冶」なども含めて後世への伝説としてです。そのことがよく分かるのが「三条」銘です。三条と鑽られているから、三条に居を構えていたと云うのは、後世の付会でしょうね。現代に残された宗近にまつわる旧跡は、どこに分布しているかと云えば、それは、粟田口（粟田郷）に位置している。現在の神宮道から東へ入ると粟田口の駒札に出会います。そこには次のように記されています。

粟田口

……平安時代の末以降、刀鍛冶（刀を作る職人）たちが住居を構えていた。中でも童子に化けた狐に鍛冶の手伝い（相槌）をしてもらい名刀「小狐丸」を打ったという伝説が残る刀匠・三条小鍛冶宗近が有名である。……

京都市の説明書きにも宗近は粟田口住となっています。

次に宗近の邸宅、鍛冶場址というものが、粟田口の、現在仏光寺本廟境内に建てられています。曰く。

三条小鍛冶の古跡
宗近は、平安中期の刀匠で姓は橘、信濃守粟田藤四郎と号し、東山粟田口三条坊に住したので三条小鍛冶とも称した。…（中略）…拾遺都名所図会によると、仏光寺本廟境内に刀剣を鋳るときに用いた井水があったといわれる。（『都名所図会』では、知恩院山門の傍とある。）……

この文章が拠り所とした『拾遺都名所図会』は、江戸時代後期の天明七年（一七八七）に刊行されたものです。ここで記している「三条坊」とは、粟田御所・三条白川坊、すなわち青蓮院の院主であった慈円の住坊のことです。一条天皇御宇としていた宗近が、一二世紀後半にあった三条坊あたりに住したから三条小鍛冶であるとの説明は辻褄が合いません。また、鴨川以東で現在の三条通りから狭い小路を入ったところに合槌稲荷社なる小祠があって、ここのお使いである狐が、童子の姿を借りて、宗近の相槌を務めて名刀「小狐丸」が鍛えられたとなっているのも、むしろ微笑ましいです。これらは、福永酔剣の著作『日本刀名工伝』に詳しいのでご覧いただきたいと思います。

そもそも粟田口は、京の都への重要な入口のひとつですが、刀鍛冶にとっても重要な位置を占める地域であったのです。粟田口は、三条大路から東に来て、三条大橋で鴨川を渡り、東海道、北陸道、東山道を結ぶ拠点であり、物流上、重要な位置を占めていました。鎌倉前期の五條国永（本当は粟田口国永でしょう）の作で「合田口等利傳《あわたぐちとりで》国永作」と銘の鑚られた太刀が存在します。この「とりで」とは、現在の語感で云うと「関所」的なものだったと思われます。胡《う》乱《ろん》なものは都へは入れぬと同時に、物資搬入には関銭なども徴収したのかもしれません。

古代にあって鉄の重要な産地のひとつに近江があり、『続日本紀』に大宝三年（七〇三）、志紀親王が近江の鉄穴《かんな》を賜った、天平宝字六年（七六二）に恵美押勝が近江の浅井、高島の鉄穴を賜ったと記されています。時代は下っても、近江から平安京へ入ってくる鉄は、粟田口に来るわけです。何故粟田口に刀鍛冶が居を構えたかは、よく理解できます。

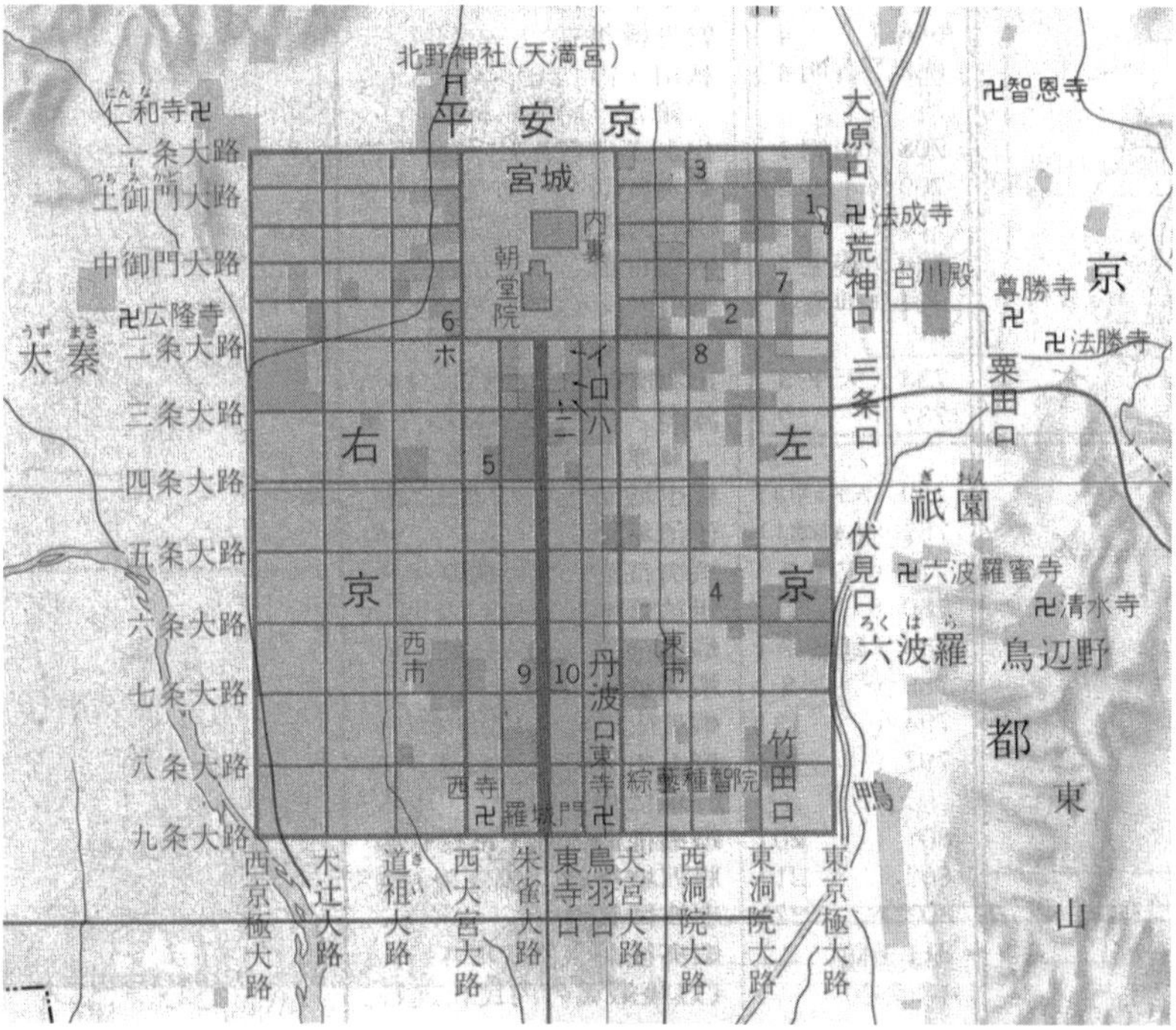

図 72　平安京　洛中・洛外

平安末期の山城刀工の宗近は、「粟田口宗近」であったとするのが自然と思えます。

2　粟田口の宗近

何故三条宗近となってしまったかは、単純な想定によるものと思えます。銘に鑽られた「三条」を宗近の居住地であるとしてしまったからでしょう。しかし一一世紀、一二世紀初頭以前に、三条通りでも粟田口（粟田郷）あたりになると、三条何々と三条の下の部分をはっきりさせないと場所の指示にはならないのです。なぜか。

粟田口は、洛外に位置しています。洛中は、東京極大路《ひがしきょうごくおおじ》までであって、それより東は、洛外です。三条大路も東京極大路までとなるのです（図72）。それより東は、廟所であったり、あまり開けていない地域でした。鴨川は、当然のようにしばしば多雨によって氾濫する。更に東は、開けていない広大な地域があるためにその小高いところには神社、仏閣が設営されていました。桓武天皇が、寺社勢力を抑えるために、洛中での仏閣造営を制限したのも影響したかもしれません。音羽山の清水寺は八坂郷で早くから開かれた観音霊場でしたが、叡山の青蓮坊が粟田郷に移設されて、青蓮院として創立されたのでさえ、一二世紀中頃でした。粟田郷には、古くから素戔嗚尊《スサノオノミコト》を祀る感神院新宮（粟田神社）があるくらいでした。近江からの入口であるから「粟田口」と云うのであって、慈円の住坊「三条坊」の呼称も実際はいつごろ、そう呼ばれていたのかと思ってしまいます。

通常、三条の云々など云う時はすべて洛中の三条大路の東西約四・五キロの内でありました。それもその邸宅の持ち主、場所によって三条殿、西三条院、東三条殿など呼び分けられていました。粟田口派の棟梁的宗近の有銘作が、古来少ないにかかわらず、「三条」銘と「宗近」銘を都合よくくっつけるばかりか、「三条住の宗近である」という安直な説に対して、おかしいとの声がないのは、むしろ不思議なことに思えます。現存する「三条」銘太刀は、佩き裏の銘となっています。三条と、宗近を同人とした場合、刀剣の鑑定、目利きに知識のある者にとって、差し表にある腰刀の宗近銘は、掟に適っています。三条銘太刀は、当時の常から外れた佩き裏に銘が鑽られている上に、宗近が「三条」と鑽るのはまことに面妖です。当時のひとびとの認識からすれば「三条」では、どこの誰のことか理解できません。また、一介の刀鍛冶が、当時の高貴な人々同様に、直截的な名乗りに替えて、居住地を銘として、自ら「三条」と鑽るのは、はなはだ不自然と言わざるをえません。こうしたことは、下位のものが、高位の方の実名を申すのは、恐れ多いと考えて、直截的に氏姓を言わずに、居住地名に替えて云うのが、始まりでありましょう。それが一般化して、高位者自らもそれを名乗りとして使うようになるのですね。そこで三条銘の刀工が、宗近同人あるいは、宗近同様に同時期の粟田口鍛冶であったとして、次のような可能性が考えられます。

一　粟田口の宗近が三条のさる人からの命によって鍛えた。

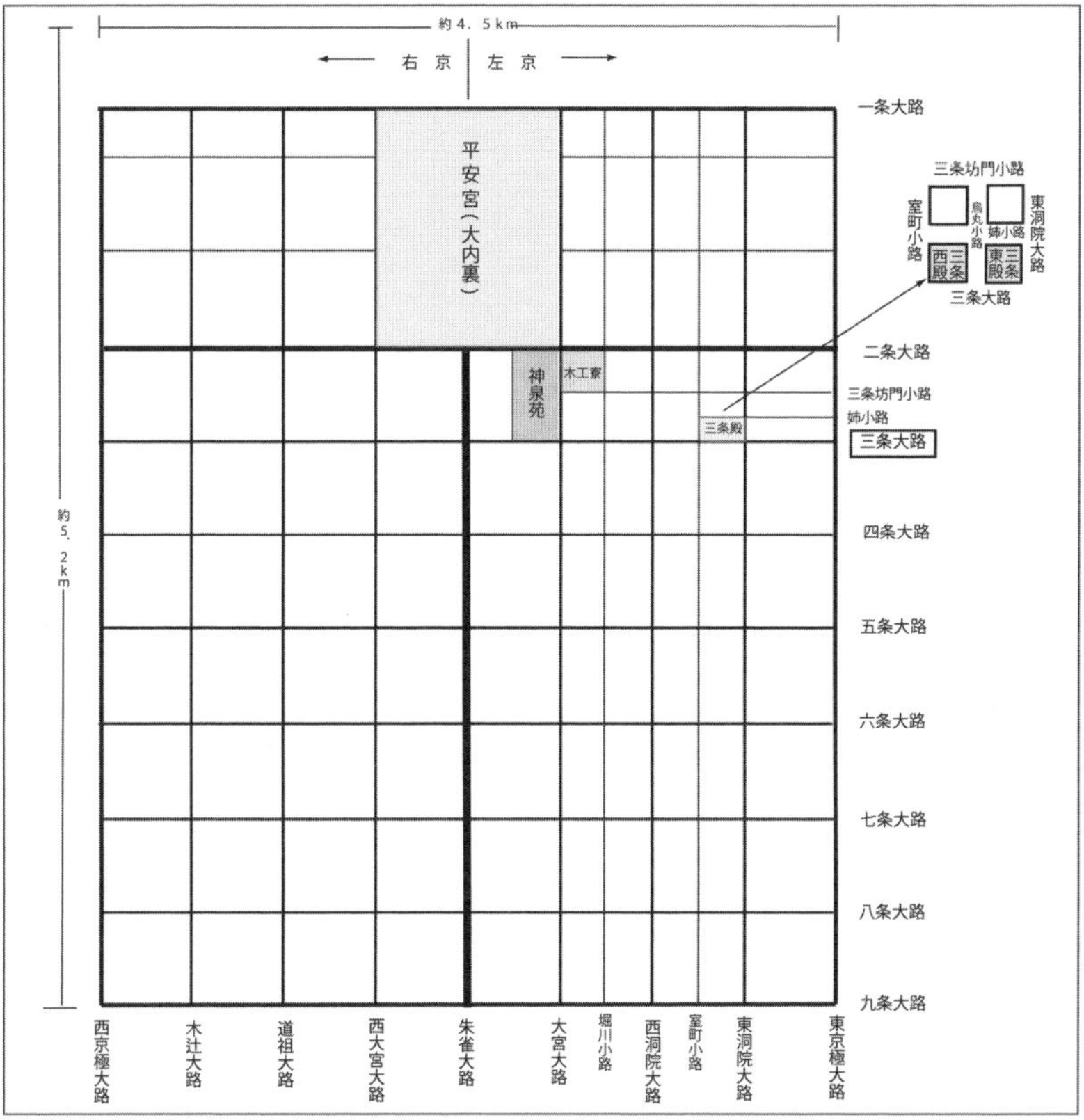

図 73　平安京　木工寮・三条東殿・三条西殿

二　さる人の命によって、その貴人の邸のある三条の某所で鍛えたことから、特に佩き裏に「三条」と鑚った。

この場合、三条とは、何を、あるいは、誰を意味するのでしょうか。

3　三条大路の貴人

先に述べたように、三条大路は、東海道を始めとする街道とつながる政治的、物流的に枢要な道路でありました。故に平安期には、有力者や物資の搬入に至便な三条大路近くに邸宅や役所が設けられた例も多いのです。

平安期、刀剣類を鍛えたのは、兵部省造兵司に属する雑戸である鍛冶部、宮内省の鍛冶司《かぬちのつかさ》に属する鍛部の両方であったようです。そのうちの鍛冶司は、難波宮が都と決められた天平十六年

（七四四）に一旦、廃止されたものの、大同三年（八〇八）復活して宮内省、木工寮《こだくみのつかさ》に併合、存続しています。そして興味深いことに木工寮は、平安期に、三条坊門小路北、堀川小路の西にありました。現在では、二条城と重なる地に、条坊の四分の一を占める広大な敷地を有していました。この立地は大いにうなづけるものです。陸上交通の要である三条大路に近く、水上交通の要であった堀川に面していたのですから。堀川は、文字通り物流の為に人工的に掘り広げた川であり、平安京に必要な木材などは、堀川を通じてもたらされたのでした。

この木工寮との関係は、定かではありませんが、木工寮所在地址からすぐ隣と云ってよい位置、堀川押小路あたりからすぐ南の東西の通りは、姉小路になります。その姉小路西部分の、現在に残されている町名は、興味深いことに、「鍛冶町」なのです。またその鍛冶町から北へ御池通りに向かう筋は、「上鍛冶町」となっています。

地元の人たちも何故鍛冶町と云うのか、御存じないようです。筆者のようなものは、すぐに木工寮に居た鍛冶たちとの係りを夢想してしまいます。勿論、木工寮との係りは分からないのですが。

さて、現在の姉小路通りを鍛冶町から東へ宮木町を経てすぐに釜座町（なんと「釜座で」す、鍛冶とかかわりが深いです）の東に「高松神明神社」があり、これは、後白河天皇が即位し、保元の乱の折に源義朝と平清盛が軍勢を整えたと云う「高松殿」址とのことです。これらは、すべていにしえの三条大路からすぐの地点なのです。

更に興味深いのは、高松殿から三条大路を東へ進むと今の烏丸通りを挟んだ形で三条西殿と三条東殿の広大な屋敷があった地に至ります。どなたが住まわっていたかと云えば、院政をしいて八幡太郎源義家を引き立て、武家勃興のもといをつくったと云われる白河院、次いで鳥羽院そして後白河院でした。反信西派であった藤原信頼と、源義朝らが五百余騎で三条殿に夜討を仕掛け、後白河院を捉えて、幽閉したのをきっかけに平治の乱（一一五九）が勃発したのは有名です。

院の御所で武家と云えば、北面の武士ですね。三条大路の北側に存在した院の御所、そこに出仕していた北面たち。

筆者は、粟田口から三条通りを西へ二条城へ至るまで歩いてみましたが、古えの人たちにとっては、隣のような距離であったと思います。粟田口から三条東殿まで、三キロ程度でしょう。

決めつけることはできませんが、敢えてこれらの細い糸を手繰ってほぐしてみます。

平安前期（九世紀前半）に木工寮（三条坊門小路、堀川東）に属していた鍛冶たちは、徐々に自立化して、公家や武家官人たちから独自に注文を受けるようになり、至便な地である粟田口に鍛冶場を構えるようになった。官に属することなく、公家や官人から注文を受けて報酬を得る方が、実入りの良いことは、当然ですね。なまじ技術を持つがゆえに、低い位階を与えられて、わずかな支給で、半ば隷属のかたちで縛られて与えられた仕事をこなすより幾層倍もやる気を起こさせたでしょう。木工寮の鍛冶司併合から一〇〇年も経た一〇世紀には、旧制を想像も出来ないほど鍛冶の自立化は進んでいたのではないでしょうか。もちろん「自立化」といっても現在の自立、自主とはその内容は異なっていたのは云うまでもありません。

鉄を鍛え、鋳し、あるいは他の金属の加工も行うには、藤原氏を筆頭とした支配層から庇護を受けて、そこからの注文を受ける。そしてそれ以外にもある程度自己の判断で受注できる状態がうまれたと解するべきかもしれません。そうして一一世紀に至って白河院が登場して、北面を重用しだすと、それまでにはなかった武装集団である白河院の北面の武士たちからの刀剣需要が発生したと考えてもさほど無理はないのではないか、それが佩き裏「三条」銘太刀の由来ではないでしょうか。三条殿あたりからの特注品と云う訳です。白河院から北面の武士に褒賞として与えるための太刀であったと考えても飛躍しすぎとも云えないでしょう。

白河天皇が、譲位して上皇となったのは応徳三年（一〇八六）ですから宗近活躍時代と符牒が合いすぎているくらいです。原因のない結果はなく、白河上皇の登場は、太刀が奉納品として残されることになる時代を招来し、武家の勃興期と重なり合うのです。

伝説は伝説として、刀剣の時代も冷静に見る必要もあるでしょう。こうした中央における刀剣でさえ、時代を遡ると謎が多いものです。ました中央から遠く離れた地方では、中央の変化、流行り、技術が遅れて伝わることも多いのが当然です。古く見える太刀でもその伝説、神話を鵜呑みにするのは、探求を排除してしまうことになって宜しくないように思えます。

今後、考証のための新技術が開発され、更に新たな文献資料などが見つかることを期待して筆をおきます。

文献出典

1　川口陟・飯田一雄『刀工総覧』刀剣春秋社　一九六八年

十二　正宗の風景

〈正宗〉といえば、古今の刀鍛冶の中で最も知られた存在といえるでしょう。刀剣愛好家の間でも人気があり、美術館・博物館でも特別展が開催されることもあります。そして先頃（二〇一四年時点）は、《嶋津正宗》の所在が、約一五〇年ぶりに確認されたというニュースが、各紙に掲載されて、一般の関心も高まったことでしょう。

図 74　嶋津正宗

そこで本章では、正宗を採り上げてみます。せっかく《嶋津正宗》が出てきたのですから、その押形（図75）を見ていただきます。

例にもれず大磨上無銘ですが、今回確認された嶋津正宗とされる刀の写真を見ると刃文の状、茎の形状、目釘穴四つ、内二つ埋め、となっているのが、押形とも重なって、同一の刀に間違いないと思われます。

『享保名物帳』には次のように記されています。

御同所（松平加賀守＝前田綱紀）
嶋津（正宗）
磨上　長さ弐尺弐寸
七分
代金　弐百枚
紀伊国殿（光貞）御隠居之節
上る　松平加賀守殿
館へ常憲院様（綱吉）御成之節
被下由　表裏樋有
之

この記述からは、何故「嶋津」を冠するのか明らかではありません。享保よりはるか前、関ヶ原戦い頃までは、嶋津家にあり、それが家康に献上され、さらにお分けものとして紀州家に、ということもありえましょう。嶋津、徳川への移動の間に秀吉が入っていても違和感はありません。

さて、《嶋津正宗》の確認はこれくらいにして、〈正宗〉と云う日本刀は、戦前から戦後の今に至っても話題に事欠かない存在です。古くは、明治二十九年（一八九六）当時の刀剣界の権威の一人である今村長賀が名刀正宗捏造論を読売新聞紙上に展開して、さらにそれがいわゆる「正宗抹殺論」まで発展してしまった一件。そして、最近になっても時折、各紙に正宗が採り上げられることもあります。

刀剣研究者、数寄者であるほどいささか感情論に走りがちであるのも事実でしょう。しかし筆者は、今ここで先人の甲論乙駁に参戦しようというのではありません。多くの論者が、〈正宗〉を持ち上げたのは豊臣秀吉であるとしていますが、そのあたりの確認を含め、名刀正宗にまつわる周辺を巡って、その風景を鑑賞して見ようというものです。

刀鍛冶、正宗については、福永酔剣が『日本刀名工伝』中、「五郎正宗」の題で七十余ページに亘って詳述しています。「正宗抹殺論」から古伝書、俗説に至るまで網羅されています。その中で日本刀剣保存会会誌の『刀剣と歴史』主幹であった高瀬羽皐が明治四十三年（一九一〇）に東京日日新聞の依頼で連載した「刀剣談」で述べた対正宗疑問十ケ条を紹介しています。それを以下にちょっと記します。

一．正宗の名、元弘、建武時代に現れざること。
二．正宗の名、「注進者」の中に見えざること。
三．宇都宮三河入道の選択名刀に正宗なきこと。
四．慶長以前名将の佩刀に正宗なきこと。
五．太閤の時代に正宗初めて賞鑑を得たること。
六．正宗の価格について大いに相違を生ぜしこと。

七．正宗の刀、余りに多数なること。
八．正宗の刀に在銘ものなきこと。
九．徳川時代に至り俄に正宗多数になりしこと。
十．正宗の名物に切味を以て異名をえたるものなきこと。

疑問のポイントとしてよく考えられていますので、この十ヶ条を頼りに見ましょう。

1　正宗銘

正宗の銘について、『刀工総覧』[2]をひもといてみますと、「相州住、……行光子五郎入道と号す、正応頃」としてあり、正応頃とは、一二八八～一二九三年ですので、鍛刀期間が、南北朝期にまで及んでいるにしては、少々、年代が早い気がしますが、まあこれが一般の知識と云うことになります。但し高瀬羽皐指摘の第八条に有る通り、太刀、打刀に、銘のあるものは無くて、在銘のものは、すべて短刀でありました。

その在銘短刀〈正宗〉は、かつて十口ほどありました。

①　短刀　銘　正宗（名物夫馬）　八寸九分半　東京国立博物館蔵
②　短刀　銘　正宗（名物不動正宗）　八寸二分半　徳川美術館蔵
③　短刀　銘　嘉暦三年八月相州住正宗（名物大坂長銘正宗）　八寸五分　尾張徳川家伝来、徳川美術館蔵　大坂城落城の際に焼けたものを越前康継が再刃。
④　短刀　銘　相模國鎌倉住人正宗／正和三年十一月日（名物江戸長銘）九寸六分　将軍家蔵　当時焼失

⑤　短刀　銘　正宗／南無八幡（名物八幡）　八寸七分　将軍家蔵焼失
⑥　短刀　銘　正宗（名物三好）　八寸三分　将軍家、当時焼失
⑦　短刀　銘　正宗（上下龍）　八寸四分　大坂陣で焼け身　将軍家
⑧　短刀　銘　正宗（京極正宗）　七寸六分　京極家から明治天皇、宮内庁三の丸尚蔵館蔵
⑨　短刀　銘　正宗作（大黒正宗）　最上家伝来
⑩　短刀　銘　正宗七寸七分半　尾張徳川家伝来　徳川美術館蔵

このうち⑨大黒正宗を除く九口の押形を並べてみます（図76）。

図75　「正宗」在銘短刀押形　①　夫馬正宗

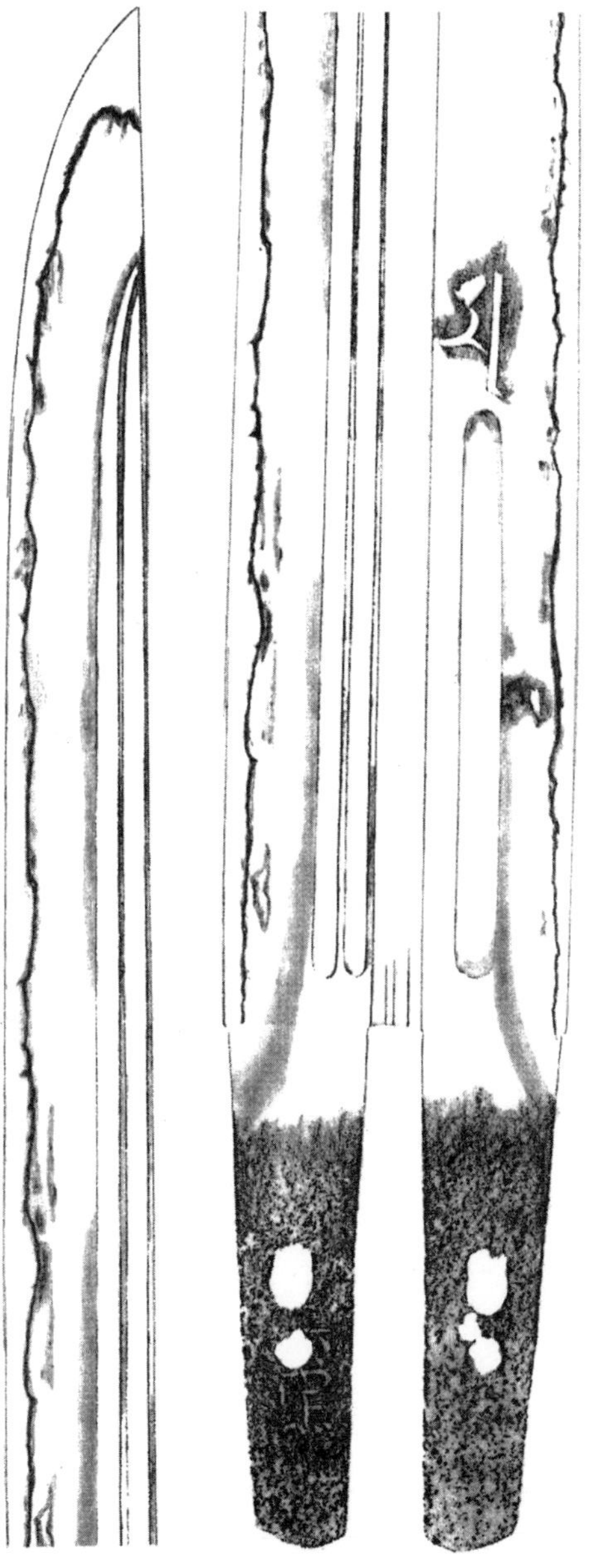

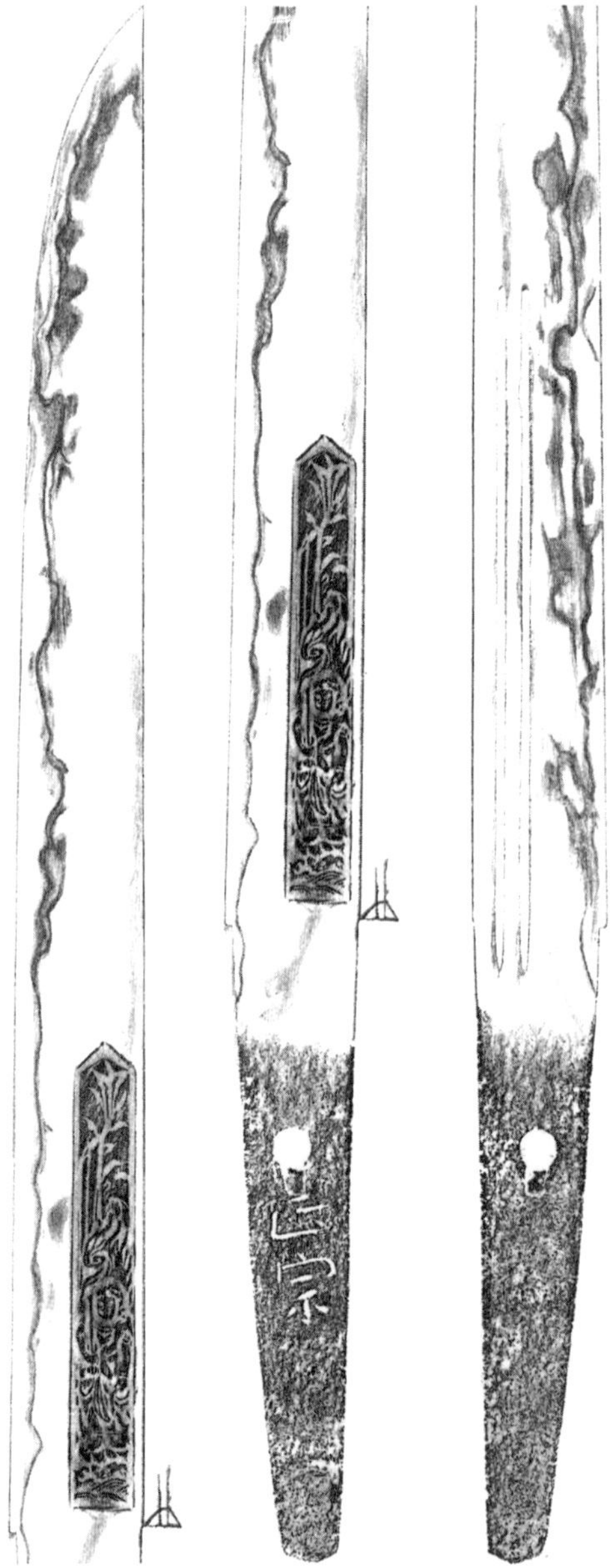

図75－② 不動正宗

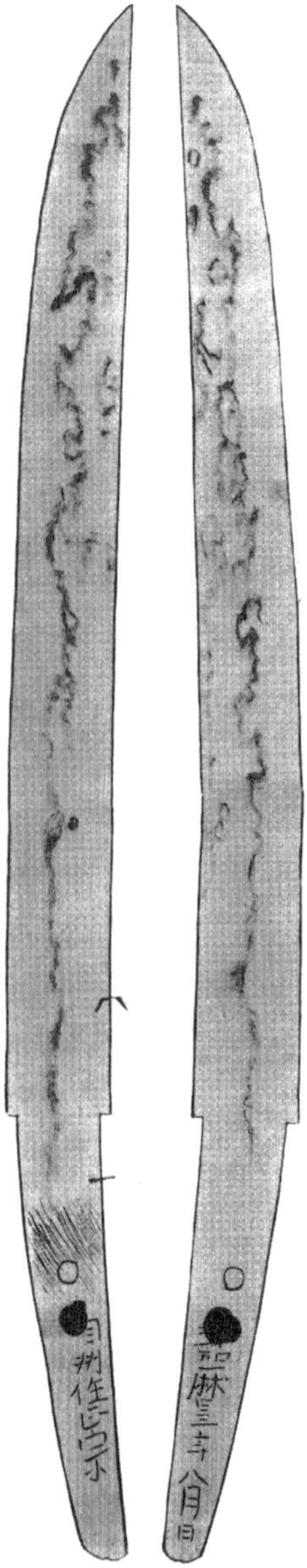

図75－③ 大坂長銘正宗

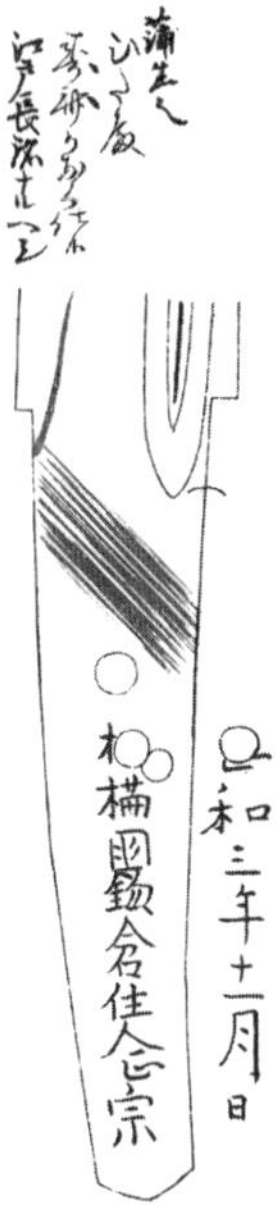

図75－④　江戸長銘正宗

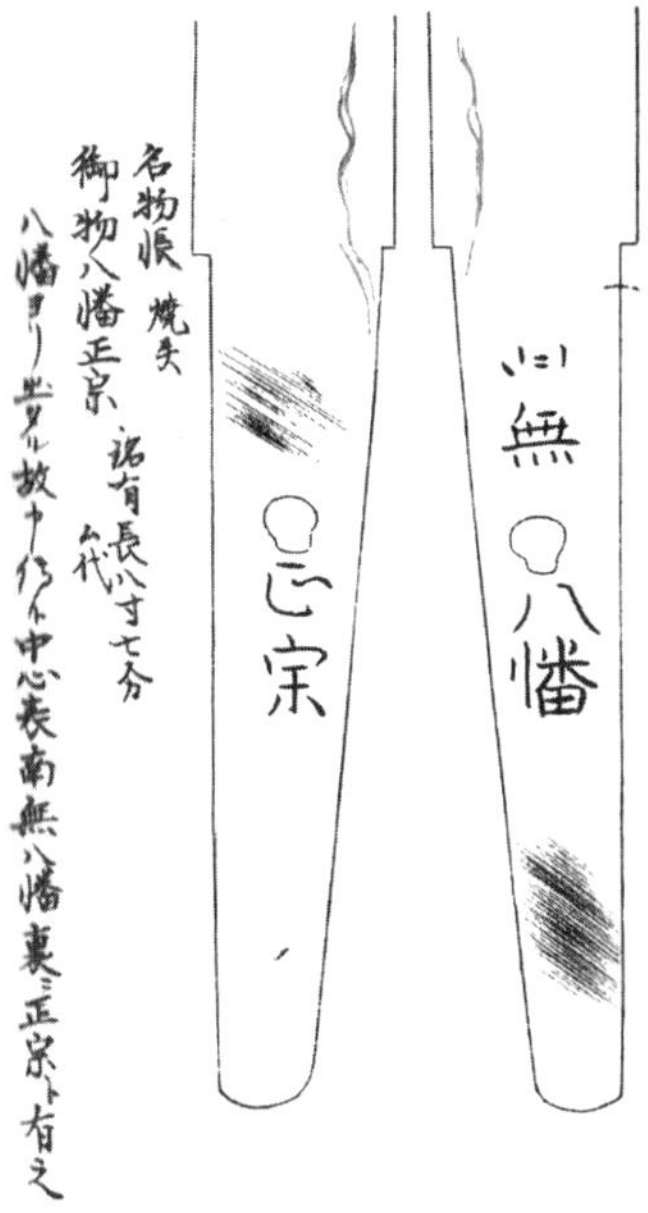

図76－⑤　八幡正宗

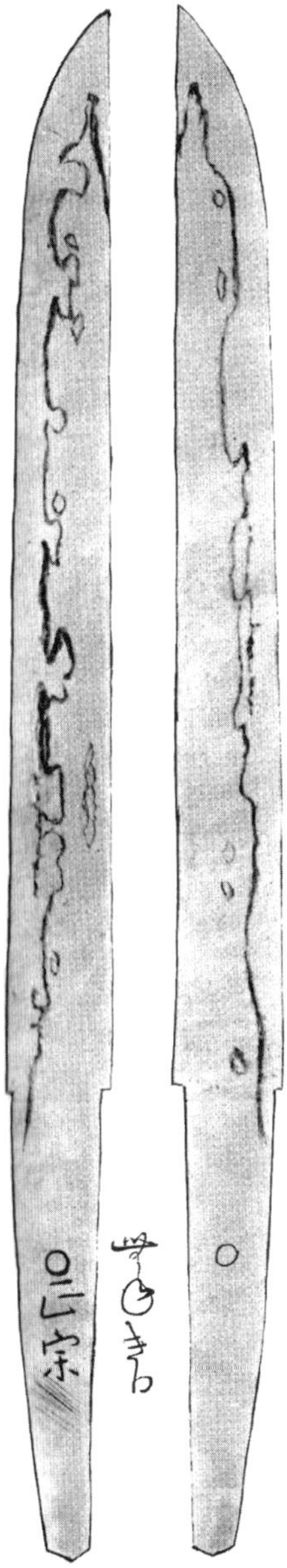

図75－⑥　三好正宗

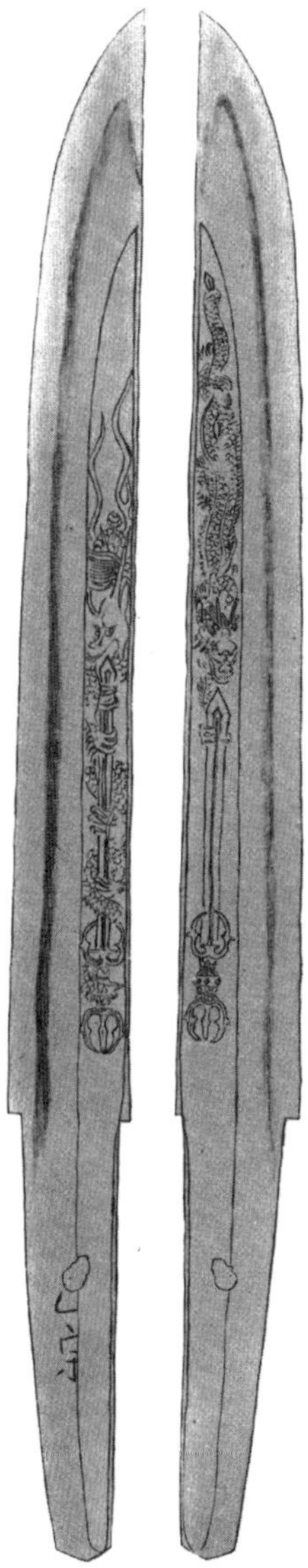

図75－⑦　上下龍正宗

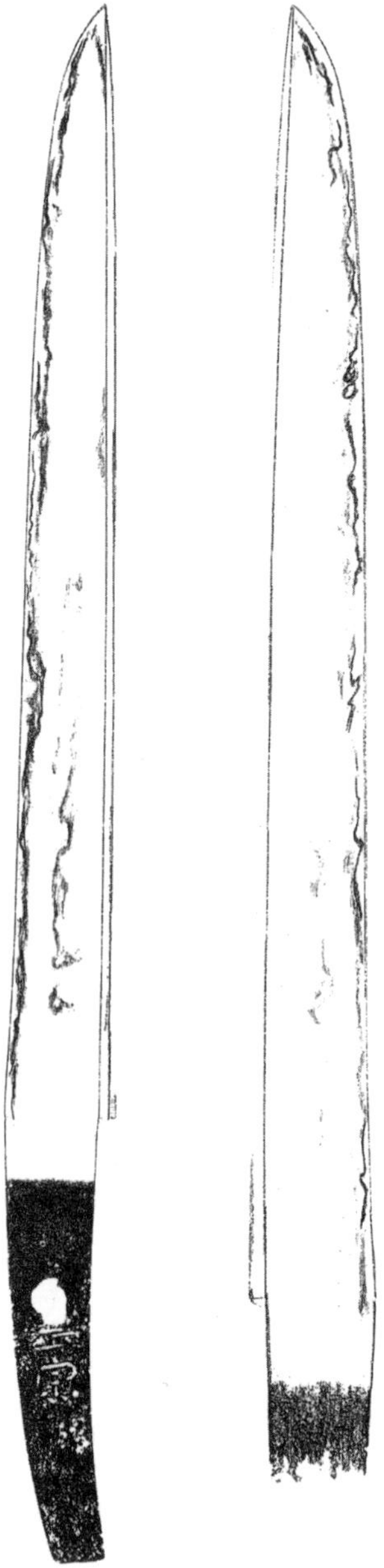

図75－⑧ 京極正宗

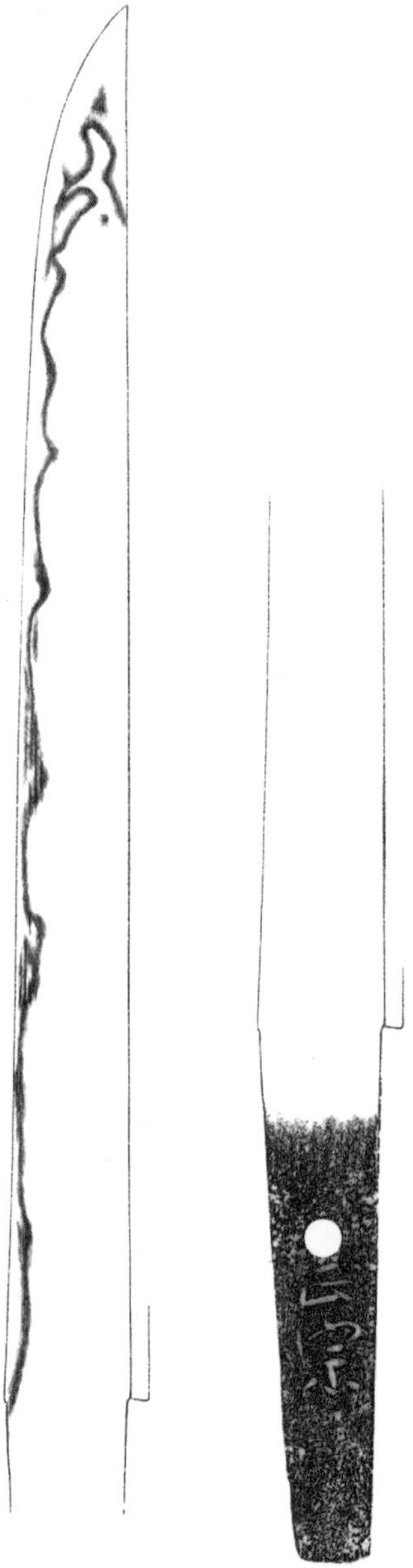

図75－⑩ 正宗

この九口のうちで、現存するものは①夫馬正宗、②不動正宗、③大坂長銘正宗、⑧京極正宗、⑨大黒正宗、⑩尾張徳川家伝来短刀の六口です。これらすべてがひとりの刀鍛冶によるものかどうか、また刀身自体は時代に即したものか否か、鎌倉時代から南北朝にかけて鑽られた「銘」であるか否かは、鑑定上大きな問題ですが、さて如何でしょう。鎌倉末期から南北朝時代にかけて、正宗という銘を鑽った刀鍛冶がいたとして、それがその当時に、然るべき名のある刀工として認識されていたか否か、はなはだ疑わしいのは、日本刀に興味を持っている人であれば、当然思い浮かべる疑問です。長寸の刀で、時代の戦い方に適わなくなって、磨り上げられたとしても、その銘を惜しんで折り返えしたり、銘部分を切とって額銘として、残された茎の中に入れ込んだりすることも多いのですが、そうした例が見いだせないのは、残すだけの価値ある銘とは、見なされていなかったとの指摘にはなかなか反論出来ないのが実際です。

さらに諸氏への情報として、参考までに以下をお伝えしておきます。

刀剣研究家の中原信夫氏は、正宗の存在について、「相州伝について」と題する文章の中で、以下のように紹介、引用しています。

『新札往来』（南北朝頃に成立か）、『尺素往来《せきそおうらい》』や『桂川地蔵記』（室町時代に成立したとされる）の文献に正宗の名前ありとして正宗の存在が確実に証明されたと決論した。

併し、その三つの文献はともに転写本のみの現存で明治期の『続・群書類従』や江戸時代の『群書類従』に所収の三つのこれら文献には確かに正宗ではなく五郎入道の名前があり、貞宗とされている彦四郎の名前もある。但、これらは講談調の俗称で、この様な呼称は他の有名刀工にはなく明らかに違っている（『春霞刀苑』佐藤幸彦氏）。

たしかに、『新札往来』やそれを元に編集加筆したと云われる『尺素往来』には、「正宗」の名は、記されていないのです。後の時代に「正宗」が追記された『尺素往来』が存在するのみです。

『新札往来』[3]

……近来、来国俊、国行、進藤五、藤三郎、五郎入道、其子彦四郎、一代之名人候。御所持候者、少々、可拝領候、……

「進藤五」には、永仁元年（一二九三）十月三日年紀の《鎌倉住人新藤五国光作》銘の短刀が存在するので、間違いはないでしょうが、それ以降の通称名については、類推でしかないのが実情です。

では、最古の刀剣鑑定書と云われる『銘尽』[14]は、どうなっているのでしょうか。少し慎重に見れば東寺の観智院に残されていたと云うにしては、本の構成、刀鍛冶の記し方にとりとめがなく、おかしなことがあるのに気が付きます。表紙がなく、頁をめくれば、いきなり〈正宗〉、〈貞宗〉、以下が記されて、続く頁に〈国吉〉、〈定俊〉、〈光包〉、〈長光〉とあるのに、続いてすぐに「備前備中雑鍛冶交名」のタイトル。多くの鍛冶名に交じって〈長光〉、〈光忠〉、〈守家〉、〈景光〉、〈則光〉などが記されています。頁を繰っていくと「日本国鍛冶銘」のタイトル以下に記された銘の中に〈藤三郎〉大和住人とあったりして、藤三郎は、相州行光で正宗の父であるはずと思いこんでいる頭の固い筆者を混乱させるばかりです。

そこに記載されている鍛冶系図は、順に「青井（青江）」、「粟田口」、「千手院」、「来」、「相模」、「鎌倉」、再び「来」となっています。まことに解りにくいです。

さてここが問題です。頁二一裏から頁二二にかけて「相模」鍛冶系図があり、そこには〈国光〉の下に〈行光〉と並んで〈正宗〉の名が見えます。しかし頁二六表にある「鎌倉」鍛冶系図に〈正宗〉の名は存在しません（次の表を参照）。一体どういうことでしょうか。しかもよく見ると頁二五裏までとは、まとめ方が異なる上に、素人の私が見ても筆跡《て》が違っているのです。

明らかにいくつかの異なる本を付け合せたとしか思えません。これは、読者諸氏にもよくよく最古の刀剣鑑定書である『銘尽』をご覧いただきたいと思います。

鎌倉鍛冶系図と相模鍛冶系図[4]（［ ］内は『銘尽』中の頁）

相模鍛冶系図［頁21裏・22表］

貞國——國弘——助真——國光
- 國重
- 國廣
- 行光
- 正宗

鎌倉鍛冶系図［頁26表］（括弧内は後書きと見える）

國宗——國光
- 進藤太郎
- 進藤文四郎
- 大進坊（ひがきなり）
- 行光（進藤三郎入道）
- 國光（弟子）

国安（備前四郎）

2　武将の愛刀と正宗

高瀬羽皐の十ヶ条の第四（慶長以前名将の佩刀に正宗なきこと）の指摘を採り上げます。まず織田信長。

信長の愛刀としてすぐに思い浮かべるのは〈義元左文字[2]〉です。桶狭間の戦いで今川義元を討取り、その佩刀を我が物としました。二尺六寸あったものを二尺二寸一分（六七チセン）に磨上げました。次に〈圧切り長谷部〉[3]。無礼をはたらいた茶坊主観内を成敗しようとしたが、その坊主が膳棚の下に隠れたのを棚板ごと押し切ったとの伝説。黒田家に伝わる。信長から秀吉、そして黒田長政に与えられました。『信長公記』[5]をみると、松永久秀が進上した《不動国行》に《薬研藤四郎》、荒木村重に下賜した〈大ごう（郷）〉、家督とともに織田信忠に譲った〈星切の太刀〉、秘蔵の〈左文字〉脇差、そして〈正宗〉[4]、《長光　号：鋣切《かんなきり》》が登場して、正宗は、まあ名刀中の一振りと云う扱いです。

上杉謙信は、備前刀に恋していたのではないかと思える武将でした。一文字（《山鳥毛》及び《姫鶴》）、《小豆長光》、《謙信景光》、兼光などです。

武田信玄は、代々伝えられた郷、兼光、左文字、信国、和泉守兼定（之定）。

豊臣秀吉は、関孫六兼元、《粟田口吉光　号：一期一振》、左文字（《国宝　短刀　銘　左筑州住》）、西蓮（《重文　刀　銘　談議所西蓮》）などです。福永酔剣によれば太閤薨去の二年後に本阿弥又三郎が書き出した刀剣台帳に記載された刀剣は一七五口。それが七箱に分けて納められていて、一之箱三十一口中に吉光五口、郷二口、正宗五口、貞宗四口と後世の三作とその系譜貞宗が数多く詰まっています。まあ、秀吉も天下を手中にして、正宗という銘を好んだのは理解できます。しかしこの本阿弥又三郎が、本阿弥本家十代の「光室」とすれば、その父である「光徳」とともに正宗究めを多く作り出した張本人と思しきひとですから、油断はできませんね。そこで『甫庵太閤記』[5]記載の太閤遺物配分を見てみます。その刀剣、全一六七口（筆者算出）中、正宗は、わずか三口です。前田、細川、毛利に譲られています。意味深長です。太閤遺志あるいは淀殿の意向に従って、三成あたりが秀頼を護り、正統を確と継がせよという暗示として譲った可能性があるでしょう。そしてこれでは、秀吉が、正宗を愛好していたにせよ、さらに大名たちへの恩賞として積極的に利用したとは云えないでしょう。

徳川家康でまず挙げられるのは、久能山に徳川将軍家護持のため奉納したと云う《重文　刀　無銘：三池典太光世ソハヤノツルギ》、日光東照宮にある《日光助真》、《重文　脇差：備前国住長船勝光宗光備中於草壁作／文明十九年二月吉日》、……などが思い浮かびます。もう少し追求して、『徳川実紀』を繰ってみます。すると〈正宗〉が出てきますね。家康が絶えず、身に帯びていた刀として、《宗三左文字（義元左文字）》と《菖蒲正宗》が出てきます。

『東照宮御実紀』[6]附録巻二十三

御差料の宝刀ども数多かりし中にも。宗三左文字と名付しは。織田右府が桶狭間にて今川義元を討し時。義元がはきてありしなり……菖蒲正宗と号せしも野中何がしという微賤の献りしにて……。この二振りは殊に御秘愛にて。替鞘をあまた作らせ置きて。御身さらず帯しめしなり。

そして重代の宝器として《本庄正宗》[(6)]、《目眠刀（保昌五郎貞吉作と云う）》、《油売刀》などが挙げられて、ここに至って〈正宗〉が多くなつてきた印象があります。引用した文章の直前に刀剣鑑定に関して「又、本阿弥をも召出て、絶ず……」とあり、本阿弥重用と思われる文があり、続いて先の引用文が入ってきます。やはり、家康も〈正宗〉を好んでいたとする流れを感じさせます。

こうして見てくると、正宗作とされる刀剣の出来が、戦乱に明け暮れた時代の風潮に合っていたためか、武将たちに好まれたということは、云えそうです。またそれに本阿弥家が、積極的に加担、利用したのでしょうか。

3　徳川将軍家と正宗

高瀬羽皐指摘、第九条の「徳川時代に至り俄に正宗多数になりしこと」です。武将の愛刀も徳川家康に至って〈正宗〉の比重が増したのは先に述べました。続いて、『徳川実紀』から見てみましょう。

家康から秀忠への継続時は、特に御家の宝刀と言挙げしてまで、譲られた刀剣について触れられていませんが、家康愛刀として記されたものが、それに当たると考えていいでしょう。

二代秀忠は、寛永（⑦）九年[7]（一六三二）正月に死期を感じて、太刀《不動国行》、太刀《江雪正宗》、刀《三好宗三左文字》、さらにさしぞへ《豊後藤四郎》を家光に譲っています。薨去後、遺物として尾張家に刀《会津正宗》、紀伊家にさしぞへ《寺澤貞宗》、水戸家へさしぞへ《切刃貞宗》を与えています。尾州へは、〈正宗〉、紀州、水州へは〈貞宗〉と格が意識されているようです。ちょっと横道ですが、秀忠が家光に譲ったという《不動国行》は、家光の将軍宣下の元和の折にすでに譲られていたはずなのですが、その後また進上して戻されていたのでしょうか。

三代将軍家光の時は、元和九年（一六二三）八月、家光が京都御所に参内して、将軍宣下の拝賀後、二条城で大御所、二代秀忠[7]と対面。その折に、家光から〈長光〉の太刀を進上、秀忠から《不動国行》の刀、《三好正宗》のさしぞへを引出物として頂戴しています。これが、継続時の移譲になりましょうね。そして寛永二年（一六二五）八月の家光婚礼の祝賀に、秀忠から〈菊一文字〉太刀、〈正宗〉の刀、家光からは、太刀（銘は記載なし）、〈郷〉の刀が贈られている。だんだんと〈正宗〉とその周辺の存在感が増しています。慶安四年（一六五一）四月二十日に家光は、薨去。齢、数え四十八歳。その時、家綱は、まだ十一歳と幼かった為か、継続の際の移譲刀などは、記されておりません。

家綱は、将軍宣下の翌年、承応元年（一六五二）八月に二の丸御宮に参拝。家康が関ヶ原の陣で帯用したという伝家の《菖蒲正宗（刀）》、〈信国（さしぞへ）〉を拝戴しているのです。病弱であった家綱は、子に恵まれなかったのですが、死の二日前に綱吉を猶子と定め、延宝八年（一六八〇）五月七日、本丸で綱吉に伝家の宝刀を伝えたということになっています。『徳川実紀』[8]は、次のように伝えます。

御座所にて御対面あり。御手づからのし進らせられ。大納言にのぼらせ給ふ旨面命ありて。本庄正宗の御刀。来国光の御さしぞへ進らせ給ふ。こは御伝家の御宝とぞ聞えし。

〈正宗〉は、徳川将軍家とその周辺に欠かすことのできない宝刀として、もうすっかり定着したようです。九代家重は、退隠時に黒木書院で次代家治と対面してかの〈正宗〉を伝えています。[9]

御父子対面し給ひ。この日又御伝家の御宝本庄正宗の御刀をゆづり進らせ給ひ……

もともと、「正宗」[7]は、第一に徳川将軍家にとって有り難い、良き銘でありました。仏教的意味でも、また天下を統治するものが奉戴するのに相応しい正統、を意味する銘であったのです。〈正宗〉が鎌倉鍛冶とされたことも、鎌倉が幕府創成の地であったが故に意義深いものと思われたに違いありません。ただ穿った観方をすれば、「正宗」銘も、「鎌倉鍛冶」という素性も、符牒が合いすぎて、疑いたくなるのもまた人情です。

4　享保名物帳と正宗

高瀬羽皐指摘の第七条、「正宗の刀、余りに多数なること」を徳川吉宗が本阿弥光忠に命じてまとめさせた『名物帳』から確認します。吉宗と云えば、大名家などに伝はる刀剣を調べさせた以外に、しばしば当時の名のある刀鍛冶を召して[8]「浜園（御浜御殿庭園、現在の浜離宮恩賜庭園）」で鍛えさせたりしています。中でも優秀であった薩摩の主水正正清、一平安代が褒賞として一つ葉葵紋を賜り、茎に鑚る事を免許されたのは、斯界ではよく知られたところです。緩みがちであった武家の精神を引き締めるためか、ともかく吉宗は、質実剛健、鷹狩や相撲が好きで、刀剣愛好家であったことは間違いないところです。

その吉宗へ報告された名物（刀）の数は、一六八本で、加えて焼身となってしまっていたものが八〇本、合計二四八本です。『名物帳』自体の解説はさておき、不思議なのは、国別の内訳で見ると、日本随一の刀剣産地であるはずの備前国が二三本、対してなんと相模国が、八九本。そのうち〈正宗〉が五九本（うち焼身一八）を占めています。

これを見れば、その偏りが明白です。備前刀が、越中と同じ二三口とは?。付け加えれば、大坂の陣で焼けた正宗として『名物帳』にあるのは三口です。①《若江／十河正宗：生ぶ茎無銘短刀》、②《大坂長銘：短刀》、③《上下龍：短刀》です。これを見ますとやはり豊太閤が本阿弥家と組んで、褒賞の為には足りなくなった知行地に替えて与えるために〈正宗〉を仕立て上げたとする説には納得できません。冷静に考えれば、知行地に替えて名刀を下げ渡すなら、桃山時代の時点でいくらでも伝世の名刀はあったのですから、敢えて正宗を無銘刀から捏ち上げる必要もないでしょう。

秀吉の時は、遺物で配分された〈正宗〉三口、手元に残された〈正宗〉が、大坂の役で焼身となった三口と併せて六口ですが、その他、記録のないものも含めて十数口程度でしょう。それが、百数十年を経た享保時代（一八世紀前半）には、名物とされる〈正宗〉が五九口もあるのは、なにかの意図が働いていたと考えるのが普通ですね。

例えば、《小松正宗》[9]無銘短刀は、前田利常が手に入れたのを、加賀の本阿弥光甫は、利常の意向に合わせて〈正宗〉極めに同意、その後本阿弥家に遣ったところ、〈延寿国資〉になってしまった。さあ大変、再度極めを求めたら〈行光〉となり、ようやく三度目で〈正宗〉に極まったのです。なんともはや、〈正宗〉とするための涙ぐましい努力の跡が見えるのです。

《夫馬正宗》短刀、銘正宗。秀吉の馬廻り役であったという「夫馬甚次郎が所持していたものを前田利常が求めたが、出来が宜しくないとして、本阿弥光甫に売り払うように命じたところ、加藤式部（明成）が金四〇〇枚で買いたいと云ってきた。利常は、金五〇〇枚ならと返答。結局中をとって、金四五〇枚で加藤家に納まった。

また、《小池正宗》小脇差、無銘の場合。本多美濃守（忠政）が京都の小池通りにある旅館で手に入れたため「小池正宗」と呼ばれる。延宝七年（一六七九）に本多政長遺物として四代家綱に献上となっています。寛政六年（一七九三）に本阿弥光一が朱銘を入れています。いずれにせよ、京の旅館で手に入れた等という話は出自が怪しいです。

とまあ、これ以外にも徳川将軍家を取り巻いて、正宗狂想曲は、音高く聞こえています。

このように見てくると『名物帳』はたまたま、本阿弥家が報告したものではないということです。吉宗が命じたのは、何らかの意図があったとみるべきかもしれません。その意図とは何かを推定、あるいは妄想してみます。

・多く仕立てた〈正宗〉を身分、格式を示す道具としてこれ以上恣意的に増やさないようにする。名物の数を固定化して、それらを贈答するものを限定し、身分格式を維持する。

・これ以上代付けの高価な正宗を増やさぬように本阿弥家にクギを刺す（本阿弥家の大名連からの荒稼ぎ）。

・大名間贈答の華美を抑え、質実を旨とさせる。そのために備前ものなどの佳作でも代付けの高くないものを利用して、贈答競争を抑える。

・新刀鍛錬を振興してその使用を奨励する。

如何でしょう、こう考えると吉宗も苦労しています。

〈正宗〉について、ここまで見てきましたが、刀剣愛好者として、事実は事実として受けとめる心構えを持つ必要がありましょう。その上で刀剣を愉しみたいですね。個人個人の趣味嗜好に関わる部分は、互いに尊重するべきでもありましょう。互いの考え述べ、傾聴する。ひとの知見は、大いに参考になります。それは、〈正宗〉に限りません。

そうした思いで「正宗の風景」を以下にまとめます。

●古刀期に〈正宗〉銘を備えた刀が複数存在します。但し、その時代は特定しがたいと思わせる点があるのも事実です。

●いわゆる〈正宗〉銘を鑽った刀鍛冶は、ひとりではなく、これも複数認められます。刀剣の作風、銘ぶりからしてひとりの刀鍛冶とするのは、合理性がないと思われます。

●武家の太刀、刀などの贈答儀礼に則って仕立てられた多数の無銘〈正宗〉が存在します。無銘の理由を奉納用に鍛錬されたことにするのは、刀剣史からして、無理があります。多くの無銘〈正宗〉短刀が相州ものと仮定して、それらは、相州鎌倉へ参じた不特定の武士たちのために鍛えられた作であったからとしても筆者に違和感はありません。《一遍上人絵伝》における福岡の市で売られていたのも、その多くは「短刀」であると認めるからです。ブランドとして確立していない「鎌倉」の鍛冶が、不特定多数に販売する短刀に銘は不要であったのかもしれません。

●〈正宗〉の作を、名作とするか否かは、趣味嗜好に関わる部分も大きいでしょう。時代が変われば、嗜好も変わる。暴れた刃文も室町の戦乱期には、好まれるものとなったのは、理解できます。権力者とそれに仕えるものの関係は、現代人からは想像できないものです。信条が異なるからといって、辞めれば済むものではありませんでした。注文主に合わせる、また命に従って、むしろそれに乗っかるのが生き残り、力を得るための処世でした。

大切先、小切先、肌立った鉄、肌理細かな鉄、自身の好みを自覚して、声に出して外に言える見識を持ちたいですね。

前にも記したことですが、刀を傷つけずに、時代を特定できる技術が発明されれば、喜ばしいことです。名刀を神話化せず、ひとの意見は意見として素直に拝聴して、その上で、自身の観方で刀剣を賞玩できるようにしたいものです。

註

（1）『銘尽《めいづくし》』：重要文化財。応永三十年（一四二三）写とあり、東寺の塔頭の一つである観智院に旧蔵されていた。文中に正和五年（一三一六）の記述があり、最古の刀剣鑑定書とされている。

（2）太刀《義元左文字》：重要文化財。建勲神社（京都市）蔵。茎に「永禄三年五月十九日義元討捕刻彼所持刀織田尾張守信長」の金象嵌がある。

（3）太刀《名物圧切《へしき》り長谷部》：国宝。福岡市立博物館蔵　二尺一寸四分（六四・八センチ）金象嵌で指表「黒田筑前守」所持銘、指裏「長谷部國重本阿（花押）」金象嵌銘。

（4）正宗：『信長公記』には、佐々木某所持であったものを佐々成政が金十枚で求め、鞘巻に仕立てて、信長に献上したものとなっている。

（5）『甫庵太閤記』：江戸初期に小瀬道喜（号甫庵）によって記されたものと云う。関白秀次、堀尾吉晴らに仕えた儒医。『太閤記』を記した頃は、加賀前田家の禄を食んでいた。物語的な誇張が多いと云うが、今回の遺物刀剣などは、概略の状況を伝えるものとして価値が高い。

（6）《本庄正宗》：この正宗は、伝家の宝刀として、永く徳川将軍家に伝わったが、第二次大戦後、進駐軍の米兵によって持ち去られたまま、行方不明となっているのが残念。後日、発見されることを期待したい。

（7）正宗（「せいしゅう」、「しょうしゅう」）：仏教界では、正しい、正統な教えを説く宗派として、「日蓮正宗」、「臨済正宗」などと記される。

（8）吉宗が最初に刀を鍛えさせたのは、享保四年（一七一九）七月二十八日と思われる。『徳川実紀　有徳院殿御実紀10』に依れば、「……刀工法城寺康定、下坂武蔵太郎安国に命じ浜園にて刀剣を作らしめらる、」とある。

（9）「小松」は前田利常隠居後の屋敷があった加賀国の小松からきている。寛永十六年（一六三九）致仕隠居。

文献出典

1 福永酔剣『日本刀名工伝』柴田商店　一九六三年
2 川口陟著・飯田一雄校訂『刀工総覧』刀剣春秋社　一九七二年
3「新札往来」近代デジタルライブラリー『日本教育文庫』
4『銘尽』国会図書館貴重書展：＃26　銘尽（デジタルライブラリー）
http://www.ndl.go.jp/exhibit/50/html/catalog/c026.html
5 桑田忠親校注『改訂　信長公記』四刷　新人物往来社　一九七九年
6 黒板勝美編『新訂増補　国史大系　徳川実紀第一篇』第五刷　吉川弘文館　一九九〇年
7 同　『新訂増補　国史大系　徳川実紀第二篇』第五刷　一九九〇年
8 同　『新訂増補　国史大系　徳川実紀第五編』第五刷　一九九一年
9 同　『新訂増補　国史大系　徳川実紀第十編』第五刷　一九九一年
10 同　『新訂増補　国史大系　徳川実紀第八編』第五刷　一九九一年

十三　砥石・手入れ・作法・銘・拵え

1　砥石について

高雄なる砥取りの山のほととぎす
おのが刀をとぎすとぞ鳴く

右に紹介したのは、古くから京都の梅ケ畑あたりに伝わる和歌で、砥石として有名な「鳴滝砥」の産地を詠ったものです。幕末の松浦静山も西行法師の作として紹介しています（『甲子夜話2　巻二十三（十五）[1]』）。拙訳してみると、「高雄あたりにある砥石を採る山のほととぎすは、自分の刀を砥いでいるよと鳴くのだ」。砥ぎが、鑑賞に堪える日本刀に仕上げるのに不可欠な工程であるのは、云うまでもありません。本章では、閑話休題的に、古書、故実書に記されている刀に関する「作法」や「手入れ」などについてのあれこれをお伝えします。

お断りしておきますが、ここでご紹介する内容が、「正しい」ということではなく、また間違っているということでもありません。手入れなど、その通りされても、結果は、保証しないのでそのつもりでお読みいただきたいと思います。

さて砥ぎとその刀剣の保管ですが、松浦静山は、本阿弥家の秘事として次のようなことを書き残しています。

刀剣及び矢根等の磨あげたるをば、末香（抹香）に入れ置けば、月日を歴ても少しも鏽曇《さびくも》ることなし。これ本阿弥家の秘事と云。これを試みるに、ほん磨にとぎたる物を収め、日を経て末香より出し拭ひみるに依然として曾て違ふことなし、頗る奇伝の単方なり……（『甲子夜話続編3　巻三十（三）[2]』）

あえて試みるつもりはないですが、面白い。

砥ぎとそれに使う砥石ですが、相当古くからあるのは、まちがいないと云えるでしょうね。刃物と砥ぎは一体であり、青銅器の制作、すなわち鋳造品のバリを取るためには、原初的な砥石や砂・泥土などが使われたと考えれば、やはりその使用は、相当に古いと思われます。

中国の『晋書』張華伝（列伝第六）に「華以南昌土不如華陰赤土」と出ていて、砥ぎに南昌の土は、華陰の赤土に及ばないというのです。三国時代後の「晋」ですから、当然、鉄剣、鉄刀はあるはずですが、ここでの話は、中国の神話に属する名剣「干将」にまつわる話ですから、青銅の剣とみなければなりません。華陰は、華山の北に古くからある地域で、現在でも陝西省の華陰市として存在しています。まあ古いですね。そうして、おそらくは、金属を使って斬る・刺す武器を人類が生み出した時から、刀剣を氷や三日月に見立てて、より鋭利に、また美しく、神秘的に見えるように、その刃を砥いできたということでしょう。その威力が大きければ大きいほど、人々はより美しく仕立てようとしたのですね。

我が国でも、古くから優秀な砥石が存在していました。先ほど紹介した「鳴滝砥」は、平安遷都とともにその近郊で良い砥石はないかと探された結果、見出されたものらしいのです。山城物の太刀が鍛えられるようになったのに伴って高雄・鳴滝は、優秀な内曇砥として声価を高めた。それより古く奈良でおそらく直刀が盛んに鍛えられた当時も、春日の奥山で産する「白砥」が有名であったらしいです。

しかし都の近くというより、離れていても名声が鳴り響いていたのは、今も有名な「伊予砥」であるらしいのです。現在でも、刀剣の中仕上げ砥として有名ですが、なんと天平年間の正倉院文書に観音菩薩像立造のために伊予砥を課した、また延喜式に各官への支給品として伊予砥が記されていたとの話です。四国松山近くの砥部という地名は、その流れを汲むものと云ってよいでしょう。

刀剣の産地である備前にも砥取山があるのではないかと調べたところ、ありましたね、これが。備前福岡や長船のすぐ近くの邑久郡に、砥石山が。そのすぐ横の峰には、大永年間に宇喜多氏が築いたという砥石城もあります。刀剣や金属器の需要地である都のみならず、産地近くにちゃんと開発されていたのでした。まあ、時代が下るにつれて、備前のようなブランド品はともかく、各大名の御膝元では、鍛刀がなされ、砥石もそれぞれに必要であり、その結果、各地に砥石山があるのが当然といえば当然です。

2　刀剣拝見の作法

刀を見せる、あるいは見せてもらうということも室町期には現在に通じるような鑑賞という認識が一部できていたように思えます。『鳥板記』[3]という故実書に次のような記述があります。

> 人の刀を見る事、むかしはかならす小刀かうかいもぬきて、扨《さて》刀をぬきたり……当世は、それもことこと敷見へてわろし……去なからかはと抜けは、かうかいなとに、つはのつかゆる事も有間、さやうの所によく〱……心をそへてぬくへきなり……

これは室町頃の作法ですが、時代を遡るほど、作法にはうるさかったものとみえます。武家であるから刀は、当然腰に帯びており、その拵えに入っている刀（大刀・打刀）を見せてもらうということになります。白鞘入りということはないですね。故に小柄・笄が附属している。小柄のことは、当時「小刀《こがたな》」と云っていた。昔は、刀を見せてもらう時に笄や小柄は、ひっかからないように、抜き取ってから鯉口を切ったものであるらしい。心得なんですね。それが今は、それも事々しい（大袈裟だ）という。しかしよく注意するように、と云っている。このあたりは、今も変わらぬ必要な心づかいですね。

打刀に付属する小柄、その昔に云う小刀は、古代の刀子の発展系らしいですが、実用的なものであって、同じく『鳥板記』その他に記されている内容からそれと理解されますね。

一あふら火をかきたつる事。定法なし。何にてもかきたつる物あらはそれにてかきたてへし。……かきたてものなき時は小刀に成共かきたてへし。云々……

かきたてる適当なものが無いときは、小刀を使え、それも刃方ではなく棟方で行うようになど、事細かに教えを垂れています。

3　進物としての刀銘

さて武士のたましいである太刀、刀を人の進物として遣い物にするときはどうでしょうか。まず太刀が第一、次が打刀です。まあ理解できますね。そして芳しくない銘は、よろしくないと云っています。

御太刀かたなに……銘により進物にも不成事候……、進上の御太刀に無銘ハ不成候、然遣太刀の事不苦……
（『人賢記』[3]）

また無銘は、献上品としてはよくないが、人に与へる（遣わす）のであれば苦しくないという。上下の別がはっきりしています。

銘は、刀鍛冶の名前、あるいは「号」のようなものですが、古くから嘉字にしていました。たとえば、三条の「宗近」とか、五條の「国永」とか、備前の「正恒」しかり。しかし同じ頃に「友成（備前）」、「安綱（伯耆）」とかは、いい名前だけれど、天下国家や氏《うじ》に係るような大上段的な銘ではないです。古代の、素直で直截的な名前とが入り混じっていたのか、あるいは、本当は時代に相違があるけれども、後世では前後区別がつけられなくなっているのか、はたまた、都など権力に近いほど大層な名前になりがちだったとか考えられましょうね。そう考えると、京では、粟田口くらいになると、「国」を冠した刀工が多いでしょう。「国安」とか「国吉」、「久国」とかです。備前では、もう少しつつましやかですよ。筆者の偏見でしょうか。例えば、「包平」とか古備前でも、「高綱」、「助包」、「景安」などになります。

時代がもう少し下っても備前は、長船「光忠」などは、「忠」を「光」らせるくらいで可愛いです。最も天下国家や正統を嗣ぐ意味合いを持たせたのは、鎌倉鍛冶でしょう。後世のこじつけかな。「国光」、「貞宗」、「正宗」で、備前鍛冶でさえ、鎌倉に往って、「国宗」という鍛冶銘が残ったのでしょう。逆ではないような気がする。江戸期に持て囃されたのは、当然です。特に家康の、長子相続させるという決断の御蔭で三代将軍となった家光とその取り巻きあたりが持て囃したのではないでしょうか。

家や主君にということでなければ、「長光」とか「吉光」、「延寿」や「寿命」なんかは験がいいのです。反対に越前の下坂鍛冶なんか、「下り坂と読むを忌みて、本坂として差す諺かつぎあり……」と松浦静山は、『甲子夜話２』[1]に記しています。野暮ですが、少し説明しますと、「下」の字二画余り手を加えると下坂の銘が「本」坂に変わるということです。私はまだ「本坂」と改竄された銘を見たことはありません。また武蔵国「下原」銘は、「下腹を切る」で切腹を連想させるとかで忌んだという話も聞きます。それを云えば、南北朝期の「左」なんかを前差にしたりすると「左前」となってよろしくないような……。

4　作法と拵え

江戸期には、家格、位階によって扱いがはっきり区別されていました。江戸城中、大広間に坐わる大名の席次は、畳の目（山）ひとつの差、名前を呼ばれる順番でさえ、その後先《あとさき》を気に掛けたそうです。刀を預かる時の作法も身分によって変わりました。仙台の伊達家の例[4]を松浦静山が書き残しています。

……又家頼（来）諸客の刀を執とき、四品以上はふくさにて竪に持つ。諸大夫以下はふくさなく横に提ぐ。又四品以上の刀は刀架にかく、その以下は毛氈を鋪《しき》たる上に置と云。

武家の世にあって、かくの如く、身分の上下は、厳格でありました。それ故にか、同じ身分、位階のもの同士の間で少しでも前に出よう、目立とうとする心が強くなるのか、裃差しに装備されている刀装具についてお達し[5]が出されています。

寛政三年亥年二月六日　奥向之面々刀脇差拵方之達並申合
「奥向之面々、刀脇差之拵、利かたを重《おも》にいたし、いかニも手堅武用専一《せんいつ》ニ心掛可申候、金銀を鏤《ちりばめ》、美麗を飾候者無詮事ニ思召候、此旨万申聞との御事……」

拵は、武用にせよ、派手な綺羅を飾ったようなものはよろしくないとのお達しですね。奥向とは、江戸城の奥、すなわち幕府のまつりごとに出仕してくる侍に対してお達しを出したのです。すなわち、譜代大名以下、御家人に対しての達しです。勿論、当時、派手好みの飾り立てた拵えを差してくるものが少なからずいたことの例証となりましょう。興味深いのは、代々伝えてきた金据紋などの小柄や目貫などは、どうなのかで、神君などから拝領したものもあったでしょうから、次のように付け加えなければなりませんでした。

「金銀を鏤、美麗を飾り候儀、相省候共、又目貫之一ト通り之色絵を上品と致し、其以下者品（ママ）相申可候。持伝候ハヽ、一ト通り之金目貫等相用ひ苦ヶ間敷候……」

「一ト通り」、即ち、普通、並みの色絵が良いのだそうです。どのレベルが並みで普通なのか、身分によっても違いましょうし、現代の下々には判然としないところではあります。しかし、家に伝わる金目貫などは、用いても構はない、との条です。金目貫であるのに、「一ト通り」であれば良いとは、混乱しますね。申し渡しの苦しさが伝わるようですが、この文中の「持伝候ハヽ」に含みがありそうです。金無垢を使うようなものを新規に調へるのは、宜敷ないと推察されます。

基本的に、封建社会では、お上のお考えで、正否の判断がなされるのはやむを得ないことで、現代の気楽な身の上からは、想像すら難しいのが近世の「宮仕へ」でありました。

文献出典

1　松浦静山『甲子夜話 2』平凡社　一九七七年
2　松浦静山『甲子夜話続編 3』平凡社　一九八〇年
3　『続群書類従　第二十四輯下　武家部』群書類従完成会　一九七九年
4　松浦静山『甲子夜話 1（巻十　20）』平凡社　一九八八年
5　石井良助編『徳川禁令考　前集第三　第二十五章』創文社　一九七八年

十四 「児手柏《このてかしわ》」考

《児手柏》（図76）と云えばこの世界では、知る人ぞ知る名刀の号です。大和の刀工集団手掻派の祖、包永の鍛えたもので佩表が「互の目乱れ」、裏が「直刃」となって表裏がまったく異なっている「名物」です。水戸徳川家伝来ですが、惜しいことに関東大震災で焼けてしまったということです。簡単に来歴を記してみると、次のようなものです。

天正二年（一五七四）、織田信長から畠山昭高（信長の養女の婿と云う）を死に追いやった遊佐信教を討つべく出陣を命じられた長岡藤孝は、秘蔵の手掻包永を実戦用に四寸ほど磨上させ、号を「児手柏」とした。というのも《包永》の刃文は表裏がまったく異なったものであったため古歌になぞらえて命名したのである。そして佩裏の茎に「兵部大輔藤孝磨上之異名号児手柏、天正二年三月十三日」と二行に切り付けさせた。その後、長岡藤孝こと細川幽斎は包永を次男、興元に与えた。更に時代は慶長となって興元は、徳川家康に献じ、家康は水戸の頼房に譲り、以来水戸徳川家に伝来した。

図76からお分かりいただけるように、表が鎬にまで届こうかという互の目乱れ、裏は、湾れの入った直調の刃文となっています。これについて日本刀にまつわる由緒、来歴、果てはこぼれ話にいたる泰斗と云うべき市井の、福永酔剣は、その著書『日本刀物語』[1]、「お勝が盗んだ児手柏」の中で次のように述べている。ちょっと長くなりますが、以下に引用してみます（括弧内筆者記）。

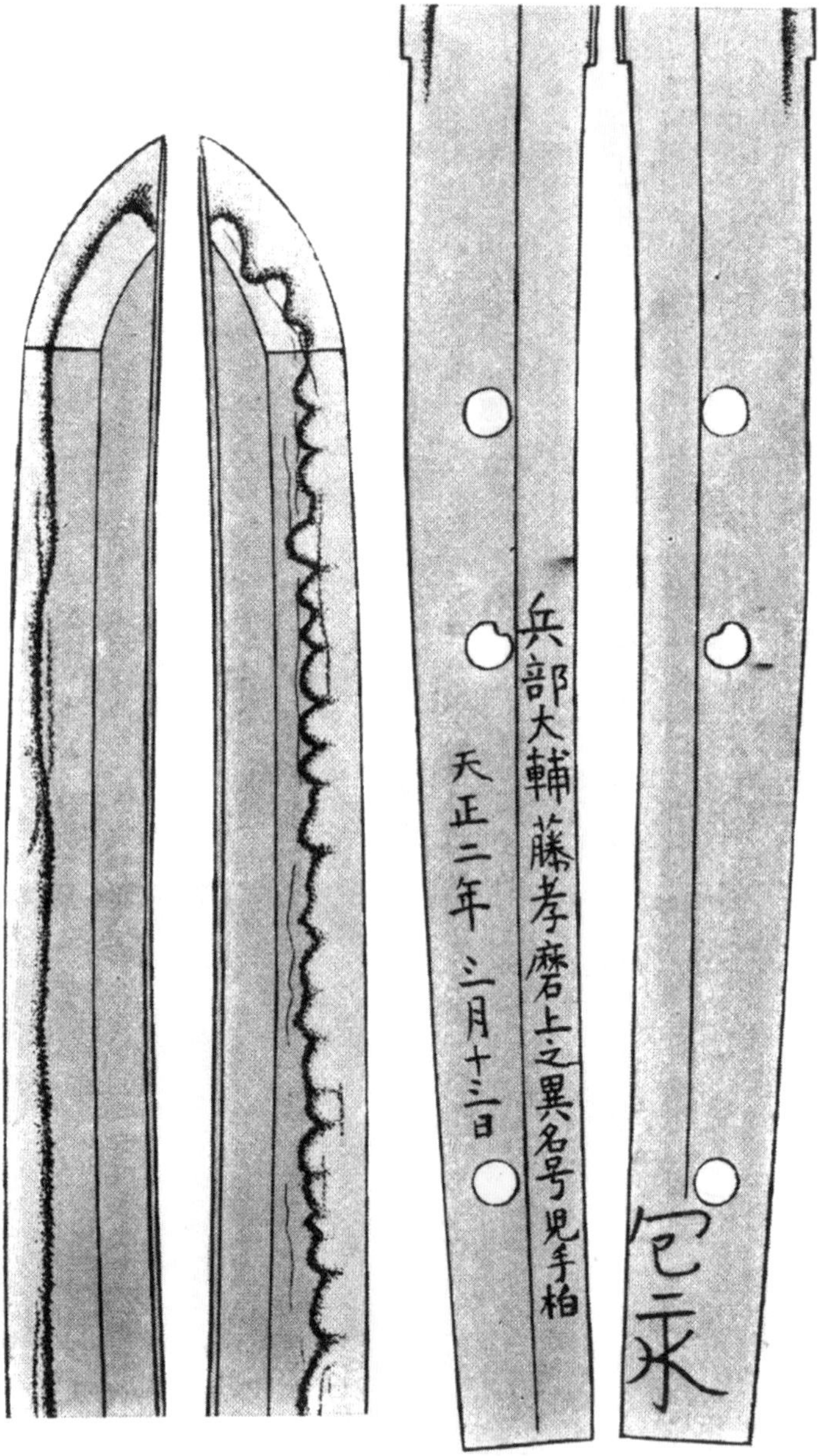

図 76 《児手柏》太刀　銘：包永

「幽斎は歌道の大家でもあった。定家以来伝わっている古今集の秘訣を、三条西《さんじょうにし》実《さね》枝《き》より伝授されたほどだったが、この包永に児手柏と命名したのは、かれ一代のミステークだった。この異名の語源は万葉集にみえている次の歌（巻第十六　三八三六）にあった。

奈良山の　児手柏の　両面《ふたおも》に
　かにもかくにも　ねじけ人の友

児手柏とはいったい何か、…略…今日では、側柏《そばかしわ》（図77）とするのが定説となっている。…略…とにかく、児手柏の両面というのは、表も裏も同じだという意味なのに、それを逆に表と裏が違うという意味にとって、包永の異名にしたのは幽斎にとって、まさしくオオ、ミステークだったということになる。」

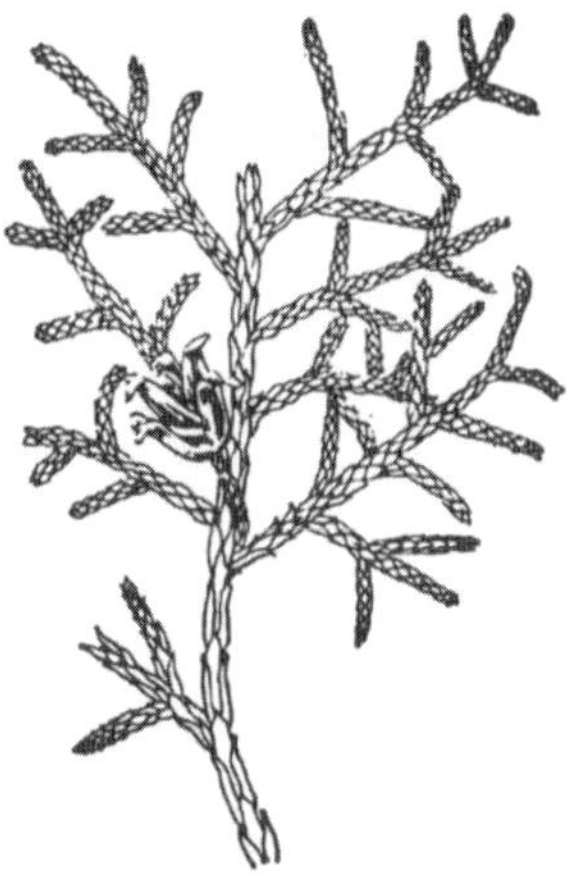
図 77　側柏

福永説に従えばその訳は、次のようになります。

　奈良山の児手柏の葉の裏表のように
　　あちらこちらのどちらにもいい顔をする輩だね。

どうです、《包永》の号の謂われと、その元になった和歌の意味が正反対だったなんてちょっとどころか大いに面白いでしょう。でもちょっと待てよと、頭のどこかで警鐘が鳴っています。福永酔剣以前の「児手柏」、すなわち「側柏」という定説に対してです。常識、定説は疑ってかかれです。まず第一に現代よりも万葉の時代に近い（?）戦国時代の、それも古今伝授[1]まで受けたような大名が、そんな認識違いをするものだろうか、第二に人を誇る時に、表裏も同じでいいところがないというような云い方をするものだろうか、第三に「児手柏」というのは文字通りこどもの手のような形状だから付いた名称だと思いますが、側柏は逆立ちしたって、こどもの手には見えませんね。良く云って「老人の筋張った手」にしか見えない。こう云ってみたけれど、実のところせっかくいい号を付けた細川幽斎が「一代のミステーク」と云うのは可哀相ぢゃないですか。で、ちょっと調べてみました。

同じ『万葉集』で他に「児手柏」が詠み込まれた歌はないか、ありました。以下です。

『万葉集』巻第二十　四三八七　大田部足人《おおたべのたるひと》[2]

千葉の野の　児手柏の　ほほまれど

あやに愛しみ　置きて誰が来ぬ

防人の詩と云うのですが、拙い訳を記してみると、「千葉の野のあの娘は私を見て微笑んでくれる。なんとも可愛いのだけれどなんとまあ、誰が手も触れずにこんなところまで来てしまったのか。」なんとも口惜しさが滲み出ています。これを詠むと「児手柏」は微笑んでいますよ。この「ほほまれど」は、新芽が出て初々しくしなしなしている様子を云うらしいので、「側柏」では常緑樹なので、その葉は鱗状の表皮だから、新芽が出て「しなしな」と云うのはおかしいでしょう。

では「柏」だけなら他にどんな詩があるか。

『万葉集』巻十九　四二〇五　大伴家持[2]

皇神祖《すめろき》の　遠御代御世は　い布《し》き折り
酒飲《きのみ》きといふぞ　このほほ柏

これは、「遠い昔の天皇の時代は、このほほ柏の葉を折りたたんで酒を飲んだと云うよね。」というくらいな意味になります。どうです、柏餅に使うような「葉っぱ」なら出来ますが、「側柏」のようなものではとても折りたたんで酒を受けることはできません。もう少し色々ひも解いてみるとどうも日本に自生していた楢《なら》やくぬぎの類の落葉樹に「柏」という漢字を充てたのが混乱の元のようです。「松柏」と詠み習わされるように中国では、「柏」は、檜などの常緑の針葉樹を指す文字です。これが日本の「かしは」に充てられてしまうのは、簡単に云えば、その神聖さというイメージの類似性によると思われます。つまり、神事、祭祀などに用いられる点です。中国では、冬にも枯れず、医用にも用いられる「柏」は神前、廟前にも供えられる神聖な樹とされていたそうです。一方、日本の「かしは」は落葉樹でありながらすぐには葉は落ちず、葉守りの神に守られた樹であり、神への供え物を載せる器として使用されてきた、ということです。このイメージの類似性から全然異なった樹に「柏」という字を充ててしまった。そして現在、「児手柏」とされている「側柏(2)」、実は、数百年前の江戸時代に薬種として中国から輸入されたもので、それまでは日本に無かったものらしいのです。

かの本居宣長先生も「かしは」の謂われは、「炊《かし》ぎ葉《は》」、つまり飲食に用いた葉、と云っておられる。『万葉集』に詠まれた「児手柏」は子どもの手のひらのような、現在柏餅に見られる葉（図78）であります。神前で手を打つ作法を「柏手《かしわで》」と読むのも神聖な葉、またその形がひとの手に似ているからでしょう。

図78　柏

「両面」というのは、表裏の別が分からない、ではなくて、表と裏が異なる、あるいは、うわべと腹の中が違う、という意味になりますね。

万葉の時代頃は、漢詩に用いる時には、「松柏」と記して中国の「ハク」と認識、やまとうたなどでは、日本古来の「かしは」と認識していたようです。その後、多少の混乱をみせつつ、江戸時代に、側柏が入ってきてからは、この取り違えは修正のしようがないくらいになってしまった感があります。例えば歌舞伎や「読み本」などで表裏いずれとも決めがたいもの、定めがたいものの喩えとして使用されるようになっています。馬琴の「敵討児手柏」や歌舞伎の『善悪両面児手柏』、『今昔児手柏』と直接題に読み込んだものの他、浄瑠璃『廿四孝』の「児手柏の両面、儘ならぬこそ恨みなれ、」など二つの間に挟まれて決めがたいので思い悩むといった用法。江戸期の「義理と人情の板ばさみ」など身を引き裂かれる思いということを表現するにもって来いの語句になっていたのでしょう。

これらのまとめとしてご紹介するのは、「児手柏」についての岩波書店刊『萬葉集』の補注がよいように思います。灯台元暗しで、身近にあったのです。

児手柏：諸説は大別して、マツ科の側柏とする説とブナ科のコナラ、カシワ、ハハソ、トチの類とする説とに別れ、前者は古く本草学者、近くは植物学者の支持を受け、後者は、古くは代匠記以来、近くは全註釈、私註等がこれに傾くが、中で植物学者、白井光太郎博士がその樹木和名考で、本草関係の諸書を紹介した後、側柏は本邦に野生なき植物だから万葉時代に奈良山にこの樹が生育したことを疑わしいとし、古名録に楢の若葉を指すといっているのに賛成しているが、この説が諸説中比較的妥当のようである。

やはり幽斎は間違っていなかったとお分かりいただけたと思います。最後に名刀《児手柏》は、関東大震災で焼けてしまった後、どうなったかを皆さんにお知らせして稿を終えます。

財団法人、水府明徳会　東京事務所に問い合わせました。

「《児手柏》は、震災で焼け身となってしまいました。そして焼け身のままで、保存しております。」とのことでした。

一度その焼け身の《児手柏》を見てみたいものです。

註

（1）幽斎の「古今伝授」：元亀三年（一五七二）十二月から始まり天正二年（一五七四）三月七日まで合計三一回に亘って伝授された。同年十月に伝授の証を授けられている。《児手柏》磨上げは、古今伝授直後の三月十二日、河内討伐へ出向き、遊佐を討取ったのは、同年四月十二日。古今伝授は、戦国の世にあって別世界の感があるほどで、幽斎は、自身は京にあって半ば隠居の体で風流に生き、信長に従って戦場に赴き、地位向上と領地の拡大を図るのは、子息、忠興（三斎）に任せる方向に傾斜していく。

（2）「側柏」：月経過多、細菌性下痢などの止血、下痢止めに用いるという。

文献出典

1　福永酔剣『日本刀物語』雄山閣出版　一九八八年
2　『萬葉集四』（高木市之助・五味智英・大野晋校注『日本古典文学体系』岩波書店　一九七六年）

十五「刀剣の姿と形」考

1　直刀の誕生

刀剣の姿、形は、どうして現在見るような形になったのでしょうか。こうした場合は、原点へ原点へと帰るのがいいようです。原点というのは、やはり中国の刀剣です。日本刀の淵源は漢代に初めて登場してきた「鉄環首刀」です、我が国では、「環頭大刀」と呼んでいます。そこから検討してみましょう。

「環首刀」は、それまで戦車が主体となっていた軍編成から騎兵を重視するようになった結果、騎乗からの斬撃で折れたり曲がったりするのが難点となった剣に替わって登場した格闘兵器です。両刃の剣の片側を棟に変えて斬撃の際に折れにくいようにしたものです。当時の騎兵の刀剣での格闘は、機動力を活かした斬撃が主体であり、当初、突くことはあまり意識されていませんでした。これは、初期直刀に、中国では「格」と呼ばれた鐔が付いていなかったことから明らかです（図79参照）。馬を走らせながら短兵である刀で突くと、突撃の速度を緩めることになり、悪くすると突いた時の衝撃で、肩を抜いてしまったり、落馬する危険もあったためです。

漢の武帝以降、鉄が量産されるようになり、環首刀も歩・騎両用の格闘兵器として刺撃も重視され、切先の延びた姿を獲得します。「環」に位によって色を違えた緒などを下げたのでしょう。

次にその直刀の生みの親である中国の「剣」を見てみましょう。図80及び図81を見ていただくと切先について

図79《鉄環首刀》前漢　一九六八年河北満城出土

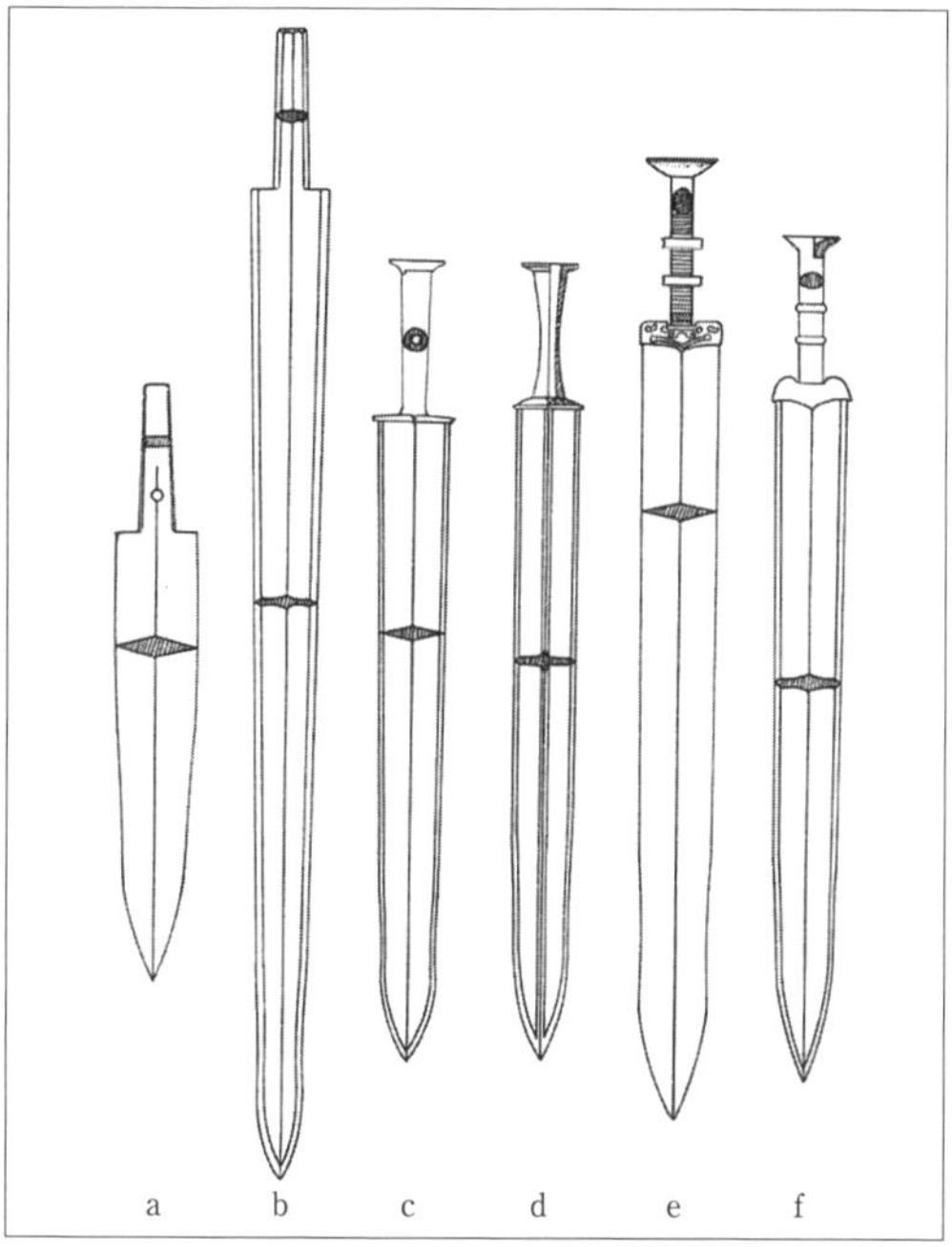

図 80　銅剣分類図

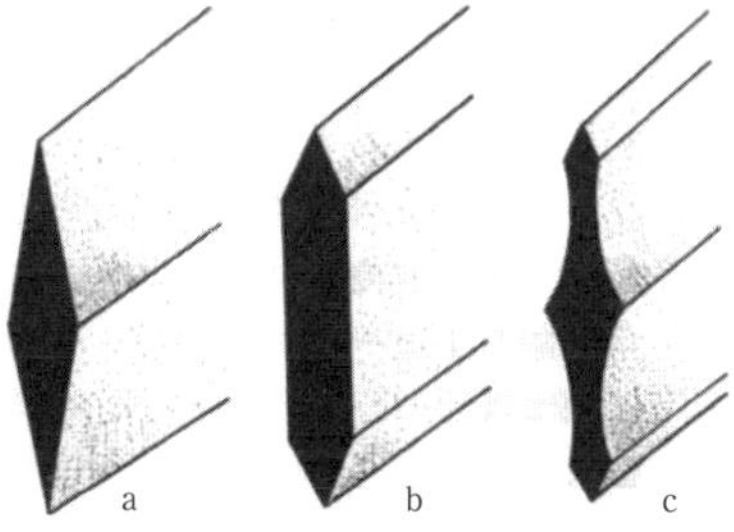

図 81　青銅剣の断面

は、相当鋭い形状をしています。刺撃が重視されたことが分かります。また代表的な剣の断面形状からこんにちの「平造り」、「切刃造り」の原型とも云える姿を既に紀元前五世紀から四世紀頃、春秋後期から戦国にかけての時期には獲得していたことが理解されます。また共柄形式も茎形式もすでに存在していました。

　銅剣は、鋳造によるものですから、当然、鋳込んで取り出した後、最終工程としてバリを取ったり、美しく磨いたり、刺斬の威力を増すために研いだり、尖らせたりしたでしょう。

そして先ほど述べたように、鍛鉄製の格闘兵器として直刀が前漢の時代に登場してきます。この直刀は、騎兵による斬撃でも折れにくく、曲がりにくくする為に工夫されたものですから、丁度「剣」を縦に半分にした片身のような形状にしてあります。「棟」の生成です。「刃」の反対側を分厚くつくることで折れにくくしたわけです。鍛造による直刀の仕上げには、青銅製の「剣」の時代に蓄積された技術が、下地となって貢献したことでしょう。直刀の姿、切先の形状は、丁度「剣」を半分にしたような姿、「重ね」は「剣」の倍程度になるはずです。平造り・フクラつく切先、切刃造り・カマス切先、ともに青銅剣を見れば、初期直刀から存在していたと理解できますし、正倉院にはその両方の直刀を見ることができます。

この環首直刀は、紀元前の前漢代から紀元後、唐代に至るまで中国における主要格闘兵器として使用され、その間、日本に招来された直刀や、中国様式を模したものも制作されて、実戦用、儀仗用合わせて相当数かつ多様な直刀が存在したのは間違いありません。

直刀が登場してきたときの姿は、どうであったでしょう。また、直刀として進化していく過程でどういった姿が主流となっていったのでしょうか。結論から云えば、我が国で主流となったのは「切刃造り」の刀です。何故かと云うと、日本刀は、切刃造りの直刀から進化して、一〇世紀に反りを持つに至ったのですから、まあ当然ではあります。では、どうして「切刃造り」が主流となったのでしょう。次の図82をご覧ください。

この図では見やすくするために「重ね」を厚く描きましたが、剣の断面形状としては最もシンプルなもので、図81－bから採ったものです。実際の「剣」の元重ねは図の半分程度、四ミリ前後あるいはもっと薄いものもあったでしょう。剣の平地方向に柄を振ると剣身が撓《しな》うくらいの薄さであり、当時最高の技術で制作された刃は「薄きこと紙の如し」と云われていました。これを馬上から斬撃したときに折れず曲がらないように「重ね」を厚くする時に、その「重ね」は剣の倍（八ミリ前後）程度にしたと想定すると、剣と刃長が等しい直刀の重さは変わらず、かつ刃の角度（鋭さ）も維持される訳です。

　このように、刃の鋭さ、使いやすい重量、制作の容易さなどの観点から、鍛造である鉄環首刀は、切刃造りで鎬も立っていない姿、そして「鎬筋」から「棟」まで等しい「重ね」のものが主流であったと思われます。平造り「剣」から発展させると、厚みと刃の鋭さ、そして刃の重量の関係から、鋭さを保つと幅広過ぎとなり、身幅を狭くすると刃の鋭さを保つのが難しくなります。事実、平造りは、日本刀の主流とはならなかったのです。平造りは、短刀に適用されたというごく自然な結果です。ちなみに正倉院の切刃造り直刀の「重ね」は鎬から棟まで同じ厚みとなっています。

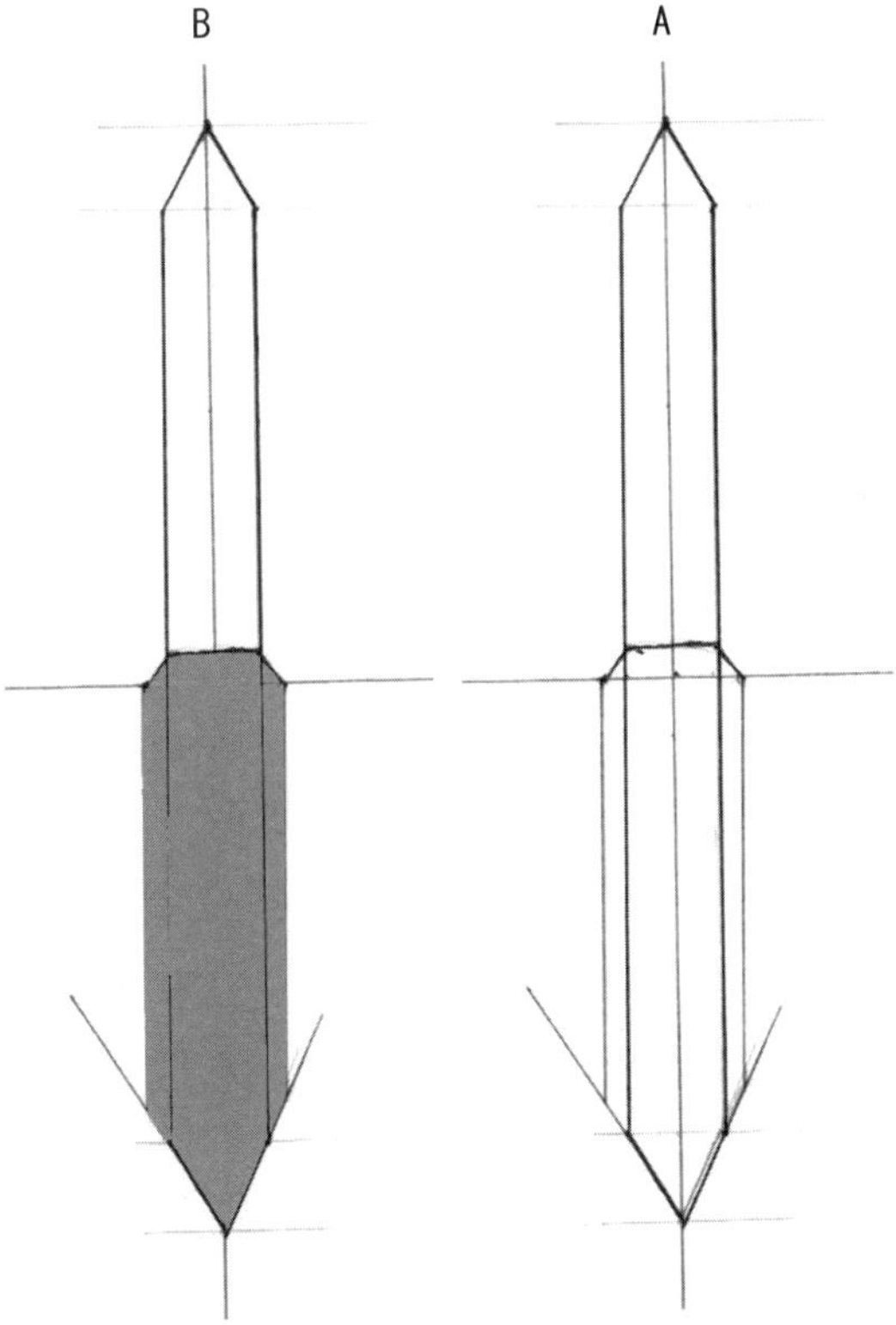

図 82　剣と直刀の断面 A と B（直刀部分塗りつぶし）

　直刀の「直」たる姿は、意図してあるいはもっと言えば計算づくでないと出来ません。鉄に焼き入れ急冷するとマルテンサイトが形成され、その部分の体積は増大する。簡単に云えば、棟側へ反る。ですから直刀とするにはある程度内反りの形状にしておいて、反ったあと棟を敲いて伸ばすという工程が必要であるからです。

2　カマス切先

平安時代中期に地方の武家たちの間で、どちらがその地方でのリーダーシップを取るかという闘争の様式として「一騎討ち」の作法が生まれ、その闘いの中で彎刀が登場してくるのですが、この彎刀、即ち初期日本刀は、反りはわずかで、腰のところ、実際には、鎺元から茎にかけてぐっと湾曲する姿をとります。「カマス切先」の太刀は、直刀の直系子孫と云えるでしょう。何故かと云うと今日残されているカマス切先の太刀の鎬は大変広い、中央にあると見えるものが少なからずあります。腰から茎の線を伸ばしてみると直刀に近い姿になっていますし、切先にフクラはない状態のものが多いのです。切刃造り直刀の姿を留めているのです。

古備前の太刀などの姿で「もの打ち」あたりから反りの少ない、少し倒れるような形状を示すのも、研ぎによる変形もさりながら、直刀の名残を現している事も大きいと考えられます。

我が国の古代直刀において、「切刃造り・カマス切先」のものと「平造り・フクラついた切先」の両方が存在していたのは、正倉院の遺例から分かっています。但し、直刀の主流は切刃造りであり、その切先の主流は、いわゆる「カマス切先」であったのは先に述べた通りです。歩兵も持つようになった段階で切先に鋭さを持たせるにはフクラのついた形より、「カマス切先」が、造りやすくもあり、適していたためと考えられます。

3　フクラつく切先の刀

それでは彎刀に進化した以降に、なぜ、どのようにカマス切先からフクラのついた姿になったのか。私の推論はこ

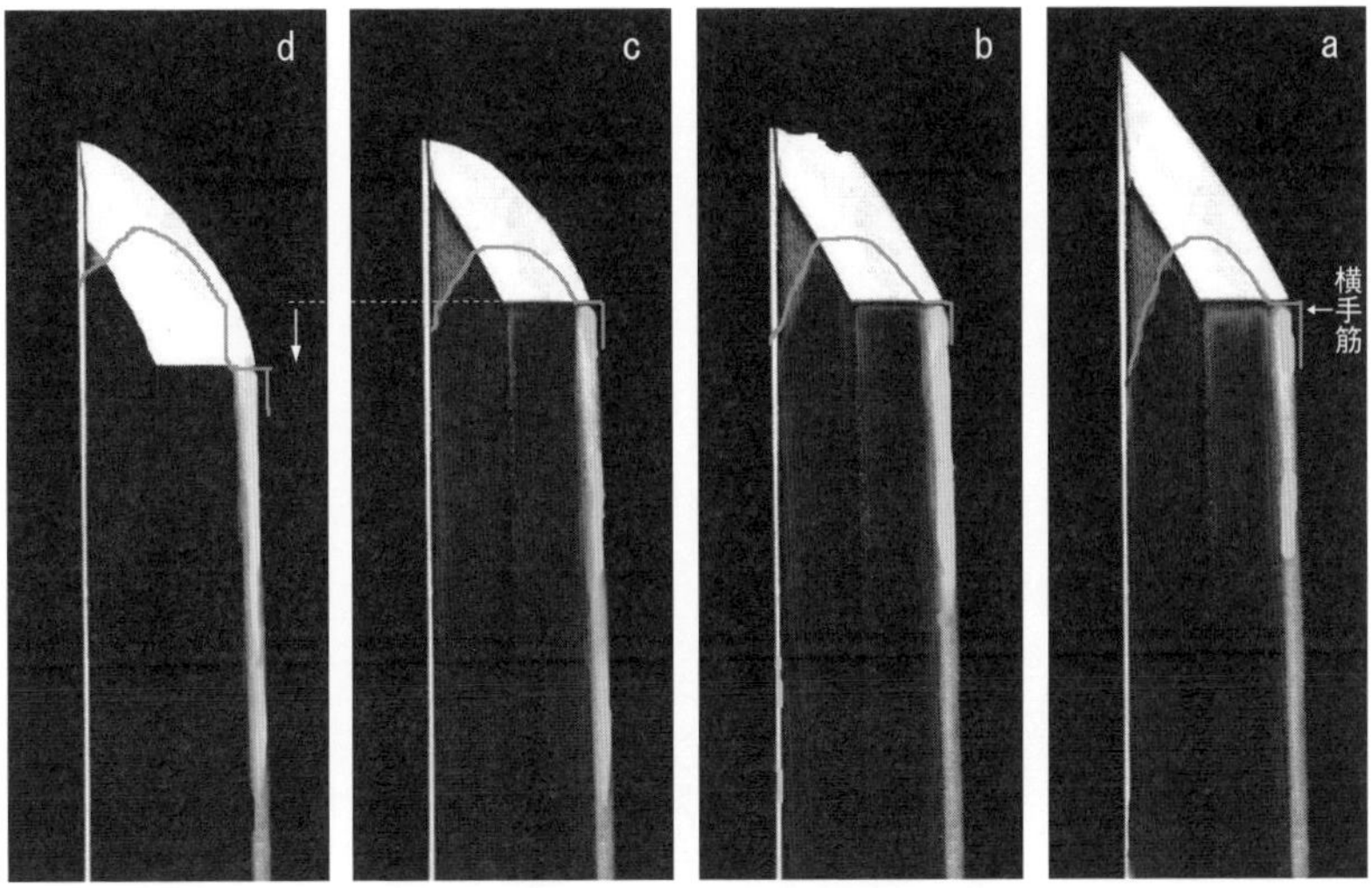

図83 欠損カマス切先修復過程想定図

(a) 直線状の切っ先（カマス切先)、(b) 切先の欠損、(c) 切先欠損の修復①、
(d) 切先の修復②：横手を下げて曲線状にした切先（フクラつく切先）

うです。

刀剣の最も破損しやすい箇所は切先である、切先の欠損した太刀でも研ぎによってまた使える状態に修復する。刀は大事なものですから捨ててしまうような勿体ないことはしない。これについては異論のないところでしょう。この修復過程を図83で示すとa、b、c、dの順になります。カマス切先太刀（a）の切先が欠損すると（b）のようになる。残った切先を出来るだけ残そうとして修復する結果、フクラがつき、切先の詰まった形となるという流れです。それが（c）です。そのかなり詰まってしまった切先を整えるには、横手を下げ、かつ多くの場合は棟を少し刃方へ寄せることになるでしょう。それが（d）の形状で、フクラのついた切先となります。但し、こうした修復工程からの理由のみではなく、フクラのついた切先が曲線を描く姿の「彎刀」にはふさわしいと大方の武士たちが思ったのでしょう。要するにフクラのついた日本刀が主流となったのは、日本人の美意識の預かるところも大きかったのです。

4　鋒両刃造《きっさきもろはづくり》と小烏丸の号

鋒両刃造というものがあります。有名なのは、平家重代の宝刀《小烏丸》と云う弯刀です。現在見る日本刀への過渡期に鍛えられたと云われています。平家の一門である伊勢家に伝来している事が江戸期に判明して、維新後、対馬の宗家の手に渡り、明治十五年に明治天皇に献上され、御物となっています。鋒両刃造太刀としては、他に春日大社に伝えられた儀仗用らしい弯刀があり、また正倉院には六口が伝わっており、すべて直刀です。当時の唐における最新流行の形状だとされています。それは措きまして、どうしてその両刃切先の御物の弯刀が《小烏丸》と呼ばれるようになったのでしょう。

話の終わりにそれに触れておきます。名前の由来については、福永酔剣がその著書の中で詳しく紹介しています。そのうちのひとつを引用します。


ある日、新築された美しい南殿におでましになって、満足げに空をご覧になっていた。すると、雲間から一羽の烏が姿を現した。御殿のうえを、何か用ありげに飛び回っているので、天皇が笏をもってお招きになった。するると、さーっと、弧を描いて、玉座のまえに舞いおりた。

「私は、大神宮のお使いとして、剣をもって参りました」

そう申し上げると、羽つくろいをして、また舞いあがった。すると、翼の下から一振りの剣が床のうえに落ちた。

「烏が持って参ったにより、小烏丸と呼ぶがよかろう」

天皇からそう命名されて、以後、朝廷の宝刀になったという。

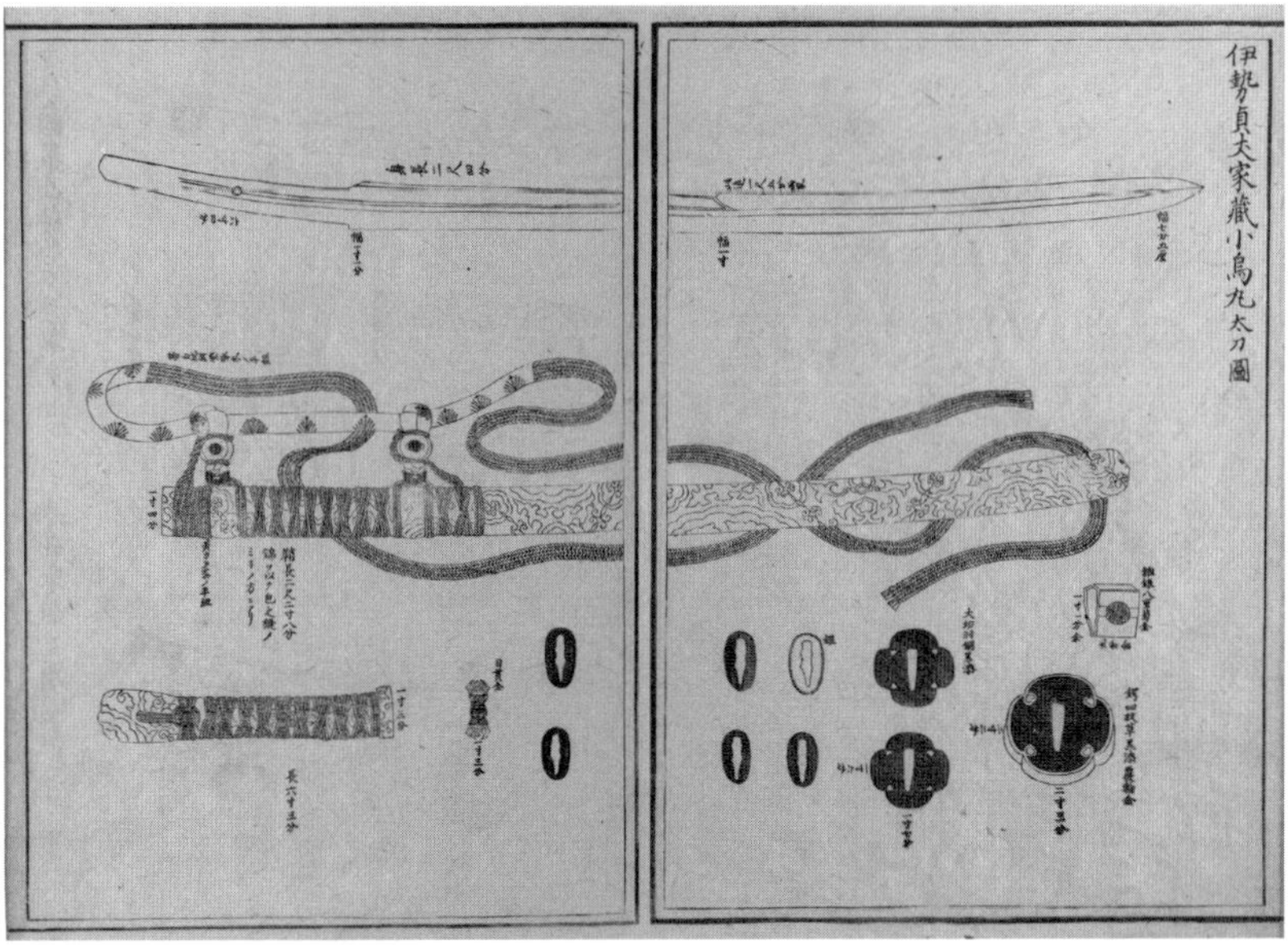

図 84　松平定信編『集古十種』刀剣部に掲載された木版画の「小烏丸太刀図」

この宝刀命名譚、カラスは利口な鳥であるし、八咫烏説話はあるしで、目の付け所は悪くないです。では、私の説をご披露しましょう。断っておきますが、まったく私の推定です。でも間違いがないような気がしています。図85は、正倉院の鋒両刃太刀です。その下の図86はよく見かけるハシボソガラスの画像です。

小烏丸の切先、金銀鈿荘唐大刀の切先をよくご覧ください。そうしてハシボソガラスの嘴を見てください。いかがですか、形状がよく似ているでしょう。更に小烏丸の切先とカラスの嘴に共通点のあることが見てとれます。何かと云うと、上下の嘴が合わさるところ、まさに小烏丸の鎬筋には細い樋が通っています。嘴上下の合わせの線に見立てることができます。奈良時代の両刃切先直刀ではなく、現在伝わる《小烏丸》の造り込みに至って「コガラス」と名付けられたということです。

そういえば、話は少し横道にそれるのですが、他にも鳥の名前を付けた名刀があって、例えば、《鵜丸《うのまる》》。これは、白河院が神泉苑に御遊された折に鵜がくわえてきたとい

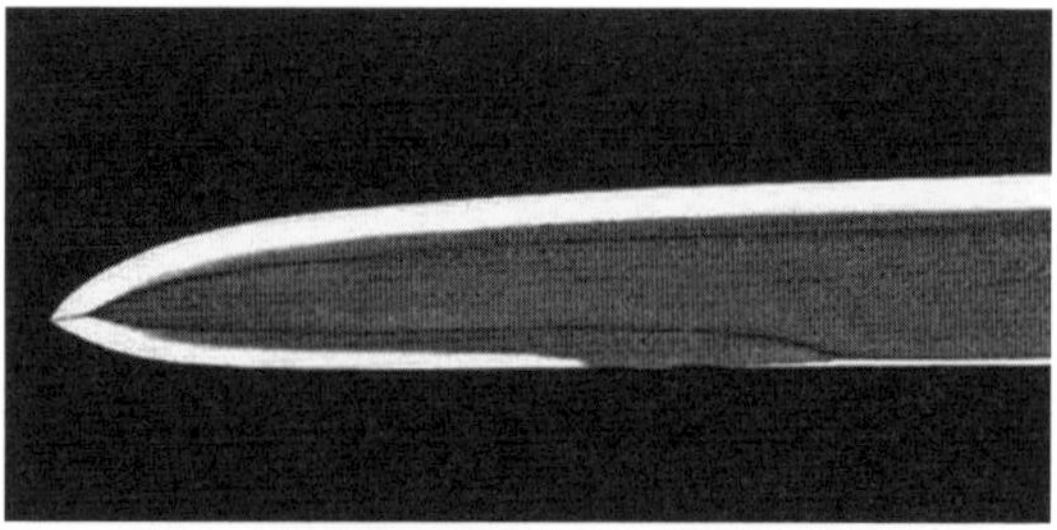

図 85 《金銀鈿荘唐大刀》 鋒（北倉三八）

図 86 ハシボソガラス

う逸話が『保元物語』に記されていて、蛇が鳴くような声を出すという《吠丸《ほえまる》》とともに御護の御剣として伝えられています。《鶯丸友成》や、《鶴丸国永》なども含め、鳥名「号」命名の裏には、どうも平安貴族の匂いがある。武家ではないでしょう。武張った方であれば、もっと直截的な付け方をするように思います。例えば、古い時代のものを挙げると、長さから《十拳剣》、草を薙いだので《草薙剣》、酒呑童子を斬ったので《童子切》、にっかり笑う妖怪を斬ったので《にっかり》、火鉢の台の鬼を斬り落とした《鬼丸》などなど、刀剣の斬るという機能に纏わる「号」になることが多いようで、《小烏丸》や《小狐丸》という号とは違いますね。小烏丸は、平安時代のまだ貴族文化華やかなりし頃に、その切先形状から、そう名づけられたと考える次第です。ですから、《小烏丸》が鍛錬された時代は、反りを持った姿からのみならず、名づけの観点からも、一〇世紀以降となりましょう。そして、その形状のおおもとは薙刀であり、鋒を刺撃に適した形にしたと考えるのが良いように思います。

同じ「鋒両刃造」といっても、正倉院のそれは八世紀頃の中国（唐）における新形式の刀とされていますが、実際のところはどうなのでしょうか。小烏丸を含め、その出自については今後の検討課題としておきます。

文献出典

1　福永酔剣「平家の小烏丸」（『日本刀よもやま話』雄山閣　一九九三年）

一六 「腰刀」考

1 腰刀とは何か

日本刀が鑑賞用となった戦後では、腰刀という言葉は用いられなくなり、一尺（約三〇センチ）以上二尺以下が脇差、一尺以下は、短刀という長さによる呼称となっています。そして長く、大きなものが欲しいのは、ひとの常で、太刀・打刀（二尺以上）の方が好まれる傾向にあります。しかし、腰刀（脇差・短刀の類）は、武士にとって最後の拠り所、組討ちの場合には、とどめを差す武器であり、自らを護り、更に自裁まで考えて己を託す大事なものでした。

腰刀は、他にもそれぞれの時の事情、用法などで様々な呼称があります。伊勢貞丈撰になる『武器考証』[1]をみれば、腰刀部として、「腰刀、腰物、刀子、鞘巻、左右巻、合口、サスガ、鎧通シ、首カキ刀、右名ハ異ナレドモ皆真実ハ一物ナリ。別々ニ心得ルハアヤマリ也。」とある。刺刀、九寸五分《くすんごぶ》、馬手差《めてざ》し、懐剣なども同様のものです。古くは、こうした細かな分類はなく、おおらかでした。刀剣のうち、長寸のものは、大刀（太刀）であり、腰刀に類する帯に差す比較的短寸のものは、単に「刀」でありました。

腰刀のうち、長い方から分化したものは、現在いうところの打刀、脇差へ発展してきたと思われます。短い方は、短刀ということでした。

腰刀は、帯に差すもので、太刀のように佩くものではないから、打刀、脇差の形式は、戦闘集団の人員が大きくな

図 87　検非違使に従う下部たち（『伴大納言絵詞』［出光美術館蔵］）

り、また激しくなった室町時代に、太刀の差添えとして発展進化したものと考えられます。室町時代初期に登場してきた脇差のうち、平造りのものは、それまでの腰刀が平造り短刀形式であったことから、そのかたちを踏襲したものといえましょう。

一三〇〇年ほど遡れば、比較的長めの腰刀として現在我々が目にすることができるのは、正倉院に残されている「横刀」などであり、平安時代には『伴大納言絵詞』に描かれている検非違使に従う下部《しもべ》たちの帯びるものがそれです。ここでの腰刀は、やはり「斬る」ことを主眼にしたもので、やや反りがあって脇差程度の刃長とみえます（一尺二寸〜八寸か）。

一方、短刀という呼称は、太刀に対して短いというだけで、具体性に欠けるために、あまり用いられなかった言葉です。初出の文献は、『北条五代紀』、『勢州軍記』など江戸期に入ってからのもので新しいのです。江戸期の大名家にあっては、特に出鮫柄、合口拵えの「前差し」を特にそう呼んだと思われます。幕末の越前公松平春嶽が記した『幕儀参考』[2]に次のようにあります。

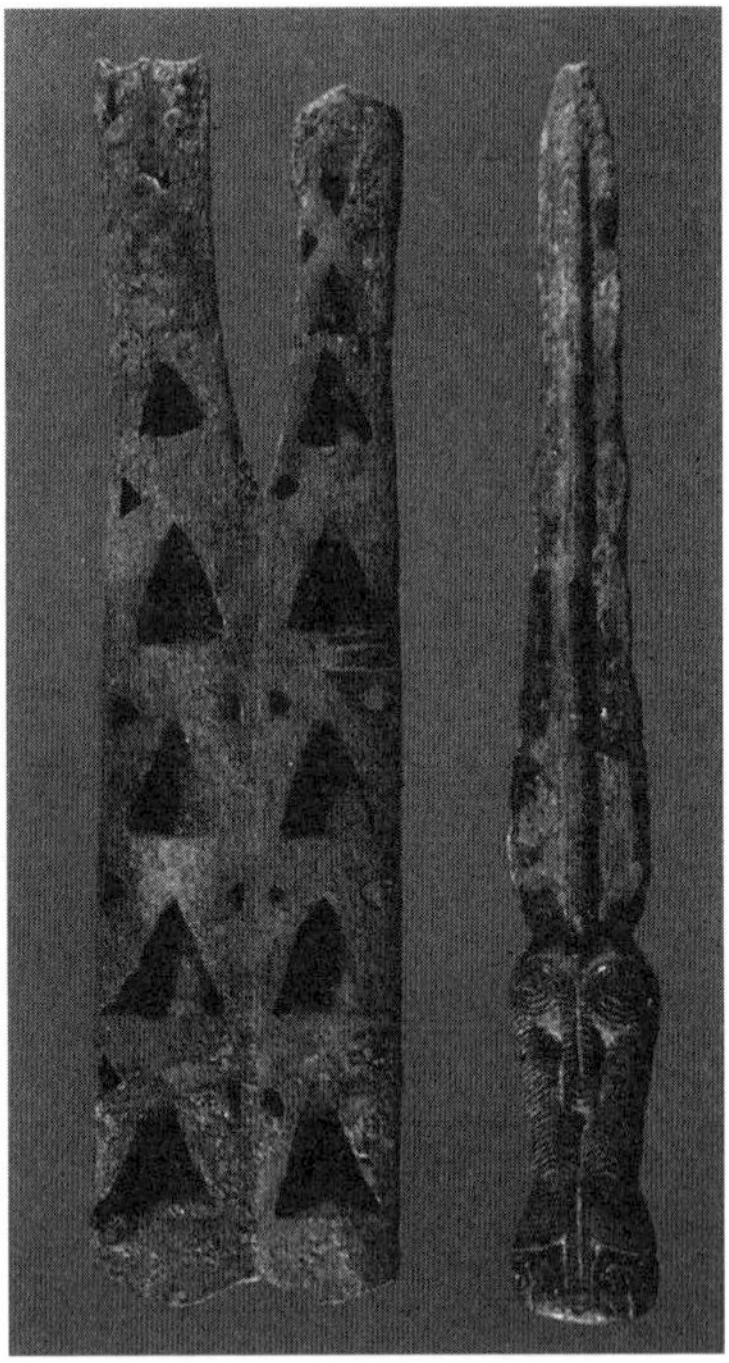

図88　匕首と鞘：銅製
1963年内蒙古昭烏達盟（現在赤峰市）出土

脇差ヲ小脇差トモ云。短刀ニシテ、長サ八九寸縁頭トモ角《つの》ニシテ、合口ト云。柄鮫（白出シ鮫）鞘蝋色塗、丸小尻ナリ。二所物（目貫小柄）下ケ緒短ク製造方幕府ヨリ諸大名へ給リ、又諸大名献ル所、古ヨリ替ルヿ《こと》ナシ。

大小の「小」たる脇差に対して、特に短刀拵えのものは「小脇差」と呼ばれていました。

匕首《ひしゅ》というのは、中国からきた呼称であって、相当に古くからあるものです。「あいくち」とルビが振られていることも多い。「匕」という文字は、さじ（匙）のかたちから来ていて、先端が尖っていてそこから刃が左右対称に元へ向かう。それが匙状になっている、つまりは両刃の短兵です。『史記』[3]「刺客列伝　荊軻」に次のように記述されています。中国の戦国末期のことです。

於太子（燕の太子丹）予求天下之利匕首、得趙人徐夫人匕首、取之百金、使工以薬焠之、以試人、血濡縷、人無不立死者、乃装為遣荊軻

燕の太子丹は、秦王政（始皇帝）に冷遇されたことを恨んで匕首を荊軻に託して始皇帝の命を狙わせます。よく切れる匕首を百金で求め、薬で焼き入れたといいますが、「薬」というのは毒薬だったでしょうか。試したところ血が

流れて止まらず、たちどころに人を死に追いやったというから凄まじい。暗殺用に持たせたのであるから短いものであることが理解できます。懐に忍ばせることのできる長さです。鐔のない合口拵えが懐中に入れるのに都合がよい。中国で「匕首」として伝わっている短剣は、柄まで入れて七寸〜九寸くらいです。伝世の匕首は勿論「両刃」であり、中央に鎬というか棟があってそこに更に樋（あるいは溝）が彫られているようにみえます。春秋から戦国にかけてのものであるから鋳造の青銅製でした。

匕首が両刃であることを考えると我が国では、戦国期の両刃造り腰刀がそれに近いでしょう。鎧通しとして組討ち格闘に専ら使用されたと考えられますから、かたちは似ても使用目的は少し異なっていたかもしれません。中国の匕首は、なにより護身、そして『史記』の記述にあるように折々暗殺用に重宝されたのでしょう。両刃腰刀は、我が国の戦国時代特有の姿です。応仁・文明頃から戦国末期の天正時代まで主として備前国を中心に鍛えられていました。両刃腰刀は、鍛え、焼入れの難度が高い。そして備前には、それに応えうる高い技術を有する刀工集団が多数存在した、更にそのことで備前ブランドが確立していたこと等によると考えられます。

応仁、文明から永正頃（一四六七〜一五二〇年）まで、ざっくりといって五寸から七寸未満の短寸のものが多く、それは当時、武将の出立ちが、大太刀・長巻、太刀、差添え、馬手差《めてざ》しというフル装備であって、打ち物戦の勝負の決着を組討ち格闘でつけたことによるものです。大太刀・長巻を持ち、左腰に太刀を佩き、さらに差添えとして、いわゆる片手打刀を差していましたから、腰刀は、右腰に差すようになった。それが馬手差しと呼ばれるものです。その腰刀の刃長は短めとなることが多い。馬手差しの名前通り、右腰に差すため、腰刀の鞘尻は左斜めに延びることになる。それで鞘が長いと左腿に当って、進退の邪魔になるからです。

江戸後期にまとめられた『武家名目抄』[4]の中で塙保己一は、「馬手差し」について次のように記しています。

按、馬手差といふは右の腰にさすゆゑの名にて、短き腰刀をいふなり。近世くり形をも折かねをも鞘裏に付て馬手差といふものあるにや、いにしへにはさるものありしこと聞えず。

2　腰刀と闘いの様相

西洋などへ目を転じると短刀・短剣の存在は、日本の場合とまた異なることが理解できます。最強を自負していた古代ローマの歩兵が用いた短剣（グラディウス）の刃長は、日本の脇差くらいで短刀の類とは異なっています。西洋の場合、中世の長剣は、全長で一〇〇センチ前後であり、柄部分は一五～二〇センチと短いものです。刃長は八〇～九〇センチ（二尺七寸～三尺）もあって、かなり長い。それが片手使いであるのは、西洋人の体格が可能にしていたと思いますが、西洋の中世は、剣が日本刀のようには鋭利ではなく、ほとんど敲く、あるいは打ち斬るという用法になっていたことにもよるのでしょう。柄頭は、多くの場合、丸く大きな形状になっていて、細い柄部分から手が離れることを防ぐ効果をもっています。おそらく、日本刀のように斬るという目的を最大限に追求したものではなく、西洋の剣は遠心力を利用して振り、敵を「敲き」、「斬る」所作に合わせたものと思われます。それは、西洋の騎士がメイル・アーマー（鎖帷子）やプレート・アーマーと呼ばれる全身を金属板で覆う甲冑を着用していたことと対応するものです。軍団の緒戦における主武器はランスと呼ばれる長槍であったでしょうが、個々の格闘戦へ移行した時は、ソード（長剣）やウオー・ハンマー（戦槌）、斧などが用いられました。

重装甲冑には、長剣であっても致命的な打撃を与えることは難しい。そこで用いられたのが西洋甲冑の隙間やメイル（鎖帷子）を越して突き入れ、殺傷するダガー（短剣）でした。それ故に、ダガーの多くは、両刃で、先が細く尖った形状になっています。

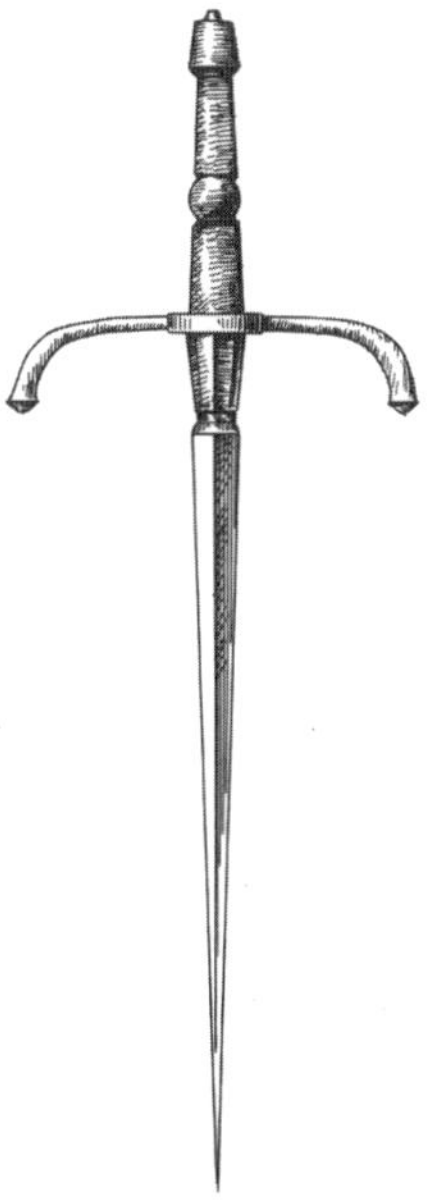
図 89　キヨン・ダガー
（13 世紀）

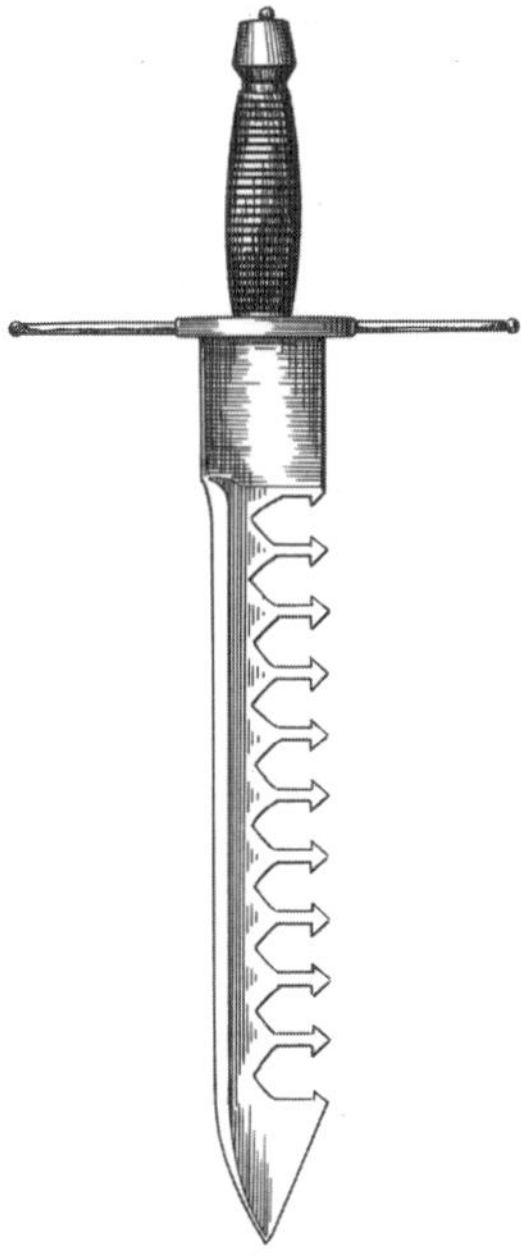
図 90　ソード・ブレーカー
（17 世紀）

ダガーは、護身用・暗殺用は無論ですが、日本の場合と異なるのは、格闘戦の際に、敵の刀剣を受け止める棒状の鐔（キヨン）が取り付けられているものが多いことです。一六世紀に入ると甲冑の板の狭間から突き入れる細長い刺剣（レピア）が登場して鐔元に付けた螺旋状の金具で拳を護り、さらに剣の刃を折る機能を持ったものも考案されました。

剣による格闘戦では、右手の長剣で攻撃して、左手の短剣・短刀は敵の剣を受け止め、更に反撃する戦法を採る。故に「ダガー」の多くは、左手用（マンゴーシュ）であることが多い。「ソード・ブレーカー」という短刀は文字通り、敵の刺剣を受け止め更に刃を折る働きをします。その姿は、すこぶる特異で、剣刃を挟み込む櫛形の歯がずらりと並んでいます。

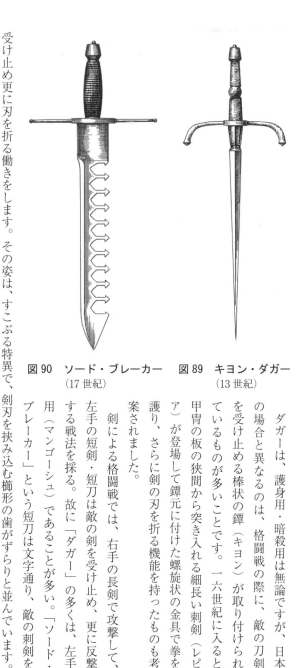

日本では、騎馬武者の腰刀は、どう用いられたのでしょうか。

日本の騎馬武者の大鎧は、矢を防ぐのを主目的としたものであり、組討ち格闘へ移行した時は、西洋と同じく腰刀で鎧の外れ、隙間を刺して勝負を決しましたが、最後に頸を掻き、首を落とす行為が不可欠で、「突き・切る」という基本機能に加えて、押切る必要があったために、棟を持つ「刀」であることが求められました。日本の腰刀は、「突き刺し」と「切り掻き・切落とす」両方の機能を果たすように作られたのです。

組討ちの場合に、敵の草摺を跳ね上げて云々など「突き刺し」の表現がよくみられます。以下は、『平家物語』[5]の描写です。

巻第七　篠原合戦（平家勢と木曽勢の戦い）

入善すぐれたるはやわざの男で、刀をぬき、とんでかかり、高橋が内甲を二刀さす。

巻第八　瀬尾最期（平家の瀬尾と木曽の倉光）

……瀬尾はすぐれたる水練なりければ、水のそこで倉光をとツておさへ、鎧の草摺ひきあげ、つかもこぶしもとほれ〳〵と、三刀さいて頸をとる。

図 91　船上で元軍兵士の頸を掻く竹崎季長
（『蒙古襲来絵詞』弘安の役［宮内庁三の丸尚蔵館蔵］）

図91にあるように頸を掻く動作は、敵の斜め後ろから、腰刀を逆手に持って、（右利きを前提として）左から右へ刃を滑らせるのが通常のようです。それは、頸動脈を切ることになり最期の留めの意味が大きいと思われます。武士の情けということもあるでしょう。首を落とす場合は頸骨があるわけで、それほど簡単に首が胴から離れることはないから、腰刀を順手に持ち換え、刃を頸に当て、棟を左手でぐいと押して首を切り離すのです。絵巻などでは、最期の留め（頸動脈を切る）までの表現、すなわち「頸掻き」までになっていて、「首を落とす」描写はなされていないせい

で、なかなか実態が伝わっていなかったと考えます。

日本の南北朝時代の一時期、延文・貞治を中心（観応・文和から応安頃まで：一三五〇〜一三七〇年頃）に現在、寸延び短刀と呼ばれる腰刀が登場します。それまでの腰刀がほとんど無反りで、刃長も九寸程度（二七センチ）であったのに対して、やや反りを持ち、刃長も一尺（三〇センチ）を超える姿になります。この姿への移行は、組討ち格闘で、敵の鎧の隙間から突きを入れて勝負を決するそれまでの戦闘スタイルが、この時期に変化したことを意味するものです。

敵と組討ちをせずに、勝負を決するスタイルが出てきたのです。そしてそれは、同時代に見られた大太刀（三尺程度以上の刃長とする）、また鎌倉末期頃から登場する槍の存在と軌を一にするものでした。さらに言えば、樫木などにいぼ様の小さな突起をたくさん付けた鉄を巻きつけた「金撮棒《かなさいぼう》」の存在も影響しているかもしれません。大太刀は、徒歩、両手使いが基本です。大太刀、槍、金撮棒などで勝負は決したので、組討ちは少なくなったのです。決着がついた後は、腰刀で首を落せばよかった。つまり腰刀で「突き刺す」ことは不要となり、「頸を掻く」過程も必要ではなくなった可能性があります。突く行為が不要となり、首を落とすのが主用途であれば、それまでの腰刀より、長く反りを持つ方が、使いよい道理です。

このいわゆる延文・貞治形の寸延び短刀は、それ以降、目立たなくなります。いまだ南朝北朝並立の状態であっても、三代将軍足利義満の登場によって、南北合一の機運が徐々に出来て、武家間、幕府内、将軍御所を中心に儀仗を整える場面が増えたことによると考えられます。応永年間あたりから、平造りや鎬造りの脇差が鍛えられるようになりますが、それは江戸期の脇差、即ち大小拵えの「小刀」の機能ではなく、室町的儀仗のための刀、江戸期でいうところの「小さ刀」に相当するものでしょう。殿中での長い刀は憚られる。しかし時代は、鎌倉時代の腰刀を帯びる時代から徒歩格闘戦が増えた室町時代に移行している。差添えの儀仗化であり、それが一尺四寸前後の刀を差すことになった理由ではないでしょうか。

応安頃（～一三七〇年～）から寸延び短刀の制作は目立たなくなり、応永前期（～一四〇〇年～）頃まで腰刀の注文は減少する。それは現在残されている重要刀剣などの名短刀が減少しているということです。足利義満の太政大臣就任（応永元年・一三九四）とも合わせて考えれば、大内義弘の謀反（応永六年・一三九九）など戦さの種は尽きないものの大きな争いは無くなり、室町政権が安定したことによるものか。あるいは、逆に実際は小さな戦闘が絶えず、実用の最たるものとして腰刀が、後世に残らなかったものか、判断はむずかしいところです。

応永以降、小さ刀寸法の刀は引き続き鍛えられる一方、九寸前後またそれ以下、つまりは今日我々が短刀と認識している常寸の腰刀の制作が再び見られるようになります。現状では南北朝時代に沸騰した婆沙羅《ばさら》な精神がやや落ち着いて、室町政権内の主導権争い、勢力争いレベルの小さな戦いが主流となり、組討ち格闘の復古的な戦い方に戻った結果と考えるべきかと思います。

腰刀の姿に変化が現れるのは応仁・文明の乱、いわゆる戦国時代の到来によるものです。変化の波は、二段階あって、第一期は、応仁・文明（一四六七年～）に始まって永正・大永（一五〇四～一五二八年）と続き天文前半（一五四〇年頃）までの約七〇年間、第二期は、天文年間後半（一五四〇年頃以降）に始まり安土桃山時代（一六〇〇年頃まで）続く約六〇年間です。

その特徴を簡単にいえば、武将クラスの武器として槍使用前、槍使用後という時代区分ということです。

第一期で槍はすでに部隊編成に組み込まれた打ち物でしたが、いまだ下卒、足軽の得物という位置づけでした。武将クラスは組討ち格闘で勝負を決していたのです。武将が槍をおのが得物とするには未だためらいがあったとみえます。留めの「頸掻き」をして、その後「首を落とし」ていたのです。先に述べたように頸掻きには、苦しみを長引かせない「武士の情け」という意味合いも含まれていたかもしれません。

この第一期中に、五～六寸の「寸詰り短刀時代」があり、続いておおよそ八寸～九寸の「通常刃長の腰刀時代」が存在する（「表5　年紀入腰刀年代別分布表」参照）。なぜ寸詰りから尋常な腰刀へ戻ったのかいまだ納得のいく理由を見いだせていません。あるいは、集団戦の傾向が強くなって、各個戦的打ち物である大太刀・長巻の使用機会が少なくなったということかもしれません。

それが天文後半以降、武将クラスも槍を手に戦うようになり、とどめは槍などで行われるようになった結果、「刺突」は不要となり、すぐに首を落とした。それが第二期のことです。

永禄三年（一五六〇）、織田信長が田楽狭間（桶狭間）において今川義元を討ち取った。その突撃の際の様子を太田牛一は『信長公記』[6]で次のように記しています。

空晴る丶とご覧じ、信長鎗をおつ取つて、大音声を上げて、すはか丶れ〳〵と仰せられ、……

『信長公記』は、信長の死から遠くない桃山時代にまとめられたと考えられるので、それ以前の永禄年間には、武将クラスが槍を手にして戦うようになっていたことは、間違いないでしょう。それを、反りを持つ長めの腰刀再出現の時期と併せてみれば、天文年間以降の変化と推定できます。

一尺弱から一尺二寸程度で反りを持ち、身幅の広い平造り腰刀は、首を落とすための姿なのです。

第一期で述べた「頸掻き」から「首落とし」における腰刀の用法に当てはまらないのが、両刃の腰刀です。普通に考えれば、棟のない両刃では、「頸掻き」は可能だが、「首落とし」はやりづらい。しかし、「首落とし」を省略することは、戦国時代当時の状況からありえない。とすれば、両刃腰刀で首を落とす時は、一般の平造り腰刀とは、異なった持ち方、使い方をしたのでしょう。私は、次のような推定をしています。

頸を掻く時の腰刀の持ち方は、平造り、両刃ともに「逆手」です（図91参照）。そして首を落とす段になると、平造りでは「順手」に持ち換えて左手で棟を押して首を落とすのですが、両刃では、「逆手」のまま首の中央に切先を突き立てて、先ず左方向へ押し切り、続いて右へ引き切る。

棟のある平造り腰刀では「頸掻き」後の逆手から順手への持ち替えが、手順としてひと動作多いことになります。両刃腰刀では、ひと動作省くことができるため、首を落とす行為への移行が迅速になるのです。そう考えると両刃は、組討ち格闘の戦いが極限にまで苛烈になった時に生まれてきた姿であるといえましょう。

さらに言えば、応仁・文明頃、勝負の決着を組討ち格闘で付けた時に、馬手差しとして寸詰りの腰刀（短刀）が登場してきました。当初は、従来の平造りであったでしょう。首を落とす際に、六寸前後の寸詰りでは、寸が短い関係上、左手で棟を押し下げると、切先で掌を傷つける恐れもあって、使いづらいのです。そうして考えられたのが、両

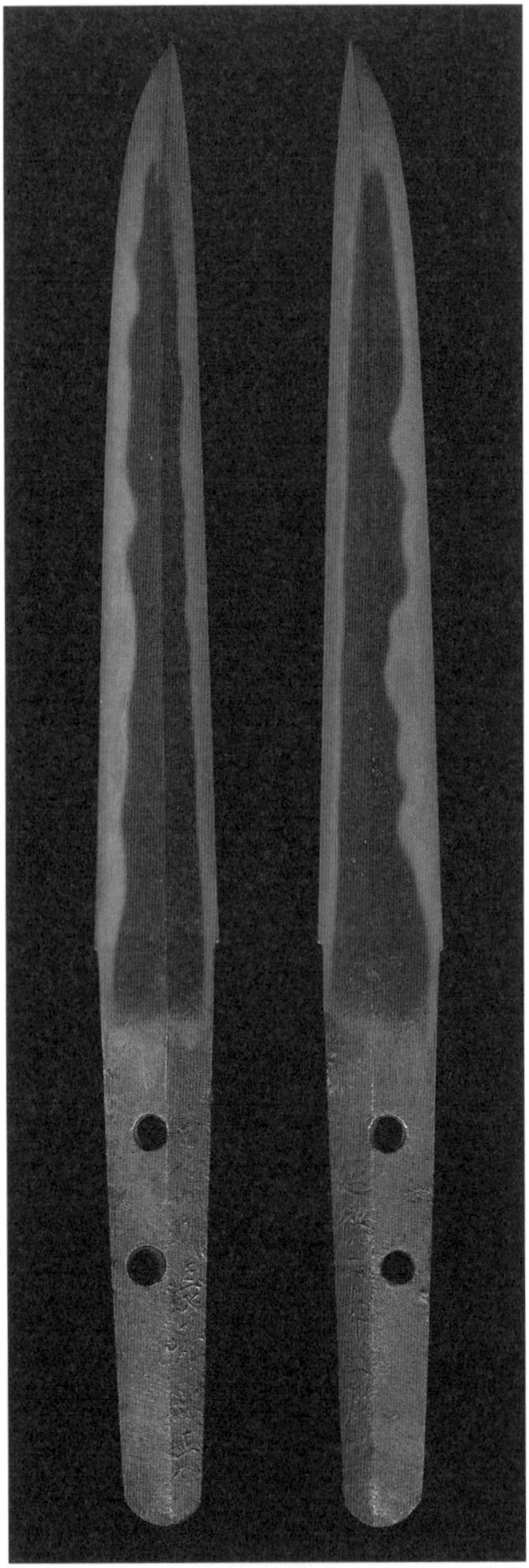

図92　腰刀 備州長船忠光

刃腰刀でした。

両刃腰刀は、槍が勝負の決着をつける武将の得物となって、寸詰り形が廃れた後も、首を取る手順の合理性ゆえに戦国時代の終焉（天正）まで一部の武将に愛用され続けました。

帽子の深いことが戦国期刀の特徴ですが、両刃腰刀がことに深く造られており、馬手差しではすこぶる重ねの厚いものが多いのは、その用法ゆえのことであります。

3　まとめ

腰刀は、すぐれて武家特有のものである。奈良時代以前は別として、平安中期以降武家が歴史に登場するようになってきましたが、騎兵である武士たちの格闘に欠かせない武器として腰刀は、生まれてきました。

平安末期に後白河院の撰になる『梁塵秘抄』[7]に次のような今様があります。

巻第二　四三六
武者の好むもの
紺よ　紅　山吹
濃き蘇芳　茜　寄生《ほや（し）》の摺
良き弓　胡籙　馬　鞍　太刀　腰刀
鎧　冑に　脇楯　籠手　具して

『梁塵秘抄』には「好むもの」（好むものは即ち「つきもの」と榎克朗氏は解説する）として、武者以外にもいくつか謡われています。「武者の好むもの」も読み流してしまいそうですが、四行目の太刀に続いて「腰刀」が謡い込まれているところを見逃してはなりません。要は、「腰刀」は武家に「つきもの」なのです。武士にとって不可欠な打ち物は、太刀のみではないのです。言い換えると腰刀は、公家衆には、「つきもの」ではないということです。

後世、江戸時代の儀礼においても王朝時代からの礼服である束帯・衣冠では、太刀は佩くが腰刀は帯用しません。そして武家的礼服とされた直垂、大紋以下では、小さ刀を帯びることになっていました。

腰刀こそは、武家と切り離せない得物でありました。

参考までに腰刀伝世品のうち、年紀入りのものの年代別分布表を掲げておきます。またそこから読み取れる傾向を次に記しておきます。

・年紀入り腰刀は、永仁頃（一二九三年～）からみられるようになる。太刀の場合より二〇年ほど遅れている。腰刀は、太刀よりもなお実用の傾向が強く、奉納用として太刀ほど鍛えられなかったからではなかろうか。

・鎌倉時代から南北朝時代初期までは、七寸（約二一センチ）～九寸程度（二七センチ）の刃長であり、これが短刀としての腰刀の尋常な刃長といってよい。鎌倉時代には、制作地として備前のほか、山城、相模なども重きをなしている。

・南北朝時代の観応頃（一三五〇年）から、常寸的なものと併せて一尺（約三〇センチ）を超える刃長の腰刀が多くなる。これは、南北朝時代の応安頃（一三七〇年）まで続く。こんにち、延文・貞治形の寸延び短刀と呼ばれる。備前腰刀が他を圧倒している。

・室町時代初期、応永年から一尺二寸（約三六センチ）を超えるものがみられるようになる。一方、九寸（約三〇センチ）

程度の腰刀も数を二分している。いずれも備前刀がほとんどである。
・文明年（一四七〇年）頃から五寸台（一五㌢～）の短い刃長の腰刀が登場してくる。これは、永正（一五二〇年）・天文前半頃まで続く。両刃腰刀の登場と軌を一にしている。寸詰まりの姿。備前刀に加えて、美濃刀が表に現れる。
・天文・永禄年（一五三四年～）あたりから九寸後半（二九㌢～）を超える刃長の腰刀が増えてくる。永禄末頃からは、南北朝に続いて一尺を超える腰刀が増え安土桃山時代まで継続する。天正末頃（～一五九〇年～）から備前刀はあまり見られなくなり、美濃刀がほとんどを占める。天正十九年（一五九一）に起きた吉井川洪水の影響とも云われることも多いが、それに先立って備前刀の存在は影が薄くなってきているのが事実である。洪水の影響はあるかもしれないが、天正に先立つ大永年間にも吉井川が大洪水を起こしているし、日本の大きな川には洪水はつきものといってよい状態であろう。実際のところ、秀吉の天下統一によって、刀工を京へ呼び寄せ、各大名家が優秀な刀鍛冶をお抱えとして領国に呼びよせたが、それは、信長・秀吉の出身地域に近い美濃刀工が主になったことが大きいように思われる。

註

（1）寄生：「ヤドリギ」の古名。

文献出典

1　新訂増補 故実叢書『武器考証第二 20』明治図書出版　一九五二年
2　『松平春嶽全集　第一巻』原書房　一九七三年
3　司馬遷『史記　Ⅱ　乱世の群像』徳間書店　一九八〇年

4 故実叢書編集部『武家名目抄　第七（刀剣部十三）』明治図書出版　一九五四年
5 市古貞次校正・訳『平家物語 2』日本古典文学全集　小学館　一九七五年
6 桑田忠親校注『信長公記』新人物往来社　一九七九年
7 榎克朗校註『梁塵秘抄』新潮日本古典集成　新潮社　一九七九年

表5 年紀入腰刀年代別分布表（鎌倉時代～安土桃山時代）

①腰刀が分布しない、出来事に記載のない年は省略。・分類枠の数字は、寸（約3㎝）を表す。5寸以上、1尺3寸以下。
②鍛刀地枠色凡例　備前：□／美濃：■／左記以外国：▩

時代区分	西暦	年号	5寸～	6寸～	7寸～	8寸～	9寸～	10寸～	11寸～	12寸～	主な出来事
鎌倉時代	1192	建久 3									源頼朝征夷大将軍
	1221	承久 3									承久の変
	1232	貞永 1									御成敗式目／前年より大飢饉
	1241	仁治 2									鎌倉大地震・津波
	1253	建長 5									粟田口国綱、上杉太刀造 畠田守家作太刀
	1274	文永 11									第一次元　長光上杉太刀造
	1275	建治 1									異国警固番役の制
	1281	弘安 4									第二次元寇 来国俊、池田家太刀造
	1293	永仁 1			▩						蒙古襲来絵詞成る
	1297	5					▩				
	1300	正安 2				□					景光、石井家短刀造
	1302	4		▩							
	1305	嘉元 3		□							
	1306	徳治 1				▩					日本商船、元と交易
	1308	3				▩					一遍上人絵伝
	1313	正和 2			■						
	1314	3				▩					
	1315	4			▩						
	1316	5				□					
	1317	文保 1			□						
	1318	2				■	■□				
	1319	3					■				
	1322	元亨 2			□	□					
	1323	3			■		□				
	1324	正中 1			□	▩					
	1325	2			□						
	1326	嘉暦 1			□						
	1327	2			▩	▩□					
	1328	3					□				
	1329	元徳 1			▩						
	1330	2				□□					
南北朝時代	1331	元弘 1									元弘の乱　徒然草成る
	1332	2			□		□				
	1333	3			▩						
	1334	建武 1									備前長重、本阿弥家短刀造
	1336	3									楠木正成討死
	1337	4				□					
	1338	暦応 1					□				尊氏征夷大将軍
	1340	3				□					
	1342	康永 1				□					天竜寺船派遣
	1346	貞和 2				□					
	1347	3					□				

時代区分	西暦	年号		5寸〜	6寸〜	7寸〜	8寸〜	9寸〜	10寸〜	11寸〜	12寸〜	主な出来事
南北朝時代	1348	貞和	4			□	□					
	1350	観応	1									足利直義南朝に服す　左行広、遠藤家短刀造
	1351		2			□	▩		□	□		
	1352	文和	1					□	□			
	1353		2					□		□		
	1354		3					□				
	1355		4					□		□		
	1357	延文	2				□□	□				
	1358		3					□	□□	□		足利義詮二代将軍
	1359		4				□□	□	□	□		
	1360		5				□□□	□				
	1361	康安	1						□	□		
	1362	貞治	1				□	□				
	1363		2						□	□		
	1364		3						□			
	1365		4				□	□□		□		
	1367		6				□	□□				
	1368	応安	1			□	□			□		義満将軍 / 朱元璋明建国
	1369		2				□□					朱元璋倭寇制止を求める
	1370		3				□	▩□				
	1371		4			□	□	□			□	
	1372		5			□	□					
	1373		6					□				太平記成る
	1374		7			□						
	1376	永和	2					□				倭寇活発
	1377		3					□				
	1378		4									義満、花の御所へ
	1387	嘉慶	1			□						
	1388					□						
	1389	康応	1									高麗賊対馬入寇
	1392	明徳	3									南北朝講和
室町時代	1394	応永	1									義満太政大臣に補任
	1397		4						□			
	1399		6								□	応永の乱 (大内義弘敗死)
	1402		9			□						義満明使に日本国王と称す
	1403		10					■				
	1404		11									勘合貿易開始
	1410		17			■		□				
	1411		18							□		
	1413		20					□			□	
	1414		21								□	
	1417		24					□				

時代区分	西暦	年号		5寸～	6寸～	7寸～	8寸～	9寸～	10寸～	11寸～	12寸～	主な出来事
室町時代	1418	応永	25									応永の外寇（朝鮮人対馬来寇）
	1420		27			□					□	近江馬借一揆
	1421		28							□		
	1422		29				□					
	1424		31					□	□	□		
	1425		32					□				
	1427		34					□				
	1428	正長	1									正長の土一揆（京畿徳政要求）
	1429	永享	1									丹波に土一揆
	1431		3					▒			□	
	1432		4								□	伊勢三郡土一揆
	1433		5									薩摩・大隅・日向に乱
	1436		8				□					
	1439		11				▒					
	1441	嘉吉	1									嘉吉の乱、結城合戦
	1442		2					□				
	1449	宝徳	1			□						
	1467	応仁	1									応仁の乱、京都連日大火
	1468		2									兵乱で公事停止、祭礼停止
	1471	文明	3	□								桜島噴火死者多数
	1474		6									加賀一向一揆、京都焼亡拡大
	1475		7									摂津・和泉に津波
	1476		8									京都大火
	1477		9				□					後藤祐乗三所物など
	1478		10							□		
	1480		12				□					
	1482		14									義政銀閣を営む
	1484		16	□								
	1485		17									山城国一揆
	1486		18			□						
	1487	長享	1									加賀一向一揆
	1489	延徳	1		□							
	1490		2	□								
	1491		3									北条早雲伊豆を取る
	1494	明応	3	□								
	1495		4				□					鎌倉大地震
	1496		5									連歌盛んになる（宗祇）
	1500		9	□								京都大火、東海大地震
	1501	文亀	1	□								
	1503		3		□							
	1504	永正	1			□		■				
	1506		3	□			□					
	1507		4		□							細川澄之、父政元を弑す
	1508		5		■□							
	1509		6		■							
	1510		7	□	□							

時代区分	西暦	年号		5寸〜	6寸〜	7寸〜	8寸〜	9寸〜	10寸〜	11寸〜	12寸〜	主な出来事
室町時代	1511		8		□	□						
	1512		9		□	□						
	1515	永正	12							■		
	1517		14		□							
	1520		17			□						
	1522		2			□						
	1523	大永	3		□							明、北虜南倭に悩む
	1526		6				■					
	1527		7		□							
	1528		1					■				
	1529	享禄	2			□						
	1530		3		□							
	1531		4			□						
	1532		1			□						本願寺、一向宗徒各地で戦闘
	1533		2		□							和泉、大和、摂津、山城
	1535		4									美濃大洪水、死者二万余と
	1537		6									今川義元、武田女を娶る
	1538		7		■							
	1539		8			■						
	1541	天文	10		□	■						
	1542		11	□								武田晴信諏訪を奪う
	1543		12		□							種子島に鉄砲伝来
	1544		13		■							
	1548		17		□							長尾景虎、越後守護代となる
	1549		18				■					三好長義、畿内で勢威盛ん／ザビエル鹿児島に着く
	1552		21									長尾景虎、関東管領上杉憲政を庇護
	1554		23				■	■				
	1555	弘治	1									倭寇、明国南京を侵す
	1556		2				□					
	1558		1					□				
	1559		2			□□						織田信長、長尾景虎上洛
	1560		3									桶狭間の戦い
	1561		4			□		■				川中島、激戦
	1563	永禄	6					■				三河一向一揆盛ん
	1564		7							□		連歌盛ん（里村紹巴）
	1565		8									松永久秀、将軍義輝を弑す
	1567		10			□	□					大仏殿焼亡
	1568		11					■			□	足利義昭将軍となる
	1569		12						■			信長上洛、また伊勢平定
	1570	元亀	1				□	□	■			姉川の戦い
	1571		2			□			■			信長延暦寺焼討ち
	1573		1					■□	□	■		室町幕府滅亡、朝倉氏滅亡
安土桃山	1574		2			□□		□■	■			信長、伊勢一向一揆平定
	1575	天正	3			□	■					長篠の戦
	1576		4				■					安土城築城
	1577		5		□	□		■				

時代区分	西暦	年号		5寸～	6寸～	7寸～	8寸～	9寸～	10寸～	11寸～	12寸～	主な出来事
安土桃山時代	1578	天正	6				□					大友宗麟、洗礼を受ける
	1580		8									本願寺、信長と和睦
	1581		9				□			■		
	1582		10									武田氏滅亡、本能寺の変
	1583		11									大坂築城
	1584		12		□							小牧長久手の戦い
	1585		13			□		■				秀吉、関白となる
	1586		14		□	□□	■					
	1587		15			□						宣教師追放令
	1588		16									刀狩令
	1589		17								■	北条征伐
	1590		18					■	■			
	1591		19						■		■	千利休切腹　吉井川大洪水
	1592	文禄	1									文禄の役
	1595		4					■				関白秀次自害
	1596	慶長	1									畿内大地震
	1597		2									慶長の役
	1598		3									秀吉死去
	1600		5									関ヶ原の戦い
	1601		6									家康、朱印船制度創設
	1602		7									二条城築城

参考図書

①『重要刀剣等図譜』日本美術刀剣保存協会
② 特別展図録『日本のかたな』東京国立博物館　1997 年
③『長船町史』 刀剣編図録／資料　長船町　1998 年
④ 飯村嘉章『有銘古刀大観』刀剣美術工芸社　1982 年
⑤ 鈴木卓夫・杉浦良幸『室町期美濃刀工の研究』里文出版　2007 年
⑥ 特別展図録『兼定と兼元』岐阜市歴史博物館　2008 年
⑦ 加納友道『押形集　鑑刀集』日本春霞刀剣会岐阜県支部　1989 年
⑧ 日本の歴史別冊 5『年表・地図』中央公論社　1996 年
⑨ 松岡正剛監修『情報の歴史』NTT 出版　1990 年

参考文献

Ⅰ－一
①ウィキペディア『稲作』
②会下和宏「弥生時代の鉄剣・鉄刀について」『日本考古学』一四巻二三号　日本考古学協会　二〇〇七年
③大林大良・吉田敦彦著『剣の神・剣の英雄』法政大学出版　一九八一年
④奥野正男『鉄の古代史1　弥生時代』白水社　一九九一年
⑤佐藤洋一郎『ＤＮＡが語る稲作文明』日本放送出版協会　一九九七年
⑥野島　永「研究史からみた弥生時代の鉄器文化―鉄が果たした役割の実像―」『国立歴史民俗博物館研究報告　第一八五集』
二〇一四年
⑦リチャード・ホームズ編　五百旗頭真・山口昇監修　山崎正浩訳『武器の歴史大図鑑』創元社　二〇一二年
Ⅰ－二
①奥野正男　前掲Ⅰ－一④
②野島　永　前掲Ⅰ－一⑤
③藤尾慎一郎「弥生鉄史観の見直し」『国立歴史民俗博物館研究報告　第一八五集』二〇一四年
④門田誠一「朝鮮半島と琉球諸島における銭貨流通と出土銭」『同志社大学歴史資料館館報　四』二〇〇〇年
Ⅰ－三
①石橋茂登「銅鐸・武器型青銅器の埋納状態に関する一考察」『人文科学研究』第一二二号
②上野祥史「日本列島における中国鏡の分配システムの変革と画期」『国立歴史民俗博物館報告第一八五集』　二〇一四年
③小林三郎「古墳出土鏡の研究」『明治大学人文科学研究所年報　巻三〇』一九八九年
④下垣仁志「倭王権構造の考古学的研究（abstract　要旨）」京都大学学術情報リポジトリ　二〇〇六年

⑤辰巳和弘「日本考古学の視点から　神仙思想の伝来と倭化」第一回　万葉古代学研究所主宰共同研究報告　二〇〇五年
⑥「銅鐸祭祀圏を統合した近畿政権」守山弥生遺跡研究会ホームページ
⑦野洲市ホームページ
⑧西川寿勝「三角縁神獣鏡と卑弥呼の鏡」『日本考古学』第六巻八号、日本考古学協会　一九九九年
⑨福永伸哉「古墳における副葬品配置の変化とその意味：鏡と剣を中心にして」大阪大学ナリッジアーカイブ　二〇〇〇年
⑩吉田広「弥生青銅器祭祀の展開と特質」『国立歴史民俗博物館研究報告　第一八五集』二〇一四年

Ⅰ－四
①齋藤努・坂本稔・高塚秀治「大鍛冶の炉内反応に関する検証と実験的再現」『国立歴史民俗博物館研究報告　第一七七集』二〇一二年
②田辺潤・岸将・佐藤茂夫・永田和宏「小型たたら炉製鉄法におけるC+O=CO反応の化学親和力による解析」『鉄と鋼　Vol.87 No.7』二〇〇一年
③「鉄鉱石ってなに？その生い立ちに迫る」『季刊　新日鉄住金』第一八号　二〇一七年
④野田泰稔・北村寿宏・金山信幸「解説　鉄鋼の浸炭機構と炭化物形成」『島根大学総合理工学部紀要　シリーズＡ　32』一九九八年
⑤広島県教育委員会『鉄の古代史—ひろしまの鉄の歴史—』二〇一五年
⑥明治大学「製鉄技術史のための基礎知識」（https://www.isc.meiji.ac.jp/~sano/htst/History_of_Technology/History_of_Iron/）

Ⅰ－五
①出雲市文化企画部文化財課『田儀桜井家たたら製鉄遺跡発掘調査報告書』出雲市教育委員会　二〇一〇年
②愛媛大学東アジア古代鉄文化研究センター　設立記念国際シンポジウム「中国西南地域の鉄から古代東アジアの歴史を探る」愛媛大学東アジア古代鉄文化研究センター　二〇〇七年

③奥野正男『鉄の古代史2 古墳時代』白水社　一九九四年
④佐川英治「第3章　魏晋南北朝時代の気候変動に関する初歩的考察」岡山大学文学部プロジェクト研究報告　二〇〇八年
⑤野島　永「弥生時代後期から古墳時代初頭における鉄製武器をめぐって」『河瀬正利先生退官記念論文集　考古論集』
二〇〇四年
⑥白雲翔著・佐々木正治訳『中国古代の鉄器研究』同成社　二〇〇九年
⑦李　昌熙「韓半島における初期鉄器の年代と特質」『国立歴史民俗博物館研究報告　第一八五集』二〇一四年
Ⅰ－六
①会下和宏　前掲Ⅰ－一②
②九州国立博物館『馬 アジアを駆けた二千年』九州国立博物館開館5周年記念特別展　二〇一〇年
③『始皇帝と大兵馬俑』NHK・朝日新聞社等　二〇一五年
④譚其驤主編『中国歴史地図集』秦西漢東漢時期　地図出版社　一九九六年
⑤譚其驤主編『中国歴史地図集』東晋十六国・南北朝時期　地図出版社　一九八二年
⑥『よみがえる漢王朝―２０００年の時をこえて―』大阪市立美術館他特別展覧会図録　読売新聞社大阪本社　一九九九年
⑦劉永華『中国古代車輿馬具』清華大学出版社　二〇一六年
Ⅱ－七
①高木正一『唐詩選』上・下　中国古典選14・15　朝日新聞社　一九七四年
②陳舜臣『唐詩新選』新潮社　一九八八年
③松村武雄編、伊藤清司解説『中国神話伝説集』現代教養文庫875　第30刷　社会思想社　一九九〇年
Ⅱ－八
①井上光貞監訳『日本書紀　上・下』中央公論社　一九八七年
②倉野憲司・武田祐吉校注『古事記 祝詞』日本古典文学大系　第15刷　岩波書店　一九七一年

③直木孝次郎『奈良—古代史への旅』岩波新書782　岩波書店　一九七一年
Ⅱ－九
①土橋寛『万葉集—作品と批評』3版　創元社、一九六七年
Ⅱ－十
①大島建彦校注『宇治拾遺物語』新潮日本古典集成　新潮社　一九八五年
②福永酔剣『日本刀よもやま話』雄山閣出版　一九九三年
Ⅱ－十一
①伊藤宗裕構成『別冊太陽　京都古地図散歩』平凡社　一九九四年
②京都国立博物館他『特別展 京のかたな　匠のわざと雅のこころ』二〇一八年
③『京都市の地名　日本歴史地名体系27』平凡社　一九七九年
④窪田蔵郎『鉄の考古学』雄山閣出版　一九七三年
⑤徳川美術館・徳川博物館『図録　家康の遺産　駿府御分物』一九九三年
⑥永積安明・島田勇雄校注『保元物語 平治物語』日本古典文学大系31　岩波書店　一九六一年
⑦西山良平『都市平安京』京都大学学術出版会　二〇〇四年
⑧福永酔剣『日本刀名工伝』柴田商店　一九六三年
⑨福永酔剣『刀工遺跡めぐり三三〇選』雄山閣　一九九四年
Ⅱ－十二
①小瀬甫庵著・吉田豊訳『太閤記4　秀吉の遺産』原本現代訳十　教育社新書　一九七九年
②佐野美術館『特別展　正宗—日本刀の天才とその系譜』二〇〇二年
③辻本直男補注『図説刀剣名物帳』雄山閣出版　一九七〇年
④東京国立博物館『図録　日本のかたな』一九九七年

⑤徳川美術館・徳川博物館　前掲Ⅱ－十一④
⑥福永酔剣　前掲Ⅱ－十②
⑦福永酔剣『本阿弥家の人々』中原信夫編集・発行　二〇〇九年

Ⅱ－十三
①中原信夫『刀の鑑賞規範』二〇一九年

Ⅱ－十四
①長岡美佐「「柏（ハク）」と「カシハ」にみる中日文化」（http://square.umin.ac.jp/mayanagi/students/98nagaoka.html）
②平湯晃『細川幽斎伝』河出書房新社　一九九九年
③福永酔剣『日本刀物語』雄山閣出版　一九八八年
④『萬葉集四』（高木市之助・五味智英・大野晋校注『日本古典文学体系』岩波書店　一九七六年）
⑤『萬葉集四』（伊藤博・青木生子・井手至・清水克彦校注『新潮日本古典集成』新潮社　一九八六年）
⑥『万葉集（五）』（小島憲之、木下正俊、佐竹昭広校注・訳『日本の古典』第十六巻　小学館　一九八六年）

Ⅱ－十五
①中原信夫『詳説 刀の鑑賞（基本と実践）』二〇〇五年

Ⅱ－十六
①ダイヤグラムグループ編、田島優・北村孝一訳『武器　歴史・形・用法・威力』マール社　一九八二年
②R・ホームズ編、五百旗頭真・山口昇監修、山崎正浩訳『武器の歴史大図鑑』創元社　二〇一二年

図版出典

Ⅰ―一

図1〜3　グーグルマップ

図4　Wikiwand：中国銭幣博物館蔵

図5　中国鄖県曲遠河口遺跡出土／松藤和人『日本と東アジアの旧石器考古学』雄山閣　二〇一〇年（李超栄氏提供）

図6・8・9・10・12　成東・鍾少异編『中国古代兵器図集』解放軍出版社　一九九〇年

図7　雲南李家山青銅器博物館ホームページ

図11　国（文化庁保管）／佐賀県立博物館写真提供

Ⅰ―二

図13　成東・鍾少异編『中国古代兵器図集』解放軍出版社　一九九〇年

図14　筆者撮影

図15　金沙遺跡博物館　http://www.jinshasitemuseum.com/

図16　グーグルマップより筆者作成

Ⅰ―三

図17　成東・鍾少异編『中国古代兵器図集』解放軍出版社　一九九〇年

図18　劉永華『中国古代車輿馬具』精華大学出版社　二〇一三年

図19　グーグルマップより著者作成

図20　（中国）『考古学報』一九七五年二期（『中国古代兵器図集』より）

図21　神戸市立博物館蔵・提供

図22　図録『よみがえる漢王朝』読売新聞大阪本社　一九九九年

図23　国立博物館所蔵品統合検索システム ColBase（https://colbase.nich.go.jp/）をもとに筆者作成
図24　国家海洋博物館『海上絲綢之路展』二〇一七年　中国海洋報
Ⅰ－五
図25　『産経新聞』二〇〇八年九月三日
図26　グーグルマップより筆者作成
図27　河南博物院ホームページ
図28　白地図専門店地図より筆者作成
図29　東アジア情勢図『中国まるごと百科事典』二〇一三年（https://www.allchinainfo.com/）
図30　白雲翔著・佐々木正治訳『中国古代の鉄器研究』同成社　二〇〇九年
Ⅰ－六
図31　『よみがえる漢王朝―2000年の時をこえて―』大阪市立美術館他特別展覧会図録　読売新聞大阪本社　一九九九年
図32・34・35・42・43　成東・鈡少异編著『中国古代兵器図集』解放軍出版社　一九九〇年
図33　大阪歴史博物館蔵・提供
図36・40　筆者所蔵・撮影
図37・38・39　白雲翔著、佐々木正治訳『中国古代の鉄器研究』同成社　二〇〇九年
図41・44　白地図専門店地図より筆者作成
Ⅰ－七
図45　成東・鈡少异編著『中国古代兵器図集』中国解放軍出版社　一九九〇年
Ⅰ－八
図46・47・48・49　筆者撮影
図50・51・52　グーグルマップより筆者作成

Ⅰ－九
図53　グーグルマップより筆者作成
図54　筆者作成
図55　日本美術刀剣保存協会『第23回重要刀剣』図譜から転載
Ⅰ－十
図56　成東・鍾少异編著『中国古代兵器図集』中国解放軍出版社　一九九〇年
図57　市原市教育委員会蔵・提供
図58　鹿島神宮ホームページ
図59・60　島根県立古代出雲歴史博物館提供
図61　佐賀県立博物館蔵・提供
図62　国立博物館所蔵品統合検索システム ColBase（https://colbase.nich.go.jp/）
図63・64　市古貞次 校注・訳『平家物語　1』日本古典文学全集　小学館　一九七三年
図65　筆者撮影
Ⅰ－十一
図66　国立博物館所蔵品統合検索システム ColBase（https://colbase.nich.go.jp/）
図67　佐野美術館『図録　草創期の日本刀―反りのルーツを探る』二〇〇三年
図68　川口陟『新刀古刀大鑑』歴史図書社　一九七二年
図69　辻本直男補注『図説　刀剣名物帳』雄山閣出版　一九七〇年
図70・71　筆者撮影
図72　平安京図『日本史総合図録』二〇〇三年　山川出版社
図73　「京都市情報館、遺跡地図」（公益財団法人京都市埋蔵文化財研究所作成）の「平安京図」などを参考に筆者が作成した。

図74・75－①～⑦　辻本直男補注『図説 刀剣名物帳』雄山閣出版　一九七〇年
図75－⑧・⑩　図録『正宗』佐野美術館　二〇〇二年

Ｉ－十四

図76・77　福永酔剣『日本刀物語』雄山閣出版　一九八八年
図78　ホームページ花図鑑（http://homepage.mac.com/n_yoshiyuki/）より、よしゆき氏提供

Ｉ－十五

図79～81　成東・鍾少异編著『中国古代兵器図集』中国解放軍出版社　一九九〇年
図82・83　著者作成
図84　国立国会図書館デジタルコレクション
図85　西川明彦『正倉院の武器・武具・馬具』日本の美術 No.523　ぎょうせい　二〇〇九年
図86　撮影　橋本宣弘氏

Ｉ－十六

図87　出光美術館蔵・提供
図88　成東・鍾少异編著『中国古代兵器図集』中国解放軍出版社　一九九〇年
図89・90　市川定春と怪兵隊『Truth In Fantasy VIII 武勲の刃』第8刷　新紀元社　一九九三年
図91　宮内庁三の丸尚蔵館蔵・提供
図92　明倫産業提供

著者紹介

宮﨑　政久（みやざき　まさひさ）

1950 年大阪生まれ。1974 年大阪市立大学卒業。
刀剣の歴史・文化に関する論考を永年にわたり刀剣愛好家団体機関誌に掲載。
古武術柳生月神流三段（2002 年まで師範代理を務める）。

＜論著＞
『日本刀が語る歴史と文化』（2018 年　雄山閣）、『日本刀が語る歴史と文化【増補版】』（2022 年　雄山閣）、ほか『刀剣と歴史』（日本刀剣保存会）・『刀剣美術』（日本美術刀剣保存協会）等刀剣関係雑誌に多数寄稿。

2022 年 10 月 11 日　初版発行　《検印省略》

日本刀外伝《にほんとうがいでん》 ―誕生《たんじょう》の背景《はいけい》・鐵造《てつづく》り・名工伝説《めいこうでんせつ》―

著　者　宮﨑政久
発行者　宮田哲男
発行所　株式会社 雄山閣
東京都千代田区富士見 2-6-9
ＴＥＬ　03-3262-3231 / ＦＡＸ　03-3262-6938
ＵＲＬ　http: //www.yuzankaku.co.jp
e-mail　info@yuzankaku.co.jp
振　替：00130-5-1685
印刷・製本　株式会社 ティーケー出版印刷

ISBN978-4-639-02838-3 C0021
N.D.C.210　240p　21cm

【増補版】

日本刀が語る歴史と文化

宮﨑政久 著

Ａ５判／３０４頁／定価３３００円（税込）

独特の反りを持つ日本刀は何を語るか――

平安時代中期から江戸時代まで、時代とともに変化する戦闘様式や刀法、美意識などを通して、日本刀に纏わる各時代の社会的背景や文化風俗を描き出す。